人力资源开发与管理研究

田克娜　王　菲　周宏志 ◎著

吉林科学技术出版社

图书在版编目（CIP）数据

人力资源开发与管理研究 / 田克娜，王菲，周宏志著. -- 长春：吉林科学技术出版社，2022.9
ISBN 978-7-5578-9576-1

Ⅰ. ①人… Ⅱ. ①田… ②王… ③周… Ⅲ. ①人力资源开发－研究②人力资源管理－研究 Ⅳ. ①F241 ②F243

中国版本图书馆 CIP 数据核字(2022)第 169893 号

人力资源开发与管理研究
RENLI ZIYUAN KAIFA YU GUANLI YANJIU

作　　者	田克娜　王　菲　周宏志
出 版 人	宛　霞
责任编辑	王凌宇
封面设计	白白古拉其
幅面尺寸	185 mm×260mm
开　　本	16
字　　数	300 千字
印　　张	13.25
版　　次	2023 年 5 月第 1 版
印　　次	2023 年 5 月第 1 次印刷
出　　版	吉林科学技术出版社
发　　行	吉林科学技术出版社
地　　址	长春市净月区福祉大路 5788 号
邮　　编	130118

发行部电话/传真　　0431-81629529　81629530　81629531
　　　　　　　　　　81629532　81629533　81629534

储运部电话　0431-86059116

编辑部电话　0431-81629518

印　　刷　北京四海锦诚印刷技术有限公司

书　　号　ISBN 978-7-5578-9576-1
定　　价　75.00 元

版权所有　翻印必究　举报电话：0431-81629508

前　言

　　21世纪是全球化、市场化、信息化的世纪，是知识主宰的世纪。知识的创造者与知识的载体——人，将超越企业所拥有的其他资源（如土地、原材料、房屋、机器等）成为最重要的战略性资源，人力资源成了当今时代人们共同关注的焦点。

　　当前具备一定规模的企业大多设有专门的人力资源管理机构，其职责是有效地开发和利用人力资源，即根据企业发展战略的要求，有计划地对人力资源进行合理配置，通过对企业中员工的招聘、培训、使用、考核、激励、调整等一系列过程，调动员工的积极性，发挥员工的潜能，为企业创造价值，给企业带来效益，确保企业战略目标的实现。

　　随着全球经济一体化的发展，人才的竞争越来越激烈。经济发展的竞争，归根结底就是人才的竞争。谁掌握了人才资源，谁就拥有企业竞争的核心资本。当代社会经济发展实践证明，人力资源的开发与利用对经济发展起着重要作用，人素质的高低决定了效率的快慢。在当今全球经济一体化、知识经济的形势下，人力资源已成为企业取得和维系竞争优势的关键性资源，但是，要将人力资源从潜在的生产能力转化为现实的生产力，就必须加强人力资源的开发与管理。

　　本书是在人力资源管理的认知基础上结合实践经验撰写，内容包括人力资源开发与管理概述、人力资源规划、职位分析与评价、员工培训与开发、绩效管理、薪酬管理、职业生涯开发与管理及跨文化人力资源管理，本书主要通过言简意赅的语言、丰富全面的知识点以及清晰系统的结构，对人力资源开发与管理进行了全面且深入的分析与研究，充分体现了科学性、发展性、实用性、针对性等显著特点，希望其能够成为一本为相关研究提供参考和借鉴的专业学术著作，供人们阅读。

　　本书撰写过程中，作者参阅和借鉴了大量相关文献，对于缺失之处，敬请谅解并谨表谢意。因作者水平有限，不足之处在所难免。恳请广大师生及读者朋友提出宝贵意见，以帮助编者做好后续的修订工作。

目　录

第一章　人力资源开发与管理概述 ⋯⋯⋯⋯⋯⋯⋯⋯⋯⋯⋯⋯⋯⋯⋯⋯⋯ 1

　第一节　人力资源开发与管理的概念 ⋯⋯⋯⋯⋯⋯⋯⋯⋯⋯⋯⋯⋯⋯⋯⋯ 1
　第二节　人力资源开发与管理的发展 ⋯⋯⋯⋯⋯⋯⋯⋯⋯⋯⋯⋯⋯⋯⋯⋯ 6
　第三节　人力资源管理在企业管理中的地位 ⋯⋯⋯⋯⋯⋯⋯⋯⋯⋯⋯⋯⋯ 13

第二章　人力资源规划 ⋯⋯⋯⋯⋯⋯⋯⋯⋯⋯⋯⋯⋯⋯⋯⋯⋯⋯⋯⋯⋯ 19

　第一节　人力资源规划的概述 ⋯⋯⋯⋯⋯⋯⋯⋯⋯⋯⋯⋯⋯⋯⋯⋯⋯⋯ 19
　第二节　人力资源的供需预测 ⋯⋯⋯⋯⋯⋯⋯⋯⋯⋯⋯⋯⋯⋯⋯⋯⋯⋯ 29
　第三节　人力资源规划的执行与控制 ⋯⋯⋯⋯⋯⋯⋯⋯⋯⋯⋯⋯⋯⋯⋯⋯ 40

第三章　职位分析与评价 ⋯⋯⋯⋯⋯⋯⋯⋯⋯⋯⋯⋯⋯⋯⋯⋯⋯⋯⋯⋯ 45

　第一节　职位分析与职位评价概述 ⋯⋯⋯⋯⋯⋯⋯⋯⋯⋯⋯⋯⋯⋯⋯⋯ 45
　第二节　职位分析的内容、方法与实施 ⋯⋯⋯⋯⋯⋯⋯⋯⋯⋯⋯⋯⋯⋯ 47
　第三节　职位评价的方法与程序 ⋯⋯⋯⋯⋯⋯⋯⋯⋯⋯⋯⋯⋯⋯⋯⋯⋯ 54

第四章　员工培训与开发 ⋯⋯⋯⋯⋯⋯⋯⋯⋯⋯⋯⋯⋯⋯⋯⋯⋯⋯⋯⋯ 60

　第一节　员工培训的概述 ⋯⋯⋯⋯⋯⋯⋯⋯⋯⋯⋯⋯⋯⋯⋯⋯⋯⋯⋯⋯ 60
　第二节　员工培训的流程 ⋯⋯⋯⋯⋯⋯⋯⋯⋯⋯⋯⋯⋯⋯⋯⋯⋯⋯⋯⋯ 62
　第三节　员工培训的需求 ⋯⋯⋯⋯⋯⋯⋯⋯⋯⋯⋯⋯⋯⋯⋯⋯⋯⋯⋯⋯ 67
　第四节　员工培训的效果 ⋯⋯⋯⋯⋯⋯⋯⋯⋯⋯⋯⋯⋯⋯⋯⋯⋯⋯⋯⋯ 72
　第五节　人力资源开发 ⋯⋯⋯⋯⋯⋯⋯⋯⋯⋯⋯⋯⋯⋯⋯⋯⋯⋯⋯⋯⋯ 76

第五章　员工招聘 ⋯⋯⋯⋯⋯⋯⋯⋯⋯⋯⋯⋯⋯⋯⋯⋯⋯⋯⋯⋯⋯⋯⋯ 82

　第一节　招聘计划的制订 ⋯⋯⋯⋯⋯⋯⋯⋯⋯⋯⋯⋯⋯⋯⋯⋯⋯⋯⋯⋯ 82
　第二节　招聘信息的发布 ⋯⋯⋯⋯⋯⋯⋯⋯⋯⋯⋯⋯⋯⋯⋯⋯⋯⋯⋯⋯ 86
　第三节　员工选拔与录用 ⋯⋯⋯⋯⋯⋯⋯⋯⋯⋯⋯⋯⋯⋯⋯⋯⋯⋯⋯⋯ 89

第六章　绩效管理·· 99

第一节　绩效管理概述·· 99
第二节　绩效管理的流程·· 105
第三节　绩效考核的方法·· 116

第七章　薪酬管理·· 126

第一节　薪酬管理概述·· 126
第二节　薪酬设计··· 134
第三节　激励薪酬··· 139
第四节　员工福利··· 144

第八章　职业生涯开发与管理··· 150

第一节　职业生涯管理概述·· 150
第二节　职业生涯开发与管理的基本理论·· 157
第三节　职业管理与职业发展路径··· 164
第四节　职业生涯开发与管理方法··· 168
第五节　员工职业生涯阶段管理·· 176

第九章　跨文化人力资源管理··· 183

第一节　文化差异及人力资源管理的影响·· 183
第二节　跨文化人力资源管理的基本模式·· 186
第三节　跨文化人力资源管理活动··· 193

参考文献·· 203

第一章 人力资源开发与管理概述

第一节 人力资源开发与管理的概念

管理实践古已有之,它对于一个组织的活动来说至关重要,它能够促进组织的运作以满足人类社会的各种需求。管理是一种组织活动与行为,它是以获得对人力和物质资源的有效利用,从而达到组织目标的一种活动。工业革命之后,随着市场经济的出现和发展,需要管理者具有创造力,并能够有效地管理一个组织。管理理论家和实践家不得不发展一种知识体系来满足企业管理实践的需要。根据现代管理之父彼得·德鲁克(Peter F. Drucker)的定义,管理是一种实践,其本质不在于"知",而在于"行";其验证不在于逻辑,而在于成果;其唯一权威就是成就。德鲁克将管理分为管理企业、管理管理者以及管理员工和工作三项职能。[①] 其中两项职能都与管理人有关,管理管理者是利用人力和物质资源造就一家能创造经济价值的企业;管理员工是对员工进行组织,使员工最有效地进行工作,这就意味着将人视为资源。因此,组织只有通过对人力资源的管理才能满足员工的物质和精神需要,以此实现组织目标。

一、人力资源

(一)人力资源的定义

"人力资源"(Human Resource)这一概念曾先后于1919年和1921年在约翰·康芒斯(John Rogers Commons)的两本著作《产业信誉》和《产业政府》中使用过,康芒斯也被认为是第一个使用"人力资源"一词的人。但当时他所指的人力资源与我们现在所理解的人力资源相差甚远,只不过使用了同一个词而已。

从宏观的角度来说,人力资源是指在一定范围内的人口总体所具有的劳动能力的总和,或者说是指能够推动整个经济和社会发展的具有智力劳动和体力劳动能力的人们的总和。从微观角度,人力资源则是以部门、行业和企事业单位为基本单位进行划分和计量的。

人力之所以是一种资源,是因为人具备独特的生理特征、能力和限制。组织应该像处

---

① 彼得·德鲁克:《彼得·德鲁克:管理的使命只有三项》,载《管理学文摘》2019年第6期,第4-5页。

理其他资源一样,给予人力资源同等的关注。但同时也应该将人作为不同于其他资源的资源,每位员工都有自己的个性和公民权,能够掌控自己是否要工作,以及做多做少和绩效好坏,因此需要激励、参与、满足、刺激、奖励、领导、地位和功能。

(二) 人力资源的特性

德鲁克(Peter F. Drucker)认为,如果我们视员工为人力资源,我们就必须了解这种资源的特性是什么,而当我们把重点分别放在"资源"或"人"时,会得到两种截然不同的答案。[①] 作为一种资源,人力能为企业所"使用"。然而作为"人",唯有这个人本身才能充分自我利用,发挥所长。这是人力资源和其他资源最大的区别。一般来说,人力资源具有以下特性。

1. 人力资源的能动性

人力资源的能动性是指人力资源是脑力和体力的结合,具有认识和改造世界的主观能动性,人在任何时候都具有主观能动性。因此,无论是人力资源的管理者还是被管理者,作为人类这一特殊群体中的个体,同样也具有能动性。这种主观能动性体现在人力资源的管理上,则有其具体的表现形式。被管理者有自己处理问题的方式,而管理者也有其管理员工的方法,两者各自在遵守国家法律和公司制度的前提下,按照自己的方式处理事情。因此,人力资源具有能动性。

2. 人力资源的两重性

人力资源具有生产性和消费性的双重属性。人力资源的生产性是指人力资源是物质财富和精神财富的创造者,并且人力资源的开发和利用具有一定的条件,即人力资源只有与自然资源相结合才能发挥人力资源的功能和作用。人力资源的消费性是指人力资源处于社会生活中,为了自己的生存和发展必然会购买和消费所需的物品。人力资源的生产性和消费性相辅相成,生产性创造财富,为人类和组织的生存与发展提供条件,消费性则能够保障人力资源的维持和发展。

3. 人力资源的时效性

人力资源和一般的自然资源不同,一般的自然资源如果没有被开采和使用,就会以其原有的形式一直存在下去,直到它们被开采与使用。人力资源却不同,人在不同生命周期会有不同的能力。大多数人在早期和成长期可能身体好、记忆力好、抗压能力强,但缺少成熟的技术能力和牢固的人脉以及成熟的心智。而到了成熟期及以后,年龄增大,身体健康指数、记忆力等会有不同程度的下降,但同时却掌握了比较娴熟的生产技术、固定的人

---
① 王晓玲:《德鲁克的管理魔法》,载《发明与创新:中学生》2019年第7期,第63页。

脉，并且拥有成熟的心智，能够对许多事情做出理智的判断。研究表明，人在工作中其知识和技能得不到运用就会导致其积极性消退和技能下降，并造成心理压力。

4. 人力资源的社会性

每个人都生活在一定的社会环境中，不可避免地会参加各种社会活动。人与人之间的协作、竞争使人形成了复杂的人际关系网络，这些社会活动体现了人的社会性，增加了人力资源管理的复杂性和难度。

5. 人力资源的文化性

人力资源作为知识经济时代的核心资源，文化性是其主要特征之一。所谓文化性，是指人力资源存在于一定的社会文化背景中，受特定文化的影响。不同国家、不同地区的管理者和员工由于受文化差异的影响而具有不同的价值观、态度、行为方式。因此，在人力资源的管理活动中，企业管理者必须考虑人力资源的文化性，对于来自不同文化、不同民族、不同地区的员工管理要有所区别。

6. 人力资源开发的持续性

人力资源开发的持续性是指人力资源是可以不断开发的资源，员工从进入组织开始，组织就对员工进行教育培训投资，这些投资都表现出持续性。对员工个人来说，其职业生涯的发展过程就是一个持续开发的过程。

二、人力资本

（一）人力资本的定义

人力资本是指存在于人体之中，具有经济价值的知识、技能和体力（健康状况）等因素之和。20世纪60年代，美国经济学家舒尔茨（Howard Schultz）和贝克尔（Gary Becker）创立了人力资本理论，该理论突破了传统理论中的资本只是物质资本的束缚，将资本划分为人力资本和物质资本。[①]物质资本指现有物质产品上的资本，包括厂房、机器、设备、原材料、土地、货币和其他有价证券等，而人力资本则是体现在人身上的资本，即对生产者进行普通教育、职业培训等支出和其接受教育的机会成本等价值在生产者身上的凝结，它表现在蕴含于人身上的各种生产知识、劳动与管理技能和健康素质的存量总和。也就是说，人力资源通过培训开发可以形成人力资本。

---

① 李舟等：《对舒尔茨人力资本理论的理解与思考》，载《江南论坛》2019年第6期，第21-23页。

（二）人力资本理论的主要内容

第一，人力资源是一切资源中最主要的资源，人力资本理论是经济学的核心问题。

第二，在经济增长中，人力资本的作用大于物质资本的作用。人力资本投资与国民收入成正比，比物质资源增长速度快。

第三，人力资本的核心是提高人口质量，教育投资是人力投资的主要部分。不应当把人力资本的再生产仅仅视为一种消费，而应视同为一种投资，这种投资的经济效益远大于物质投资的经济效益。教育是提高人力资本最基本的主要手段，所以也可以把人力投资视为教育投资问题。生产力三要素之一的人力资源显然还可以进一步分解为具有不同技术知识程度的人力资源。高技术知识程度的人力带来的产出明显高于技术程度低的人力。

第四，教育投资应以市场供求关系为依据，以人力价格的浮动为衡量符号。

三、人事管理

人事管理即人事工作，是组织活动中最早发展起来的管理职能之一，主要指组织获取所需要的人员，并对已有的组织成员进行合理调配、安排的活动。人事管理的任务是要协调人与人的关系、组织成员与组织目标的关系，创造有益于组织也有益于组织成员个人的环境，使组织目标与组织成员个人目标结合起来，充分调动起全体组织成员的积极性。

在实践中，人事管理活动是通过专门人事管理部门和人员按照确定的程序开展。它作为辅助性或参谋性的职能，活动范围被限制在行政事务方面，很少参与组织高层战略决策。

四、人力资源管理

人力资源管理作为一门独立的学科，是现代工商管理体系中的一个重要组成部分。现代人力资源管理与经济因素、政治因素、文化因素、组织因素、心理因素、生理因素等有关，涉及经济学、社会学、人类学、心理学、管理学等多种学科知识。

根据加里·德斯勒（Gary Dessler）的定义："人力资源管理（Human Resource Management, HRM）是一个获取、培训、评价员工和向员工支付报酬的过程，同时也是一个关注劳资关系、健康和安全以及公平等方面问题的过程。"[①] 该过程包括人力资源战略制定、员工招募与选拔、培训与开发、绩效管理、薪酬管理、员工职业生涯管理、劳动关系管理、员工安全与健康管理等模块。即人力资源管理是运用现代管理方法，对人力资源的获取（选人）、开发（育人）、保持（留人）和利用（用人）等方面所进行的计划、组织、指挥、控制和协调等一系列活动，最终达到实现企业发展目标的一种管理行为。

人力资源的管理理念一直在创新和变革，除了工作内容的变革，同样重要的是工作结

---

① 加里·德斯勒：《人力资源管理》，中国人民大学出版社2012年版，第5页。

构和目标的变革。从结构来讲，人力资源管理主要包括三个层面的工作内容，即基础管理、核心职能管理和领导决策支持三个层面。基础管理工作主要包括人事档案管理、日常考勤记录、薪资核算与发放、人员调入调出、福利缴交、人事报表等基础人事管理工作；职能管理主要包括人力资源管理规范研究和分析、业务流程规范、人力资源开发等职能管理工作；决策支持主要包括企业管理层需要的决策数据、人力资源战略规划、人力资本管理等工作。

五、人事管理与人力资源管理的区别

人事管理和人力资源管理的对象都是人，管理内容包括薪酬、编制、调配、劳动安全等，管理方法都包括制度、纪律、培训等。但传统人事管理与现代人力资源管理存在较大区别（见表1-1）。传统人事管理是人力资源管理活动的最初阶段，其理论框架形成于20世纪初。20世纪50年代以后，发展到了现代人力资源管理阶段、战略人力资源管理和人力资本管理阶段。

表1-1 人事管理与人力资源管理的区别

传统人事管理	现代人力资源管理
重在管理	重在开发
以事为主	以人为本
人是管理对象	人是开发主体
重视硬管理	重视软管理
为组织创造财富	为组织创造财富的同时发展个人
采用单一、规范的管理	重视个性化管理
报酬与资历、级别相关度大	报酬与业绩、能力相关度大
软报酬主要表现为表扬和精神激励	软报酬包含发展空间、自我实现、和谐融洽
晋升重资历	竞争上岗、能者上
职业发展方向是纵向的	全方位和多元化的职业发展
重视服从命令、听指挥	重视沟通、协调、理解
培训主要为了组织的需要	培训是对员工的关心，是员工的福利，是为了增加员工的人力资本
"金字塔"式的管理模式	网络化、扁平化管理模式

第二节　人力资源开发与管理的发展

人力资源管理已经从事务性的管理走向了战略性管理阶段，战略人力资源管理已经形成并日益成为企业，乃至所有组织进行人力资源管理实践的指导原则。从人力资源管理的发展历程来看，人力资源管理理论和实践经历了两次重要的转变：第一次是从人事管理到人力资源管理的转变；第二次是从人力资源管理到战略人力资源管理的转变。对于人力资源管理的发展历程可以分为三个阶段。

一、传统人事管理阶段

早期的人力资源管理被称为人事管理。人事管理的发展与18世纪后半叶工业革命的到来是相伴随的。1897年美国NCR公司（National Cash Register Company）设立了福利工作办公室，此后，相继出现了"福利主任""社会秘书""福利秘书"等职位，这些人员的工作在于改善工人的生活，包括工作之内和工作之外的生活，并逐步建立起了一套有关企业员工管理的思想体系。这种福利工作是传统人事管理的来源之一。[①]

1878—1890年，"科学管理之父"弗雷德里克·泰勒（Frederick Winslow Taylor）任费城伯利恒钢铁公司的工程师，他对工人的工作效率进行了研究，提出要挑选一流的工人、对工人进行培训、倡导劳资合作等，还发明了著名的差别计件工资制。随着工厂对标准化和改进人事工作的日益关注，1913年第一个人事专业人员协会——国家企业学校协会（NACS）成立，其目的在于促进和推动产业工人的培训和教育。面对紧张的劳动市场和高达10%的工人流动率，亨利·福特在1914年成立了一个早期的人事部门——社会学部。科学管理是传统人事管理的另外一个主要来源。

1924—1933年，哈佛大学的两位研究人员埃尔顿·梅奥（George Elton Mayo）和弗雷兹·罗尔西斯伯格（Robert Silverberg）将人际关系的因素纳入了工作中。他们在位于芝加哥郊外的西方电气公司的霍桑工厂进行了一系列研究。这些研究的目的是确定照明对于工人以及他们的产出所产生的影响。但是最后研究所得出的结论却是，社会互动以及工作群体对于工人的产出以及他们的满意度有着非常重要的影响。人际关系运动最终在20世纪60年代中期发展成为组织行为学的一支并且对其发展起着重要作用。这也是传统人事管理的一个主要来源。[②]

早期人事管理者的工作就是在管理层和操作层（工人）之间架起一座桥梁。人事管理的早期历史仍然没有明确说明人力资源管理职能对于管理的重要性。一直到20世纪60年

---

① 刘昕：《人力资源管理——历史与未来》，载《职业》2003年版，第2页。
② 《人力资源管理发展史》，载《金山企业管理》2013年第1期，第37-38页。

代，人们一直认为人事管理只是针对蓝领工人和操作类员工的。人们把它看成是一个做记录的单位，它的主要功能就是为工作年限满 25 年的员工发放小纪念品以及协调组织公司每年一度的野餐会。彼得·德鲁克（Peter F. Drucker）曾经为人事管理做了一个反映其以蓝领工人为导向性质的陈述。他说，人事管理的工作"一部分是档案管理员的工作，一部分是簿记员的工作，一部分是社会工作者的工作，一部分是消防队员的工作——负责处理工会方面的麻烦事儿"。①

传统人事管理的工作只限于人员招聘、选拔、委派、工资发放、档案管理等琐碎的事务性工作，后来逐渐涉及职位分析、职务说明书的编写、绩效考核、员工培训、奖酬制度设计和其他人事规章制度的设计等工作。其活动范围有限，以短期为导向，主要由组织内部的人事部门执行相关的行政事务性工作，很少涉及组织高层的战略决策。

在传统人事管理阶段，人力资源管理者在基础人事管理、核心职能管理、领导决策支持三个层面的时间分配比例为 7∶2∶1。人力资源管理信息化逐步把人力资源管理人员从人事档案管理、薪资核算、考勤管理和人事综合报表等繁重的基础工作中解放出来，拥有更多时间和精力从事职能管理和决策支持工作。

二、现代人力资源管理阶段

20 世纪 60 年代以后，"人力资源管理"这一名词逐渐流行起来。在这一时期，有三个因素对于人力资源管理概念的出现起了重要作用。其一是经济学中的"人力资本理论"在 20 世纪 50 年代被正式提出，从此，人力资本被看成是比物质资本更富有生产率的资本，人不仅不是服从于物力资本的，而且是比物力资本更有潜力的"活的资源"。其二是 20 世纪 50 年代以后兴起的行为科学的不断发展使得组织人道主义的观点深入人心。后期的行为科学从人、组织、工作、技术等多方面对组织中人的行为进行了系统研究，它不仅吸收了早期人际关系学说的一些有用的研究成果，还借鉴了当时的组织理论、组织心理学、社会心理学等领域的最新理论发展，对于人力资源管理的理论与实践产生了极大的影响。其三是作为一门学科的人力资源会计出现了，这门科学的出现为衡量人力资本利用效率提供了可靠的技术依据，从而使企业更加明确地认识到人力资源管理对于企业可能产生的收益。

人力资源管理的概念产生于 20 世纪六七十年代，然而，它在 80 年代以后才受到企业的普遍重视。

人力资源管理的出现标志着人事管理职能发展到了一个新的阶段。现代人力资源管理基本上涉及了企业员工关系管理最为重要的几个方面，即人力资源战略与规划、工作分析、雇员的招募与甄选录用、工作绩效评价、培训与人力资源开发、薪资福利与激励计划、劳资关系与雇员安全、健康计划等。然而，人力资源管理取代人事管理，并不仅仅是

---

① 彼得·德鲁克：《彼得·德鲁克：管理的使命只有三项》，载《管理学文摘》2019 年第 6 期，第 4—5 页

名称上的改变和内容的进一步丰富，它更是一种管理观念上的根本性变革。现代人力资源管理与传统人事管理的最大区别就在于：过去的人事管理是以工作为中心的，即让人去适应工作，而现代人力资源管理则是以人为中心的，它力图根据人的特点和特长来组织工作，从而使人力资源的能量得到最大限度的发挥。

在现代人力资源管理阶段，组织实现了基础人事管理工作信息化之后，人力资源管理者在基础人事管理、核心职能管理、领导决策支持三个层面的时间分配比例发生了变化，开始转变为2∶6∶2。在此阶段，人力资源管理者用60%的时间来处理招聘、甄选、培训开发、绩效考核、业务流程规范等人力资源职能管理核心业务，同时在领导决策支持层面的工作时间比例也上升至20%。

三、战略人力资源管理阶段

20世纪90年代，人力资源管理向战略人力资源管理的飞跃完成。人力资源管理职能所关注的对象已经远远超越了档案、内务以及簿记这些方面的工作，其对于一个组织的生存所具有的战略重要性和获取竞争优势的重要性越来越明显。招募、甄选、培训开发、奖惩、薪酬以及对劳动者进行激励的重要性，已经受到了组织中每一个单位和每一个职能领域的重视。人力资源管理逐渐开始与企业其他所有职能紧密合作，以帮助组织具备在地方以及国际上进行竞争时所需的能力。随着人力资源管理战略与组织融合为一体，人力资源管理在明确组织中所存在的人力资源问题以及寻找解决方案方面扮演着越来越重要的角色。现在，我们已经很难想象，有哪一个组织可以在缺乏有效的人力资源管理方案和管理活动的情况下，实现组织的有效性并且维持这种有效性。

战略人力资源管理将人力资源视为获得竞争优势的首要资源，强调通过人力资源的规划、政策及管理实践实现获得竞争优势的人力资源配置，强调人力资源与组织战略的匹配和契合，强调人力资源管理活动的目的是实现组织目标，提高组织的绩效。要采取战略性的人力资源管理就必须更多地关注战略问题而不是操作问题，使人力资源管理成为企业最重要的发展手段，以及在企业的战略框架下统筹考虑所有的人力资源管理问题。企业要通过战略整合来保持企业战略和人力资源战略的一致性。战略人力资源管理是与企业经营战略互动的管理系统，而且，企业在不同的战略阶段应该采取不同的战略，所对应的人力资源战略管理也是不同的。人力资源系统应该能够快速适应变化，以帮助企业具备有效、及时地适应内外部环境变化的能力。

在战略人力资源管理阶段，基础管理、职能管理工作都已经实现了信息化，人力资源管理实现了信息动态集中和业务协同。到了这一阶段，人力资源管理者在利用动态集中的人力资源信息的基础上，借助人力资源决策支持工具，辅助领导进行战略决策，如人力资源规划、人力成本分析、企业综合绩效评估等。在此阶段，人力资源管理者的工作时间分配比例转变为2∶4∶4，这是人力资源管理的理想阶段，真正实现了人力资源管理对企业战略管理的支持，体现出人力资源的战略价值。

四、人力资源管理的未来

（一）面临的挑战

1. 全球化的竞争趋势

全球化是企业将它们的销售、所有权以及制造活动向国外的新市场扩张的一种趋势。企业全球化的原因很多，有的是为了扩大市场份额，还有一些制造商希望寻找能够销售的国外新型产品和服务，同时降低劳动力成本，甚至为了与国外企业结成伙伴关系而促进一家企业到海外做生意。全球化的基本特征就是：全球化的程度越高，意味着竞争越激烈，企业承受的竞争压力越大，企业需要进一步降低成本，提高员工的生产率，发现更好的降低成本的工作方法。因此，全球化既能给企业带来收益，也带来了巨大的挑战。

人力资源管理作为企业获取持续竞争优势的工具，在全球竞争当中面临着经济全球化、信息网络化、社会知识化、人才国际化以及企业管理广泛变革的挑战，从而使人力资源管理面临着全球化的挑战。在全球化背景下的人力资源管理主要面临两大挑战：一是经济社会的变化；二是适应经济社会变化导致企业管理的变化。因此从全球化角度来讲，一个成功的全球企业应该具备独特的技能和视野，并可以接受世界范围内各种不同的文化，不同生活习惯的差异，以及对产品、服务的影响力，能够在全球范围内共享信息，能够采取有效激励政策激励员工，并且在全球范围共享自己的智慧。

随着我国人口结构的更新换代，20世纪80年代和90年代出生的员工逐渐成为企业人力资源的中坚力量，新生代员工中大部分具有知识型员工的特性。同时，新生代员工与他们的父辈具有不同的工作价值观，老一代员工更有可能以工作为中心，年青一代的员工更有可能以家庭为中心或者是两个中心兼顾，在工作与生活之间寻求融合与平衡。新生代员工作为知识型员工，给企业的管理带来了前所未有的挑战。一是知识型员工更具有工作自主性，有自我尊重的需求，个性自我张扬，知识型员工群体的需求更具复合性；二是新生代员工的管理显得更为复杂，这要求企业对其管理方式进行变革。

2. 工作性质的变化

工作性质的变化来自社会变革与技术进步，这是因为社会变革与技术进步能够对人们完成工作的方式以及当今员工所需要的技能和培训等产生巨大的影响。

技术的变革使工厂的生产率大大提高，工厂生产不再需要大量的劳动工人，这些工作通过自动化的机械就能完成。同时，导致工作性质变化的还有产业分工。在全球竞争环境下,中国经济转型升级使越来越多的制造业工作转向低成本国家,服务业正在崛起。

从经济社会变化的角度来看,技术的革新和服务业的崛起需要员工具有比以前更多的阅读能力、数学能力以及沟通能力,好的工作岗位需要更高的教育水平和更多的技能,企业对知识型员工的需求越来越多。在这样一个以技术和知识为竞争要素的环境中,培养和利用人力资本对企业来说具有重要的意义。这就使得招聘、甄选、培训、薪酬和绩效等人力资源管理技能对雇主越发显得重要。

此外,企业还面临着全球经济衰退、全球化步伐放缓、经济增长放缓等挑战,这些挑战对企业和企业的人力资源管理职能提出了新的要求。

为了迎合未来多变的竞争环境,企业的人力资源管理人员需要扮演着多元化的角色,包括能够帮助企业转型与变革、扮演策略伙伴的角色,同时具有绩效改革、资源规划与信息提供的角色。而在新世纪中,知识(Knowledge)、技能(Skills)、能力(Abilities)与其他特质(Other Characteristics)(上述四者简称 KSAOs)对人力资源管理人员更为重要,包含以知识为基础的技术专长、跨职能和国际化的经验、语言能力、合作领导力、自我管理能力与个人特质,如诚实、守信、积极主动、灵活性、具冒险的精神等。

(二)未来发展方向

1. 人力资源管理者职能的转变

20世纪的大部分时间里,人力资源管理者关注的主要是事务性工作,包括从一线经理那里接过招聘和解雇员工的工作,以及负责员工工资、福利的发放等。随着工厂制度的变化以及各种技术的进步,人力资源管理者的职能扩展到了员工测试、培训和劳动关系管理等方面。现在的企业处于一个充满挑战的新环境中,要求人力资源管理者具备帮助企业处理各种挑战的能力。

(1)更多地关注全局性问题

人力资源管理者的职能将越来越多地参与到与整个公司大局相关的问题上。人力资源管理者并不只是完成档案管理、社会保障、职称评定等庞杂的事务性工作,他们也被期望成为企业内部的咨询顾问,帮助企业高层管理者制定并执行企业的发展战略和规划。

(2)具备新的专业技能

人力资源管理者除了需要员工具有招聘、甄选、培训、薪酬管理和绩效管理的技能,还需要熟悉组织的战略规划、市场、生产以及财务等方面的知识。人力资源管理者与财务人员、营销人员在实现企业的战略目标方面扮演着重要角色,而人力资源管理者扮演着专家、营销人员和客户经理的角色。一方面,人力资源管理者需要具备人力资源管理专业知识和技能;另一方面,人力资源管理者需要向企业管理者和员工推销人力资源产品和服务方案;同时,人力资源管理者作为客户经理,需要为企业各部门和各管理层提供一揽子的人力资源系统解决方案。

（3）成为业务伙伴

懂人力资源管理的复合型人才将会在企业内部成为不可或缺的人，因为懂业务的主管一般都没有很深的人力资源专业素养，不懂得如何才能规范、有序而高效地管理员工，如何通过面试来找人，如何通过绩效来激发人，如何通过培训来提升人，如何通过员工关怀来挽留人。这些都是有技术性的工作，是一般业务主管不会的。所以人力资源管理者的价值就在这里，扎根业务，成为业务的伙伴。

（4）成为内部咨询顾问

需要人力资源管理者能够发现根本的问题，并给出解决方案，需要人力资源管理者站在更高的角度来看问题，透过细微的表现发现关于人力资源管理问题的本质，进而提出切实有效的解决方案。

（5）成为人力资源信息系统架构师

人力资源信息系统将成为解决大部分常规人事工作的有效工具，需要人力资源管理者对该系统的架构进行设计。懂计算机的人来做人力资源管理者是非常有利的，因为他们能够快速学习人力资源的知识，并应用到实际工作中。但是现有的人力资源管理者基本都是文科生，所以让他们来做计算机系统是非常困难的。所以需要人力资源管理者具备人力资源管理的基本能力并精通计算机系统的设计与开发。

（6）成为首席沟通谈判专家

要做好人力资源管理工作，必须有一颗善良的心和一张会说话的嘴巴，缺了这两样，很难成为一个优秀的人力资源管理者。人力资源管理者在工作中既要为老板考虑利益，又要为员工谋取公平和权益，处在一个夹心的位置。如果在工作中把握不好度就会两边不讨好。所以，如果能成为一个沟通谈判专家，既可以将领导的想法有效地传递下去，又能够使员工心服口服，让两边都满意。

2. 人力资源管理信息化

信息化是实现有效管理和战略管理的重要手段。信息技术系统可以解决显性知识的收集和共享问题。21世纪新的信息技术的应用，尤其是互联网的普及，加快了企业信息化的进程。全球经济一体化加剧了企业之间的竞争，企业对人力资源管理的观念产生了重大的变化，逐渐意识到为了获取独特的竞争优势，人力资源管理必须从事务性的角色转变到战略合作伙伴角色。信息技术在人力资源管理领域的应用及时地满足企业的这些需求。

随着企业的成长，依赖传统的手工人力资源管理系统来管理员工福利、薪酬、绩效和职业生涯发展已经变得非常困难。越来越多的企业正对他们的各种人力资源管理系统实施自动化处理，并集成人力资源管理信息系统(HRIS)。人力资源管理信息系统是通过收集、处理、存储和传播信息，支持组织各种人力资源管理活动的决策、协调、控制、分析及可视化的彼此相互关联的构成要素。人力资源管理系统能够通过强大的计算机处理能力来代替各种人力资源管理的日常事务。例如：在某位员工离职之后，人力资源管理信息系统能够自动更新所有文档中关于这位员工的信息。

知识经济的发展，人力资源管理信息化成为企业关注的焦点，企业通过导入人力资源管理软件系统，建立了一个综合性的、功能丰富的人力资源平台，实现了企业人力资源的优化和管理的现代化。目前，加快信息化建设成为我国企业的焦点，诸如人事信息管理、薪酬福利管理、岗位管理、员工培训管理、全面绩效管理等已经纳入企业的完整人力资源管理系统之中。

3."云计算"与人力资源管理

"云计算"未来将运用于人力资源服务，成为人力资源管理行业的发展趋势。云计算目前应用于企业内网、通信终端、科研网络等领域。它的核心思想是将大量用网络连接的计算资源统一管理和调度，构成一个计算资源池，向用户终端按需提供服务，提供资源的网络数据端被称为"云端"。"云"中的资源可以无限扩展，并且可以随时获取，随时扩展，按需使用，按使用付费。"云计算"改变了每个人的行为习惯。

当组织全面进入"云计算"时代之后，在招聘模块，除了面试外，其他诸如收集简历、筛选简历、通知安排面试、入职等，均可以使用系统快速有效、无误差地完成，招聘管理员的角色就只要求会操作系统进行筛选面试就可以了。因此，以后对于招聘管理员的要求只有非常核心的两三条：去找来更多的简历，即拓展更多的渠道；有效的面试技巧；广泛而有效的人脉资源。

在绩效模块中，绩效管理过程将全程依赖系统执行，包括考核指标的下发和上传，考核结果的收集、汇总、分析、归纳、总结，安排绩效面谈，跟进绩效改进，反馈绩效考核结果，这些都可以由系统轻松完成，所以，对于绩效考核管理员也将只会有以下几个方面的要求：设计绩效考核系统，并能够根据实际情况优化改善该流程；根据系统给出的结果分析，给出提升绩效效果的建议。在培训模块，常规工作如课程需求收集和整理、寻找培训讲师、安排培训实施、反馈培训结果等，均可以由系统自动完成，并且效果可能比人工更为有效，比如推荐培训讲师，系统可以根据需求直接在内部和外部讲师库中搜索匹配的讲师人员名单，既快又准，所以培训管理员面临的挑战就是：如何深刻地理解需求，并根据需求找到最匹配的课程和讲师，根据需求和讲师沟通架构出一个非常合理的课程，毕竟系统只能实现一个模糊匹配，无法理解；如何提升培训后的效果，要能够根据课程设计特点，追踪到培训效果，并且给出工作改善的建议；如何拓展更多的讲师人脉资源，快速定位。

在考勤和薪酬模块，是信息系统所能发挥它最大效能的集中体现，人力资源管理者要能设计出符合公司要求的薪酬体系。

在员工关系管理模块，由于要与人打交道，对人的沟通表达能力特别重要，所以能够保留的工作范围比较多，但是诸如离职流程、倾诉投诉渠道管理、活动的策划、组织和宣传环节等，也会部分交由系统来实现，员工关系管理员的核心职能将只会保留：面谈（了解实际原因）、反馈（解决实际问题）、完善（现有的沟通体系）。

"云计算"在人力资源管理中的运用将是一个必然的趋势，随着处理人力资源问题技术手段的不断升级，人力资源管理者的工作将会摆脱很多事务性的工作，而集中聚焦去完成人力资源管理的各项职能工作中的核心环节，也就是要去聚焦如何更能提升人力资源的使用率和利用率，在人力资源的效率和效果上面不断得到提升。也就是说，人力资源管理者将会从现有的角色逐步过渡到人力资本管理者的角色，这也是中国人力资源管理领域正在发生的变化。

第三节　人力资源管理在企业管理中的地位

人是组织的重要资产，也是组织形成竞争力的关键因素。人力资源对于企业而言，是具有劳动能力的人们的总和。人力资源管理正是企业通过对"人"的管理来实现企业既定的目标。作为组织的"人"的管理贯穿于企业人力资源管理的全过程，人力资源在企业战略的发展、实施及远景目标的实现过程中提供全程服务。

人力资源管理对于企业而言，决策者对人力资源的认识不同，人力资源管理所处的地位也不尽相同。在现代企业中，传统的认识将人力资源部门弱化为企业内部的一个职能机构——人事部门而存在于企业，其侧重于"管"人。而现代企业观念认为，人力资源管理是把人力作为一种最可贵的资源来开发，公司决策者为使企业员工能以贡献自己的聪明才智为己任而去创造或提供良好环境吸纳、招募、留用人才。这也正是公司决策者将人力资源作为公司最高管理者这一重任的最高追求。

一、企业战略管理

（一）战略管理的概念

战略管理就是指一个通过将组织的能力与外部环境要求进行匹配，从而确定和执行组织战略规划的过程。即战略管理是一个过程，该过程包括界定公司业务和确定公司使命、公司 SWOT 分析、制定新的业务发展方向、将使命转化为战略目标、制定战略或行动方案、执行战略、评估战略实施效果等七个方面的内容。

1. 战略分析阶段

战略分析阶段是战略管理过程的前提,包括界定公司业务和确定公司使命、公司SWOT分析两个步骤。第一步是界定公司业务和确定公司使命,具体地说就是明确公司的产品和服务是什么,公司的目标客户是谁,以及公司所在行业的竞争对手及其特点是什么。第二步为分析公司的SWOT,即分析公司内部的优势和劣势以及外部的机会和威胁。企业需要广泛搜集制定战略所需要的各种内外部信息,并通过专业分析工具对各种庞杂的信息进行梳理加工和归纳分类,从中提取企业所需要的信息。

战略分析阶段是一个"知己知彼"的阶段,明确企业目前的状况,使企业制定的战略与公司的优势、劣势、机会和威胁相吻合。

2. 战略选择阶段

战略选择阶段包括制定新的业务发展方向、将使命转化为战略目标、制定战略或行动方案三个步骤。首先是制定新的业务发展方向,企业在SWOT分析之后,需要确定新的业务领域在哪里,并通过愿景和使命来描述企业的业务应当是什么,以及陈述企业实际上是做什么业务的。其次是将使命转化为具体的战略目标。最后是制定战略或行动方案。战略选择阶段实质上是战略决策过程,即对战略进行探索、制定以及选择。企业首先应清楚企业的经营范围或战略经营领域,即规定企业从事生产经营活动的行业,明确企业的性质和所从事的事业,确定企业以什么样的产品或服务来满足哪一类顾客的需求。其次是明确企业在某一特定经营领域的竞争优势,即要确定企业提供的产品或服务,要在什么基础上取得超过竞争对手的优势。

3. 战略实施阶段

战略实施意味着企业要将战略转化为具体的行动。企业管理者可能要通过雇用(或解雇)员工、建设(或关闭)工厂、增加(或减少)产品或生产线、对组织结构进行调整和对企业文化进行变革等方式来执行战略。

4. 战略评估和调整阶段

在实施过程中,战略并非总能按照计划按部就班地实施。因此,在战略的具体化和实施过程中,为了对实施进行控制,这就需要将反馈回来的信息与预定的战略目标进行比较,如出现偏差,就应当采取有效的措施进行纠正。若偏差是由于原来分析不周、判断有误,或是环境发生了预想不到的变化而引起的时候,可以重新审视环境,制订新的战略、方案,进行新一轮的战略管理过程。战略调整就是根据企业情况的发展变化,即参照实际的经营事实、变化的经营环境、新的思维和新的机会,及时对所制定的战略进行调整,以保证战略对企业经营管理指导的有效性。包括调整公司的战略展望、公司的长期发展方向、公司的目标体系、公司的战略以及公司战略的执行等内容。

（二）战略类型

1. 基本竞争战略

（1）总成本领先战略

总成本领先要求企业积极地建立起达到有效规模的生产设施，在经验基础上全力以赴降低成本，抓紧对成本与管理费用的控制，以及最大限度地减少研究开发、服务、推销、广告等方面的成本费用。为了达到这些目标，有必要在管理方面对成本控制给予高度重视。尽管质量、服务以及其他方面也不容忽视，但贯穿于整个战略中的主题是使成本低于竞争对手。

（2）差异化战略

差异化战略是将公司提供的产品或服务差异化，形成一些在全产业范围中具有独特性的东西。实现差异化战略可以有许多方式，包括生产创新型产品、开发新技术、品牌形象设计、销售网络更新等方式。差异化战略并不意味着公司可以忽略成本，但此时成本不是公司的首要战略目标。

（3）目标集聚战略

目标集聚战略是主攻某个特定的顾客群、某产品系列的一个细分区段或某一个地区市场。采用这种战略的企业所采取的竞争方式通常都是只为特定消费者提供他们无法从其他渠道获得的产品或服务。

2. 总体战略

（1）单一业务战略

在这种情况下，企业通常只在单一市场上提供一种产品或者从事一种产品的生产。采取单一业务战略的企业成长方式有三种：第一种是在现有的市场上更为积极地开展营销活动，实现现有产品市场占有率和销售额的增长；第二种是在现有市场中开发出更多改良型产品来实现市场占有率增长；第三种是采取横向一体化，即通过兼并、重组或收购的方式来达到对同一市场中竞争对手的控制。

（2）多元化战略

多元化战略是企业通过增加相关或不相关的产品线来实现扩张。即相关多元化战略是企业在存在相互关联的领域增加产品线，非相关多元化战略是通过进入与公司现有业务领域不相关的产品或市场来实现多元化战略。多元化经营战略适合大中型企业选择，该战略能充分利用企业的经营资源，提高闲置资产的利用率，通过扩大经营范围，缓解竞争压力，降低经营成本，分散经营风险，增强综合竞争优势，加快集团化进程。但实施多元化战略应考虑选择行业的关联性、企业控制力及跨行业投资风险。

(3) 纵向一体化战略

纵向一体化战略是企业通过自行生产原材料或自己直接销售产品的一种战略方式，可分为前向一体化战略和后向一体化战略。以面向用户为前向，获得对经销商或者零售商的所有权或对其加强控制，称为前向一体化。获得对供应商的所有权或对其加强控制，称为后向一体化。

(4) 收缩型战略

收缩型战略是指企业在目前的战略水平和基础上采用收缩或者撤退的战略。收缩型战略总体上看，是一种消极战略。但企业实施收缩型战略只是短期的，其根本目的是使企业挨过风暴后转向其他的战略选择。在很多情况下，这是一种迫于情势的选择，也是企业经营者不太情愿采用的一种方式。

（三）战略管理层次

企业战略一般分为总体战略、事业部战略和职能战略三个层次。

总体战略是企业战略的最高层面，它明确了企业所从事的业务组合情况以及各业务之间的关系。总体战略是以企业整体为对象，是企业的战略总纲，也是企业最高层领导指导和控制企业的行动纲领。一般来说，总体战略要解决"我们要进入多少个业务领域以及进入哪些业务领域"这样一个问题。也就是说，企业应该做些什么和企业怎样去发展这些业务。

事业部战略是在总体战略指导下，针对某一个特定战略单位的战略计划，明确企业应如何培养和强化公司在市场上所具有的长期竞争优势。即事业部战略的重点是保证战略经营单位在它所从事的行业中或某一细分市场中的竞争地位。

职能战略是在事业部战略指导下，针对某一特定职能单位的性质制订战略执行计划。它界定了每个职能部门为帮助本业务单元实现战略目标所应完成的各种活动，每个部门的职能战略都应当有助于事业部战略和总体战略的实施。职能战略的重点是如何提高企业资源利用效率，它由一系列详细的方案和计划构成，涉及企业的研发、生产、销售、人力资源和财务等各个职能领域。

总体战略、事业部战略和职能战略一起构成了企业战略体系。在企业内部，企业战略管理各个层次之间是相互联系、相互配合的。企业每一层次的战略都为下一层次战略提供方向，并构成下一层次的战略环境，每层战略又为上一级战略目标的实现提供保障和支持。所以，企业要实现其总体战略目标，必须将三个层次的战略有效地结合起来。

二、战略人力资源管理

（一）战略人力资源管理的定义

战略人力资源管理是指确保实现企业战略目标所进行的一系列有计划的人力资源部署和管理行为。这个定义有以下四个特点：

第一，人力资源的不可替代性。人力资源是企业获取竞争优势的最重要资源。

第二，人力资源的系统性。为了取得竞争优势而部署的人力资源的政策、实践以及手段等管理行为是系统的。

第三，人力资源的战略性。即契合性，包括纵向的契合即人力资源战略要与企业战略相契合，以及水平的契合即整个人力资源战略系统之间的契合。

第四，人力资源的目标性。人力资源管理的目标指向是企业绩效最大化。

（二）战略人力资源管理的作用

1. 为企业获取竞争优势

一个企业的人力资源管理实践可以是竞争优势的一个重要源泉。人力资源管理可以通过降低成本、增加产品和服务的差别为企业获得竞争优势。也就是说，有效的人力资源管理实践可以通过创造成本领先和产品差异化来提高一个公司的竞争优势。

战略人力资源管理可以通过"人力资源管理实践—以雇员为中心的结果—以组织为中心的结果—竞争优势"的方式来获取竞争优势。

2. 提升企业绩效

最新的战略人力资源管理研究证实了人力资源管理与企业价值之间存在密切的联系，人力资源管理已经成为识别企业实力和优劣的重要指标。

3. 服务企业战略

从战略高度看，企业如能有效利用人力资源，就能提高企业的竞争优势。越来越多的企业认识到，企业战略成功与否在很大程度上取决于人力资源职能的参与程度。在任何一个组织中，企业成功的先决条件是有一个清晰支持组织使命和战略的人员管理系统。构建战略人力资源管理体系要做到以下几点：首先，企业或组织要有明确、可执行的战略目标；其次，人力资源参与战略决策过程。战略人力资源要承担战略职责，本身就是战略目标的组成部分，相关人员不参与战略制定过程、不参与决策，就很难准确理解和把握人力资源在战略中的位置，无法理解战略的其余组成部分与人力资源之间的相互关系，人力资源就很难真正成为公司战略的组成部分，也就难以承担战略职责；最后，明确人力资源与各业务系统的相互关系。人力资源与各业务系统相辅相成，各职能业务要有分工，更要有合作，才能保证战略人力资源管理体系的有效运行，才能对实现公司的战略目标形成有效支持。

（三）战略人力资源管理的职能

战略性人力资源管理核心职能包括人力资源配置、人力资源开发、人力资源评价和人力资源激励四方面职能，从而构建科学有效的"招人、育人、用人和留人"的人力资源管理机制。

战略性人力资源配置的核心任务就是要基于公司的战略目标来配置所需的人力资源，根据定员标准来对人力资源进行动态调整，引进满足战略要求的人力资源，对现有人员进行职位调整和职位优化，建立有效的人员退出机制以输出不满足公司需要的人员，通过人力资源配置实现人力资源的合理流动。

战略性人力资源开发的核心任务是对公司现有人力资源进行系统的开发和培养，从素质和质量上保证满足公司战略的需要。根据公司战略需要组织相应培训，并通过制订领导者继任计划和员工职业发展规划来保证员工和公司保持同步成长。

战略性人力资源评价的核心任务是对公司员工的素质能力和绩效表现进行客观的评价，一方面保证公司的战略目标与员工个人绩效得到有效结合，另一方面为公司对员工激励和职业发展提供可靠的决策依据。

战略性人力资源激励的核心任务是依据公司战略需要和员工的绩效表现对员工进行激励，通过制定科学的薪酬福利和长期激励措施来激发员工充分发挥潜能，在为公司创造价值的基础上实现自己的价值。

第二章 人力资源规划

第一节 人力资源规划的概述

一、人力资源规划概念

人力资源规划是指在依据企业的战略目标、明确企业现有的人力资源状况、科学地预测企业未来的人力资源供需状况的基础上,制定相应的政策和措施,以确保企业的人力资源不断适应企业经营和发展的需要,使企业和员工都能获得长远的利益。

要准确理解人力资源规划的概念,必须把握以下五个要点:

第一,人力资源规划是在组织发展战略和目标的基础上进行的。企业的战略目标是人力资源规划的基础,人力资源管理是组织管理系统中的一个子系统,要为组织发展提供人力资源支持,因此人力资源规划必须以组织的最高战略为坐标,否则人力资源规划将无从谈起。

第二,人力资源规划应充分考虑组织外部和内部环境的变化。一方面,企业外部的政治、经济、法律、技术、文化等一系列因素的变化导致企业外部环境总是处于动态的变化中,企业的战略目标可能会随之不断发生变化和调整,从而必然会引起企业内人力资源需求的变动。另一方面,在企业的发展过程中,不可避免地会出现员工的流出或工作岗位的变化,这可能会引起企业人力资源状况的内部变化。因此,需要对这些变化进行科学的分析和预测,使组织的人力资源管理处于主动地位,确保企业发展对人力资源的需求。

第三,人力资源规划的前提是对现有人力资源状况进行盘点。进行人力资源规划,首先要立足于企业现有的人力资源状况,从员工数量、年龄结构、知识结构、素质水平、发展潜力和流动规律等几个方面,对现有的人力资源进行盘点,并运用科学的方法,找出目前的人力资源状况与未来需要达到的人力资源状况之间的差距,为人力资源规划的制订奠定基础。

第四,人力资源规划的目标是制定人力资源政策和措施。例如,为了适应企业发展需要,要对内部人员进行调动补缺,就必须有晋升和降职、外部招聘和培训以及奖惩等方面的切实可行的政策和措施来加以协调和保障,才能保证人力资源规划目标的实现。

第五，人力资源规划最终目的是要使企业和员工都获得长期的利益。企业的人力资源规划不仅要关注企业的战略目标，还要切实关心企业中每位员工在个人发展方面的需要，帮助员工在实现企业目标的同时实现个人目标。只有这样，企业才能留住人才，充分发挥每个人的积极性和创造性，提高每个人的工作绩效；企业才能吸引、招聘到合格的人才，从而最终提高企业的竞争能力，实现企业的战略目标。

通过人力资源规划，要解决下面几个基本问题：

第一，目标是什么？回答这一问题的目的是在明确组织目标的基础上，衡量目标和现状之间的差异，其中最大的和最重要的差异就成为组织人力资源管理的目标。确定目标需要考虑有哪些条件需要改变，需要采取什么标准来衡量成功与否等。

第二，如何才能实现目标？为了缩小现实与目标之间的差距，需要花费资源从事人力资源管理活动，这也是人力资源管理工作的主要内容。人力资源规划就是要选择手段并把它们整合起来，建立一个体系。

第三，做得如何？在花费人力资源并实施了规划的人力资源管理活动之后，我们需要考察企业是否已经达到了既定的目标。然后再回到人力资源规划的第一个问题上，并重新制订新一轮的规划。

二、人力资源规划的作用

人力资源规划不仅在企业的人力资源管理活动中具有先导性和战略性，而且在实施企业总体规划中具有核心的地位。具体而言，人力资源规划的作用体现在以下几个方面。

（一）有利于组织制订战略目标和发展规划

一个组织在制订战略目标、发展规划以及选择决策方案时，要考虑到自身资源，特别是人力资源的状况。人力资源规划是组织发展战略的重要组成部分，也是实现组织战略目标的重要保证。人力资源规划促使企业了解与分析目前组织内部人力资源余缺的情况，以及未来一定时期内的人员晋升、培训或对外招聘的可能性，有助于目标决策与战略规划。

（二）确保企业在发展过程中对人力资源的需求

企业内部和外部环境总是处在不断发展变化中，这就要求企业对其人力资源的数量、质量和结构等方面不断进行调整，以保证工作对人的需要和人对工作的适应。企业如果不能事先对人力资源状况进行系统的分析，并采取有效措施，就会不可避免地受到人力资源问题的困扰。虽然较低技能的一般员工可以短时间内通过劳动力市场获得，但是对企业经营起决定性作用的技术人员和管理人员一旦出现短缺，则无法立即找到替代人员。因此，人力资源部门必须注意分析企业人力资源需求和供给之间的差距，制订各种规划，不断满足企业对人力资源多样化的需要。

（三）有利于人力资源管理工作的有序进行

人力资源规划作为一种计划功能，是人力资源管理的出发点，是任何一项人力资源管理工作得以成功实施的重要步骤。人力资源规划具有先导性和战略性，是组织人力资源管理活动的基础，它由总体规划和各种业务计划构成，可以在为实现组织目标进行规划的过程中，为人力资源管理活动，如人员的招聘、晋升、培训等提供可靠的信息和依据，从而保证人力资源管理活动的有序进行。

（四）控制企业的人工成本和提高人力资源的利用效率

现代企业的成本中最大的是人力资源成本，而人力资源成本在很大程度上取决于人员的数量和分布情况。一个企业成立初期，低工资的人员较多，人力资源成本相对较低；随着企业规模的扩大，员工数量增加，员工职位升高，工资水平上涨，人力资源成本有所增加。如果没有科学的人力资源规划，难免会出现人力资源成本上升、人力资源利用效率下降的情况。因此，人力资源规划可以有计划地调整人员数量和分布状况，把人工成本控制在合理的范围内，提高人力资源的利用效率。

（五）调动员工的积极性和创造性

人力资源规划不仅是面向组织的计划，也是面向员工的计划。许多企业面临着源源不断的员工跳槽，表面上看来是因为企业无法给员工提供优厚的待遇或者晋升渠道。其实是人力资源规划的空白或不足，因为并不是每个企业都能提供有诱惑力的薪金和福利来吸引人才，许多缺乏资金、处于发展初期的中小企业照样可以吸引到优秀人才并迅速成长。它们的成功之处不外乎立足企业自身情况，营造企业与员工共同成长的组织氛围。组织应在人力资源规划的基础上，引导员工进行职业生涯设计和发展，让员工清晰地了解自己未来的发展方向，看到自己的发展前景，从而去积极、努力争取，调动其工作积极性和创造性，共同实现组织的目标。

三、人力资源规划的分类

（一）按照规划的时间长短划分

人力资源规划按时间的长短可以分为长期规划、中期规划和短期规划。

1. 长期人力资源规划

长期人力资源规划期限一般为5年以上，对应于企业的长期总体发展目标，是对企业人力资源开发与管理的总目标、总方针和总战略进行系统的谋划。其特点是具有战略性和指导性，没有十分具体的行动方案和措施，只是方向性的描述。

2. 中期人力资源规划

中期人力资源规划期限一般在1年以上5年以下，对应于企业中长期发展目标，包括对未来发展趋势的判断和对发展的总体要求。其特点是方针、政策和措施的内容较多和比较明确，但没有短期人力资源规划那样具体。

3. 短期人力资源规划

短期人力资源规划是指1年或1年以内的规划，一般表现为年度、季度人力资源的规划，主要是具体的工作规划，这类规划的特点是目的明确、内容具体，有明确的具体行动方案和措施，具有一定的灵活性。

这种划分期限的长短并不是绝对的。对于一些企业来说，长期人力资源规划、中期人力资源规划和短期人力资源规划的期限可能比前述的更长，而对于另一些企业来说期限可能会更短。这取决于企业所在行业性质和企业生命周期等因素。

（二）按照规划的范围划分

人力资源规划按照范围的大小可以划分为整体规划、部门规划和项目规划。

1. 整体规划

整体规划关系到整个企业的人力资源管理活动，是属于企业层面的，在人力资源规划中居于首要地位。

2. 部门规划

部门规划是指企业各个业务部门的人力资源规划。部门规划在整体规划的基础上制订，内容专一性强，是整体规划的子规划。

3. 项目规划

项目规划是指某项具体任务的计划。它是指对人力资源管理特定课题的计划，如项目经理培训计划。项目规划与部门规划不同，部门规划只是单个部门的业务，而项目规划是为某种特定的任务而制订的。

（三）按照规划的性质划分

人力资源规划按照性质的不同可以划分为战略性人力资源规划和战术性人力资源规划。

1. 战略性人力资源规划

战略性人力资源规划着重于总的、概括性的战略和方针、政策和原则，具有全局性和长远性，通常是人力资源战略的表现形式。

2. 战术性人力资源规划

战术性人力资源规划一般指具体的、短期的、具有专业针对性的业务规划。战术性人力资源规划具有内容具体、要求明确、措施落实和容易操作等特点。

四、人力资源规划的内容

（一）人力资源总体规划

人力资源总体规划是对计划期内人力资源规划结果的总体描述，包括预测的需求和供给分别是多少，做出这些预测的依据是什么，供给和需求的比较结果是什么，企业平衡需求与供给的指导原则和总体政策是什么等。人力资源总体规划具体包括三个方面的内容，分别是人力资源数量规划、人力资源素质规划和人力资源结构规划。

1. 人力资源数量规划

人力资源数量规划主要解决企业人力资源配置标准的问题，它为企业未来的人力资源配置提供了依据和指明了方向。人力资源数量规划是指依据企业未来业务模式、业务流程、组织结构等因素来确定未来企业各部门人力资源编制以及各类职位人员配比关系，并在此基础上制订企业未来人力资源的需求计划和供给计划。

2. 人力资源素质规划

人力资源素质规划是依据企业战略、业务模式、业务流程和组织对员工的行为要求，设计各类人员的任职资格。人力资源素质规划是企业选人、育人、用人和留人活动的基础和前提。人力资源素质规划包括企业人员的基本素质要求、人员基本素质提升计划以及关键人才招聘、培养和激励计划等。

3. 人力资源结构规划

人力资源结构规划是指依据行业特点、企业规模、战略重点发展的业务及业务模式，对企业人力资源进行分层分类、设计和定义企业职位种类与职位责权界限的综合计划。通过人力资源结构规划，理顺各层次、各种类职位上人员在企业发展中的地位、作用和相互关系。

人力资源数量规划和人力资源结构规划以及人力资源素质规划是同时进行的，数量规划和素质规划都是依据结构规划所确定的结构进行的，因此人力资源结构规划是关键。

（二）人力资源业务规划

人力资源业务规划包括人员配备计划、人员补充计划、人员使用计划、培训开发计划、薪酬激励计划、劳动关系计划和退休解聘计划等。

1. 人员配备计划

人员配备计划是指根据组织发展规划，结合组织人力资源盘点报告，来制订人员配备计划。企业中每一个职位、每一个部门的人力资源需求都存在一个适合的规模，并且这个规模会随着企业外部环境和内部条件的变化而改变。人员配备计划就是为了确定在一定的时期内与职位、部门相适合的人员规模和人员结构。

2. 人员补充计划

人员补充计划即拟定人员补充政策，目的是使企业能够合理、有目标地填补组织中可能产生的空缺。在组织中，常常会由于各种原因出现空缺或新职位，例如，企业规模扩大，进入新的产品领域，员工的晋升、离职、退休等情况都会产生新职位或空缺职位。为了保证企业出现的空缺职位和新职位得到及时而又经济的补充，企业就需要制订人员补充计划。

3. 人员使用计划

人员使用计划包括人员晋升计划和人员轮换计划。晋升计划实质上是企业内部晋升政策的一种表达方式，根据企业的人员分布状况和层级结构，拟定人员晋升政策。对企业来说，有计划地提升有能力的人员，不仅是人力资源规划的重要职能，更重要的是体现了对员工的激励。晋升计划一般由晋升比率、平均年资、晋升时间等指标来表达。

人员轮换计划是为了使员工的工作丰富化、培养员工多方面的技能、激励员工的创造性而制订的在大范围内对员工的工作岗位进行定期轮换的计划。

4. 培训开发计划

培训开发计划是为了满足企业的可持续发展，在对需要的知识和技能进行评估的基础上，有目的、有计划地对不同人员进行的培养和开发。企业实施培训开发计划，一方面可以使员工更好地胜任工作；另一方面，也有助于企业吸引和留住人才。

5. 薪酬激励计划

对企业来说，制订薪酬激励计划，一方面是为了保证企业的人力资源成本与经营状况保持适当的比例关系；另一方面是为了充分发挥薪酬的激励作用。企业通过薪酬激励计划可以在预测企业发展的基础上，对未来的薪资总额进行预测，并设计未来的人力资源政策，如激励对象、激励方式的选择等，以调动员工的积极性。薪酬激励计划一般包括薪资结构、薪资水平和薪资策略等。

6. 劳动关系计划

劳动关系计划是关于减少和预防劳动争议、改进企业和员工关系的重要人力资源业务计划。劳动关系计划在提高员工的满意度、降低人员流动率、减少企业的法律纠纷、维护企业的社会形象、保障社会的稳定等方面正发挥着越来越不可估量的作用。

7. 退休解聘计划

退休解聘计划是企业对员工的淘汰退出机制，现代企业都已经不再是终身雇佣制，但有的企业依然存在大量冗余人员。出现这样的现象是因为企业只设计了向上晋升的通道，未设计向下退出的通道，退休解聘计划就是设计向下退出的通道。晋升计划和退休解聘计划使企业的员工能上能下，能出能进，保证了企业人力资源的可持续健康发展。

人力资源业务计划是人力资源总体规划的展开和具体化，它们分别从不同的角度保证了人力资源工作规划目标的实现。各项人力资源业务计划是相辅相成的，在制订人力资源业务计划时，应当注意各项业务计划之间的相互配合。例如，培训计划、使用计划和薪酬计划之间需要相互配合：当某些员工通过培训提高了能力，但企业在员工使用和薪酬制度方面没有相应的配套，就可能挫伤员工接受培训的积极性，甚至可能导致培训后的员工流失。

五、人力资源规划的程序

人力资源规划的制订是一个复杂的过程，涉及的内容比较多、人员范围比较广，需要多方面的支持与协作。因此，规范和科学的人力资源规划程序是提高企业人力资源规划质量的制度保证。人力资源规划的过程一般分为五个阶段，即准备阶段、预测阶段、制订阶段、执行阶段和评估阶段。下面结合这五个阶段对人力资源规划的整个过程进行简要的说明。

（一）准备阶段

每一项规划要想做好都必须充分收集相关信息，人力资源规划也不例外。由于影响企业人力资源供给和需求的因素有很多，为了能够比较准确地做出预测，就需要收集有关的各种信息，这些信息主要包括以下几方面内容。

1. 外部环境的信息

外部环境对人力资源规划的影响主要是两个方面：一方面企业面对的大环境对人力资源规划的影响，如社会的政治、经济、文化、法律、人口、交通状况等；另一方面劳动力市场的供求状况、人们的择业偏好、企业所在地区的平均工资水平、政府的职业培训政策、国家的教育政策以及竞争对手的人力资源管理政策等，这类企业外部的小环境同样对人力资源规划产生一定的影响。

2. 内部环境的信息

这类信息也包括两个方面：一是组织环境的信息，如企业的发展规划、经营战略、生产技术以及产品结构等；二是管理环境的信息，如公司的组织结构、企业文化、管理风格、管理体系以及人力资源管理政策等，这些因素都直接决定着企业人力资源的供给和需求。

3. 现有人力资源的信息

制订人力资源规划，要立足于人力资源现状，只有及时准确地掌握企业现有人力资源的状况，人力资源规划才有意义。为此需要借助人力资源信息管理系统，以便能够及时和准确地提供企业现有人力资源的相关信息。盘点现有的人力资源信息主要包括：第一，个人自然情况；第二，录用资料；第三，教育和培训资料；第四，工资资料；第五，工作执行评价；第六，工作经历；第七，服务与离职资料；第八，工作态度调查；第九，安全与事故资料；第十，工作环境资料以及工作与职务的历史资料等。

（二）预测阶段

人力资源预测阶段分为人力资源需求预测和人力资源供给预测，这个阶段的主要任务是在充分掌握信息的基础上，选择有效的人力资源需求预测和供给预测的方法，分析与判断不同类型的人力资源供给和需求状况。在整个人力资源规划中，这是最关键也是难度最大的一部分，直接决定了人力资源规划的成败，只有准确地预测出供给与需求，才能采取有效的平衡措施。

1. 人力资源需求预测

人力资源需求预测主要是根据企业的发展战略和本企业的内外部条件选择预测技术，然后对人力资源的数量、质量和结构进行预测。在预测过程中，预测者及其管理判断能力与预测的准确与否关系重大。一般来说，商业因素是影响员工需要类型、数量的重要变量，预测者通过分析这些因素，并且收集历史资料以此作为预测的基础。从逻辑上讲，人力资源需求是产量、销量、税收等的函数，但对不同的企业或组织，每一因素的影响并不相同。

2. 人力资源供给预测

人力资源供给预测也称为人员拥有量预测，只有进行人员拥有量预测并把它与人员需求量相对比之后，才能制订各种具体的规划。人力资源供给预测包括两部分：一部分是内部拥有量预测，即根据现有人力资源及其未来变动情况，预测出规划各时间点上的人员拥有量；另一部分是对外部人力资源供给量进行预测，确定在规划各时间点上的各类人员的可供量。

3. 确定人员净需求

人力资源需求预测和人力资源供给预测之后，需要把组织中的人力资源需求与组织内部人力资源供给进行对比分析，可以从比较分析中测算出各类人员的净需求数。若这个净需求数是正数，则表明企业要招聘新的员工或对现有员工进行有针对性的培训；若这个净需求数是负数，则表明组织在这方面的人员是过剩的，应该精简或对员工进行调配。这里所说的"人员净需求"包括人员的数量、人员的质量和人员的结构，这样就可以有针对性地制订人力资源目标和人力资源规划。

（三）制订阶段

在收集相关信息和分析了人力资源供需的基础上，就可以制订人力资源规划了。人力资源规划的制订阶段是人力资源规划整个过程的实质性阶段，包括制订人力资源目标和人力资源规划的内容两个方面。

1. 人力资源目标的确定

人力资源目标是企业经营发展战略的重要组成部分，并支撑企业的长期规划和经营计划。人力资源目标以企业的长期规划和经营规划为基础，从全局和长期的角度来考虑企业在人力资源方面的发展和要求，为企业的持续发展提供人力资源保证。人力资源目标应该是多方面的，涉及人力资源管理各项活动，人力资源目标应该满足 SMART 原则：第一，目标必须是具体的（Specific）；第二，目标必须是可以衡量的（Measurable）；第三，目标必须是可以达到的（Attainable）；第四，目标必须和其他目标具有相关性（Relevant）；第五，目标必须具有明确的截止期限（Time-based）。例如：在今后 3 年内将从事生产操作的人员减少 30%，从事销售的人员增加 20%；在本年度，每位中层人员接受培训的时间要达到 40 小时以上；通过为期两周的脱产培训，使操作工人掌握这项技能，生产的产品合格率达到 99% 以上等。

2. 人力资源规划内容的制订

人力资源规划内容的制订，包括制订人力资源总体规划和人力资源业务规划。关于人力资源总体规划和人力资源业务规划前文已经有所陈述，人力资源总体规划包括：人力资源数量规划、人力资源素质规划和人力资源结构规划；人力资源业务规划包括：人员配备计划、人员补充计划、人员使用计划、培训开发计划、薪酬激励计划、劳动关系计划和退休解聘计划等。在制订人力资源业务规划内容时，应该注意两个问题。第一，应该具体明确，具有可操作性。如一项人员补充计划应该包括：根据企业的发展战略需要引进人才的数量和质量；引进人才的时间和需要增加的预算；其他相关问题等。第二，业务性人力资源规划涉及人力资源管理的各个方面，如人员补充计划、人员使用计划、人员培训计划等，由于这些计划是相互影响的，在制订时要充分考虑到各项计划的综合平衡问题。例如，人员培训计划会使员工的素质通过培训得到提高，工作绩效有所改善，但如果其报酬没有改变，就会使员工觉得培训是浪费时间，从而挫伤其参加培训的积极性。制订人员培训计划时应同时考虑人员使用计划和薪酬激励计划之间的协调，因此，各项人力资源业务计划应该相互协调，避免出现不一致甚至冲突。

（四）执行阶段

制订人力资源规划并不是企业的最终目的，最终目的是执行人力资源规划。人力资源规划的执行是企业人力资源规划的一项重要工作，人力资源规划执行是否到位，决定整个人力资源规划是否成功。人力资源规划一经制订出来，就要付诸实施，在人力资源规划的实施阶段，需要注意两个方面的问题：一方面，确保有具体的人员来负责既定目标的实现,同时还要确保实施人力资源规划方案的人拥有这些目标所必要的权力和资源;另一方面,还需要重视的是,定期得到关于人力资源规划执行情况的进展报告,以保证所有的方案都能够在既定的时间里执行到位,以及在这些方案执行的早期所产生的一些收益与预测的情况是一致的,保证方案的执行是按当初制订的各项人力资源规划进行的。

(五)评估阶段

对人力资源规划实施的效果进行评估是整个规划过程的最后一步,由于预测不可能做到完全准确,人力资源规划也不是一成不变的,它是一个开放的动态系统。人力资源规划的评估包括两层含义:一是指在实施的过程中,要随时根据内外部环境的变化来修正供给和需求的预测结果,并对平衡供需的措施做出调整;二是指要对预测的结果以及制定的措施进行评估,对预测的准确性和措施的有效性做出衡量,找出其中存在的问题以及有益的经验,为以后的规划提供借鉴和帮助。人力资源规划进行评估应注意以下几个问题:①预测所依据信息的质量、广泛性、详尽性、可靠性;②预测所选择的主要因素的影响与人力资源需求的相关度;③人力资源规划者熟悉人事问题的程度以及对它们的重视程度;④人力资源规划者与提供数据和使用人力资源规划的人事、财务部门以及各业务部门经理之间的工作关系;⑤在有关部门之间信息交流的难易程度;⑥决策者对人力资源规划中提出的预测结果、行动方案和建议的利用程度;⑦人力资源规划在决策者心目中的价值;⑧人力资源各项业务规划实施的可行性。

第二节 人力资源的供需预测

人力资源供需预测是人力资源规划的基础。它是一项技术性较强的工作,其中涉及许多专门的技术和方法。同时,人力资源供需预测也是企业人力资源规划的核心内容。本节将对这一核心内容进行比较详细的探讨,其中,预测方法的介绍将成为本节的重点。

一、人力资源需求预测

人力资源需求预测就是为了实现企业的战略目标,根据企业所处的外部环境和内部条件,选择适当的预测技术,对未来一定时期内企业所需人力资源的数量、质量和结构进行预测。在进行人力资源需求预测之前,先要确定岗位将来是否确实有必要存在,该工作的定员数量是否合理,现有工作人员是否具备该工作所要求的条件,未来的生产任务、生产能力是否可能发生变化等。

（一）影响企业人力资源需求的因素

企业对人力资源的需求受到诸多因素的影响，归结起来主要分为两类：企业内部因素和企业外部环境。

1. 企业内部因素

（1）企业规模的变化

企业规模的变化主要来自两个方面：一是在原有的业务范围内扩大或压缩规模；二是增加新的业务或放弃旧的业务。这两个方面的变化都会对人力资源需求的数量和结构产生影响。企业规模扩大，则需要的人力就会增加，新的业务更需要掌握新技能的人员；企业规模缩小，则需要的人力也将减少，于是就会发生裁员、员工失业。

（2）企业经营方向的变化

企业经营方向的调整，有时并不一定导致企业规模的变化，但对人力资源的需求会发生改变。比如，军工产业转为生产民用产品，就必须增加市场销售人员，否则将无法适应多变的民用市场。

（3）技术、设备条件的变化

企业生产技术水平的提高、设备的更新，一方面会使企业所需人员的数量减少；另一方面，对人员的知识、技能的要求会随之提高，也就是所需人员的质量提高。

（4）管理手段的变化

如果企业采用先进的管理手段，会使企业的生产率和管理效率提高，从而引起企业人力资源需求的变化。比如，企业使用计算机信息系统来管理企业的数据库，企业的工作流程必定会简化，人力资源的需求也会随之减少。

（5）人力资源自身状况

企业人力资源状况对人力资源需求也存在重要的影响。例如，人员流动比率的大小会直接影响企业对人力资源的需求。人员流动比率反映企业中由于辞职、解聘、退休及合同期满而终止合同等原因引起的职位空缺规模。此外，企业人员的劳动生产率、工作积极性、人才的培训开发等也会影响企业对人力资源的需求。

2. 企业外部环境

外部环境对企业人力资源需求的影响，多是通过企业内部因素起作用的。影响企业人力资源需求的外部环境主要包括经济、政治、法律、技术和竞争对手、顾客需求等。例如，经济的周期性波动会引起企业战略或规模的变化，进而引起人力资源需求的变化；竞争对手之间的人才竞争，会直接导致企业人才的流失；顾客的需求偏好发生改变，会引起企业经营方向的改变，进而也会引起人力资源需求的变动。

（二）人力资源需求预测的方法

人力资源需求预测方法包括定性预测法和定量预测法两大类。

1. 定性预测法

（1）管理人员经验预测法

管理人员经验预测法是凭借企业的管理者所拥有的丰富经验甚至是个人的直觉，来预测企业未来的人力资源需求。例如，根据前期工作任务的完成情况，结合下一期的工作任务量，管理人员就可以预测未来的人员需求。它是一种比较简单的方法，完全依靠管理者的经验和个人能力，预测结果的准确性不能保证，通常用于短期预测。同时，当企业所处的环境较为稳定、组织规模较小时，单独使用此方法，可以迅速得出预测结论，获得满意的效果；在企业所处环境复杂、组织规模较大的情况下，往往需要与其他预测方法结合使用。

（2）分合预测法

分合预测法是一种较为常用的人力资源需求的预测方法，包括自上而下、自下而上两种方式：①自上而下的方式，是由企业的高层管理者先初步拟定组织的总体用人目标和计划，然后逐级下达到各部门和单位，在各个部门和单位内进行讨论和修改，再将各自修改之后的意见逐级汇总后反馈回企业高层，高层管理者据此对总体计划做出修正，最后公布正式的用人计划；②自下而上的方式，是企业的高层管理者首先要求各个部门和单位根据各自的工作任务、技术设备的状况等，对本部门将来对各种人员的需求进行预测，然后，在此基础上对各部门、单位提供的预测数进行综合平衡，从中预测出整个组织将来一定时期的人员需求状况。

通常情况下，是将两种方式结合运用。分合预测法能够使企业各层管理者参与人力资源规划的制订，根据本部门的实际情况确定较为合理的人力资源规划，调动他们的积极性。但是，这种方法由于受企业各层管理者的知识、经验、能力、心理成熟度的限制，长期的人员需求预测不是很准确。因此，分合预测法是一种中短期的人力资源需求预测的方法。

（3）德尔菲法

德尔菲法，又称专家预测法，最早由美国兰德公司在20世纪40年代末创立。德尔菲法在创立之初被专门用于技术预测，后来才逐渐扩展到了其他领域，成了一种专家们对影响组织发展的某一问题的看法达成一致意见的结构化方法。德尔菲法的特征体现在几个方面：第一，吸引专家参与预测，充分利用专家的经验和学识；第二，采用匿名或背靠背的方式，使每一位专家独立、自由地做出自己的判断；第三，预测过程多次反馈，使专家的意见逐渐趋同。

德尔菲法用于企业人力资源需求预测的具体操作步骤如下：

①确定预测的目标，由主持预测的人力资源管理部门确定关键的预测方向、相关变量和难点，列举出必须回答的有关人力资源预测的具体问题；

②挑选各个方面的专家，每位专家都要拥有人力资源预测方面的某种知识或专长；

③人力资源部门向专家们发出问卷和相关材料，使他们在背靠背、互不通气的情况下，独立发表看法；

④人力资源部门将专家的意见集中、归纳，并将归纳的结果反馈给他们；

⑤专家们根据归纳的结果进行重新思考，修改自己的看法；

⑥重复进行第四步和第五步，直到专家们的意见趋于一致，通常这一过程需要3～4轮。

德尔菲法的优点是可以集思广益，并且可以避免群体压力和某些人的特殊影响力，对影响人力资源需求各个方面的因素可以有比较全面、综合的考虑；缺点是花费时间较长、费用较大。所以这种方法适用于长期的、趋势性的预测，不适用于短期的、日常的和比较精确的人力资源需求预测。

2. 定量预测法

（1）趋势分析法

趋势分析法是利用组织的历史资料，根据某个因素的变化趋势预测相应的人力资源需求。如根据一个公司的销售以及历史上销售额与人力资源需求的比例关系，确定一个相对合理的未来比例，然后根据未来销售额的变化趋势来预测人力资源需求。这种方法有两个假定前提：第一，假定企业的生产技术构成基本不变，这样单位产品的人工成本才大致保持不变，并以产品数量的增减为根据来推测人员需求数量；第二，假定市场需求基本不变，在市场需求变化不大的情况下，人员数量与其他变量如产量的关系才容易分析出来。

趋势分析法的操作步骤如下：

①选择相关变量

确定一种与劳动力数量和结构的相关性最强的因素为相关变量，通常选择销售额或生产率等。

②分析相关变量与人力资源需求的关系。

分析此因素与所需员工数量的比率，形成一种劳动率指标，例如，生产量/每人时等；

③计算生产率指标。

根据以往五年以上的生产率指标，求出均值。

④计算所需人数

用相关变量除以劳动生产率得出所需人数。

(2) 转换比率分析法

转换比率分析法是根据过去的经验，把企业未来的业务量转化为人力资源需求量的预测方法。转换比率分析法的操作步骤如下：

第一，确定企业未来的业务量，根据以往的经验估计与企业的业务规模相适应的关键技能员工的数量；

第二，再根据关键技能员工的数量估计辅助人员的数量；

第三，加总得出企业人力资源总需求量。

使用转换比率法将企业的业务量转换为人力资源需求量时，通常要以组织已有的人力资源的数量与某个影响因素之间的相互关系为依据，来对人力资源的需求进行预测，以一所医院为例，当医院的病床数量增加一定的百分比时，护士的数量也要增加相应的百分比，否则难以保证医院的医疗服务质量。类似的还有，根据过去的销售额和销售人员数量之间的比例关系，预测未来的销售业务量对销售人员的需求量。

需要指出的是，转换比率分析法有一个隐含的假设，即假设组织的生产率保持不变，如果考虑到生产率的变化对员工需求量的影响，可使用以下的计算公式：

$$计划期所需员工数量 = \frac{目前业务量 + 计划期业务量}{目均业务量 \times (1 + 生产率增长)}$$

使用转换比率分析法进行人力资源需求预测时，需要对未来的业务量、人均的生产效率及其变化做出准确预测，这样对未来人力资源需求的预测才会比较符合实际。

(3) 回归分析法

由于人力资源的需求总受到某些因素的影响，回归预测法的基本思路就是要找出那些与人力资源需求关系密切的因素，并依据过去的相关资料确定出它们之间的数量关系，建立一个回归方程，然后再根据这些因素的变化以及确定的回归方程来预测未来的人力资源需求。使用回归预测法的关键是要找出那些与人力资源需求高度相关的变量，才能建立起回归方程预测。

根据回归方程中变量的数目，可以将回归预测分为一元回归预测和多元回归预测两种。一元回归由于涉及一个变量，建立回归方程时相对比较简单；而多元回归由于涉及的变量较多，所以建立方程时要复杂得多，但是它考虑的因素也比较全面，预测的准确度往往要高于前者。由于曲线关系的回归方程建立起来比较复杂，为了方便操作，在实践中经常采用线性回归方程来进行预测。

二、人力资源供给预测

人力资源供给预测也称为人员拥有量预测，是预测在某一未来时期组织内部所能供应的或经培训可能补充的，以及外部劳动力市场所提供的一定数量、质量和结构的人员，以满足企业为实现目标而产生的人员需求。

人力资源供给预测与人力资源需求预测存在重要的差别：人力资源需求预测只研究企业内部对人力资源的需求，而人力资源供给预测必须同时考虑企业内部供给和外部供给两个方面。对人力资源的需求做出了预测之后，就要对企业的人力资源可得性进行确认。

（一）企业内部人力资源供给

企业内部人力资源供给预测主要分析计划期内将有多少员工留在目前的岗位上，有多少员工流动到其他的岗位上，又有多少员工会流出组织。

1. 影响企业内部人力资源供给的因素

（1）现有人力资源的运用情况

企业现有人力资源的运用情况包括：员工的工作负荷饱满程度、员工出勤状况、工时利用状况以及部门之间的分工是否平衡等。例如，员工的缺勤情况严重而不能有效改善，就会影响企业内部人力资源的供给。

（2）企业人员流动状况

在收集和分析有关内部劳动力供应数据时，企业内部人员流动率将对劳动力供给产生很大影响。这些人员流动率的数据包括：晋升率、降职率、轮岗率、离职率，企业人员的流动率可以根据历史数据与人力资源管理经验来预测，通过分析规划期内可能流出和流入的人数与相应类型及企业内部劳动力市场的变动情况，判断未来某个时点或时期内部可提供的人力资源数量。

（3）员工的培训开发状况

根据企业的经营战略，针对企业未来可能需要的不同技能类型的员工提供有效的员工开发和培训，可以改善企业目前的人力资源状况，使企业人力资源的质量、结构更能适应企业未来发展的需要。这从人力资源满足企业发展的有效性来看，通过减少企业冗余的人力资源可以增加人力资源的内部供给。

2. 内部人力资源供给预测的方法

（1）人员接替法

人员接替法就是对组织现有人员的状况做出评价，然后对他们晋升或者调动的可能性做出判断，以此来预测组织潜在的内部供给，这样当某一职位出现空缺时，就可以及时地进行补充。在置换图中，要给出职位名称、现任员工姓名、年龄、业绩评价、职位晋升或转移的可能性。人员接替法的操作步骤如下：①确定人员接替计划包括的岗位范围；②确定各个岗位上的接替人选；③评价接替人选当前的工作绩效和晋升潜力；④了解接替人选本人的职业发展需要，并引导其将个人目标与组织目标结合起来。

（2）人力资源"水池"模型

该模型是在预测组织内部人员流动的基础上来预测人力资源的内部供给，它与人员接替法有些类似，不同的是人员接替法是从员工出发来进行分析，而且预测的是一种潜在的供给。"水池"模型则是从职位出发进行分析，预测的是未来某一时间现实的供给，并且涉及的面更广。这种方法一般要针对具体的部门、职位层次或职位类别来进行，由于它要在现有人员的基础上通过计算流入量和流出量来预测未来的供给，这就好比是计算一个水池未来的蓄水量，因此称为"水池模型"。人力资源"水池模型"的操作步骤如下：

①明确每个职位层次对员工的要求和需要的员工人数；

②确定达到职位要求的候选人，或者经过培训后能胜任职位的人；

③把各职位的候选人情况与企业员工的流动情况综合起来考虑，控制好员工流动方式与不同职位人员接替方式之间的关系，对企业人力资源进行动态管理。

对企业中各职位层次员工的供给预测，可以使用以下公式：

未来内部供给量 = 现有员工数量 + 流入总量 - 流出总量

对每一层次的职位来说，人员流入的原因有平行调入、上级职位降职和下级职位晋升；流出的原因有向上级职位晋升、向下级职位降职、平行调出、离职和退休。对所有层次分析完之后，将它们合并在一张图中，就可以得出组织未来各个层次职位的内部供给量以及总的供给量。

（3）马尔科夫转换矩阵法

马尔科夫转换矩阵法是一种运用统计学原理预测组织内部人力资源供给的方法。马尔科夫转换矩阵法的基本思想是找出过去人员流动的规律，以此推测未来的人员流动趋势，其基本假设是过去内部人员流动的模式和概率与未来大致相同。运用这种方法预测人员供给时，首先需要建立人员变动矩阵表，它主要是指某个人在某段时间内，由一个职位调到另一个职位（或离职）的概率，马尔科夫转换矩阵可以清楚地分析企业现有人员的流动（如晋升、调换岗位和离职）情况。

（二）企业外部人力资源供给

当企业内部的人力资源供给无法满足需要时，企业就需要从外部获取人力资源。企业外部人力资源供给预测，主要是预测未来一定时期，外部劳动力市场上企业所需人力资源的供给情况。企业外部人力资源供给依赖于劳动力市场的状况，其影响因素主要考虑以下几个方面：

1. 影响企业外部人力资源供给的因素

（1）宏观经济形势

劳动力市场的供给状况与宏观经济形势息息相关。宏观经济形势越好，失业率越低，劳动力供给越紧张，企业招募越困难；反之亦然。

（2）全国或本地区的人口状况

影响人力资源供给的人口状况包括：①人口总量和人力资源率，人口总量越大，人力资源率越高，人力资源的供给就越充足；②人力资源的总体构成，这是指人力资源在性别、年龄、教育、技能、经验等方面的构成，它决定了不同层次和类别上可以提供的人力资源数量和质量。

（3）劳动力的市场化发育程度

劳动力市场化程度越高，越有利于劳动力自由进入市场，以及市场工资率导向的劳动力合理流动，从而消除人为因素对劳动力流动的限制，增强人力资源供给预测的客观性和准确性。

（4）政府的政策和法规

政府的政策和法规是影响外部人力资源供给的一个不可忽视的因素，如关于公平就业机会的法规、保护残疾人就业的法规、严禁童工就业的法规、教育制度变革等。

（5）地域特点

公司所在地或公司本身对人们的吸引力，也是影响人力资源供给的重要因素。例如：中国北京、上海、广州等大城市的公司和世界500强企业吸引人才会更容易。

2. 外部人力资源供给预测的方法

（1）文献法

文献法是指根据国家的统计数据或有关权威机构的统计资料进行分析的方法。企业可以通过国家和地区的统计部门、劳动人事部门出版的年鉴、发布的报告以及利用互联网来获得这些数据或资料。同时，企业还应及时关注国家和地区的有关法律、政策的变化情况。

（2）市场调查法

企业可以就自身所关注的人力资源状况直接进行调查。企业可以与猎头公司、人才中介公司等专门机构建立长期的联系，还可以与相关院校建立合作关系，跟踪目标生源的情况等。

（3）对应聘人员进行分析

企业可以通过对应聘人员和已雇用的人员进行分析得到未来外部人力资源供给的相关信息。

三、人力资源供需平衡

组织人力资源需求与人力资源供给相等时，称为人力资源供需平衡；若两者不等时，称为人力资源供需不平衡。人力资源供需不平衡存在三种情况：人力资源供大于求，出现预期人力资源过剩的情况；人力资源供小于求，出现预期人力资源短缺的情况；人力资源供需数量平衡，结构不平衡的情况。人力资源供需之间三种不平衡的情况，都会给企业带来相应的问题。例如，当人力资源供大于求时，会导致企业内人浮于事，内耗严重，生产成本上升而工作效率下降；当人力资源供小于求时，企业设备闲置，固定资产利用率低。这些问题都会影响企业战略目标的实现，削弱企业的竞争优势，最终影响到企业的持续发展。人力资源供需平衡就是根据人力资源供需之间可能出现的缺口，采取相应的人力资源政策措施，实现企业未来的人力资源供需之间的平衡。

（一）预期人力资源短缺时的政策

1. 外部招聘

外部招聘是最常用的人力资源缺乏的调整方法。当人力资源总量缺乏时，采用此种方法比较有效。根据组织的具体情况，面向社会招聘所需人员，如果企业需求是长期的，一般招聘一些全职员工；如果需求是暂时的，就可以招聘一些兼职员工和临时员工，以补充企业人力资源短缺的现象。

2. 延长工作时间

在符合国家劳动法律法规的前提下，延长员工的工作时间，让员工加班和加点，并支付相应的报酬，以应对人力资源的短期不足。延长工作时间可有效地节约福利开支，减少招聘成本，而且可以保证工作质量。但是延长工作时间只是补充短期的人力资源不足，而不能长期使用此政策，如果长期使用会导致员工过度劳累而增加员工的工作压力和疲劳程度，反而会降低工作效率。

3. 培训后转岗

对组织现有员工进行必要的技能培训，使之不仅能适应当前的工作，还能进行转岗或适应更高层次的工作，能够将企业现有的人力资源充分利用起来，以补充人力资源不足；此外，如果企业即将出现经营转型，向员工培训新的工作知识和工作技能，以便在企业转型后，保证原有的员工能够胜任新的岗位。

4. 业务外包

根据组织自身的情况,将较大范围的工作或业务承包给外部的组织去完成。通过外包,组织可以将任务交给那些更有优势的外部代理人去做,从而提高效率,减少成本,减少组织内部对人力资源的需求。

5. 技术创新

组织可以通过改进生产技术、增添新设备、调整工作方式等,以提高劳动生产率,比如企业引进机器人参与生产流水线工作,可以大大降低对人力资源的需求;还比如企业使用计算机信息系统来管理企业的数据库,企业的工作流程必定会简化,人力资源的需求也会随之减少。

预期人力资源短缺时的政策在实际的使用过程中,其解决问题的程度和可撤回的程度都会不一样,下面将两者进行了比较,如表 2-1 所示。

表 2-1 预期人力资源短缺时的政策比较

预期人力资源短缺时的政策	解决问题的程度	可撤回的程度
外部招聘	慢	低
延长工作时间	快	高
培训后转岗	慢	高
业务外包	快	高
技术创新	慢	低

(二)预期人力资源过剩时的政策

1. 提前退休

组织可以适当地放宽退休的年龄和条件限制,促使更多的员工提前退休。如果将退休的条件修改得足够有吸引力,会有更多的员工愿意接受提前退休,提前退休使组织减少员工比较容易,但组织也会由此背上比较重的包袱。而且,退休也可能受到政府政策法规的限制。

2. 自然减员

自然减员指的是当出现员工退休、离职等情况时,对空闲的岗位不进行人员补充而达到自然减少员工的目的。这样做可以通过不紧张的气氛减少组织内部的人员供给,从而达到人力资源供求平衡。

3. 临时解雇

临时解雇指的是企业的一部分员工暂时停止或离开工作岗位，企业这段时间里不向这部分员工支付工资的行为。当企业的经营状况改善后，被临时解雇的员工再重新回到企业工作。如果企业所处的行业经济态势遭受周期性的下滑时，临时解雇是一种合理的缩减人员规模的策略。

4. 裁员

裁员是一种最无奈但最有效的方式。一般裁减那些主动希望离职的员工和工作考核绩效低下的员工。但是，要注意的是，即使在西方市场经济国家，采取这种方法也是十分谨慎的，因为它不仅涉及员工本人及其家庭的利益，而且也会对整个社会产生影响。在进行裁员时，企业除了要遵守劳动法律法规对企业裁员的规定外，还要做好被裁员工离职的后续安抚工作。

5. 工作分担

工作分担指的是由两个人分担一份工作，比如一个员工周一至周三工作，另一个员工周四至周五工作。这种情况一般是由于企业临时性的经营状况不佳，在不裁员的情况下实行工作分担制，待企业经营状况好转时，再恢复正常的工作时间。

6. 重新培训

当企业人力资源过剩时，企业组织员工进行重新培训，可以避免员工因为没有工作做而无所事事，待企业经营状况好转或经营方向转变时，能够有充分的人力资源可以利用。

预期人力资源过剩时的政策在实际的使用过程中，其解决问题的程度和员工受到伤害的程度也不一样。例如，裁员比自然减员解决问题的速度要快得多，但对于员工来说，裁员带来的经济和心理方面的损害要比自然减员严重得多。下面对两者进行了比较，如表2-2所示。

表 2-2 预期人力资源过剩时的政策比较

预期人力资源过剩时的政策	解决问题的程度	员工受到伤害的程度
提前退休	慢	低
自然减员	慢	低
临时解雇	快	中
裁员	快	高
工作分担	快	中
重新培训	慢	低

（三）预期人力资源总量平衡而结构不平衡时的政策

人力资源总量平衡而结构不平衡是指预测的未来一定时期内企业人力资源的总需求量与总供给量基本吻合，但是存在着某些职位的人员过剩，而另一些职位的人员短缺，或者某些技能的人员过剩，而另一些技能的人员短缺等情况。对于这种形式的人力资源供求失衡，企业可以考虑采用以下政策和措施进行调节。

第一，通过企业人员的内部流动，如晋升和调任，以补充那些空缺职位，满足这部分人力资源的需求。

第二，对于过剩的普通人力资源，进行有针对性的培训，提高他们的工作技能，使他们转变为企业人员短缺岗位上的人才，从而补充到空缺的岗位上去。

第三，招聘和裁员并举，补充企业急需的人力资源，释放一些过剩的人力资源。

第三节　人力资源规划的执行与控制

一、人力资源规划的执行

人力资源规划过程中所制定的各项政策和方案，最终都要付诸实施，以指导企业具体的人力资源管理实践，这才是完整的人力资源规划职能。

（一）规划任务的落实

人力资源规划的实施成功与否取决于组织全体部门和员工参与的积极性。因此，通过规划目标和方案的分解与细化，可以使每个部门和员工明确自己在规划运行过程中的地位、任务和责任，从而争取每个部门和员工的支持而顺利实施。

1. 分解人力资源规划的阶段性任务

通过设定中长期目标，使人力资源规划目标具体到每一阶段、每一年应该完成的任务，并且必须定期形成执行过程进展情况报告，以确保所有的方案都能够在既定的时间执行到，也使规划容易实现，有利于规划在实施过程中的监督、控制和检查。

2. 人力资源规划任务分解到责任人

人力资源规划的各项任务必须有具体的人来实施，使每一个部门和员工都能够了解本部门在人力资源规划中所处的地位、所承担的角色，从而积极主动地配合人力资源管理部门。现代人力资源管理工作不仅仅是人力资源管理部门的任务，也是各部门经理的责任，人力资源规划也是如此。人力资源规划应有具体的部门或团队负责，可以考虑以下几种方式：

第一，由人力资源部门负责办理，其他部门与之配合；

第二，由某个具有部分人事职能的部门与人力资源部门协同负责；

第三，由各部门选出代表组成跨职能团队负责。

在人力资源规划执行过程中各部门必须通力合作而不是仅靠负责规划的部门推动，人力资源规划同样也是各级管理者的责任。

（二）资源的优化配置

人力资源规划的顺利实施，必须确保组织人员（培训人员和被培训人员）、财力（培训费用、培训人员脱岗培训时对生产的影响）、物力（培训设备、培训场地）发挥最大效益，这就必须对不同的人力资源进行合理配置，从而促进资源的开发利用，并通过规划的实施使资源能够优化配置，提高资源的使用效率。

二、人力资源规划实施的控制

为了及时应对人力资源规划实施过程中出现的问题，确保人力资源规划能够正确实施，有效地避免潜在劳动力短缺或劳动力过剩，需要有序地按照规划的实施控制进程。

（一）确定控制目标

为了对规划实施过程进行有效控制，首先需要确定控制的目标。设定控制目标时要注意：控制目标既能反映组织总体发展战略目标，又能与人力资源规划目标对接，反映组织人力资源规划实施的实际效果。在确定人力资源规划控制目标时，应该注意控制一个体系，通常由总目标、分目标和具体目标组成。

（二）制定控制标准

控制标准是一个完整的体系，包含定性控制标准和定量控制标准两种。定性控制标准必须与规划目标相一致，能够进行总体评价，例如，人力资源的工作条件、生活待遇、培训机会、对组织战略发展的支持程度等；定量控制标准应该能够计量和比较，例如，人力资源的发展规模、结构、速度等。

（三）建立控制体系

有效地实施人力资源规划控制，必须有一个完整、可以及时反馈、准确评价和及时纠正的体系。该体系能够从规划实施的具体部门和个人那里获得规划实施情况的信息，并迅速传递到规划实施管理控制部门。

（四）衡量评价实施成果

该阶段的主要任务是将处理结果与控制标准进行衡量评价，解决问题的方式主要有：一是提出完善现有规划的条件，使规划目标得以实现；二是对规划方案进行修正。当实施结果与控制标准一致时，无须采取纠正措施；实施结果超过控制标准时，提前完成人力资源规划的任务，应该采取措施防止人力资源浪费现象的发生；当实施结果低于控制标准时，需要及时采取措施进行纠正。

（五）采取调整措施

当通过对规划实施结果的衡量、评价，发现结果与控制标准有偏差时，就需要采取措施进行纠正。该阶段的主要工作是找出引发规划问题的原因，例如，规划实施的条件不够、实施规划的资源配置不力等，然后根据实际情况做出相应的调整。

三、人力资源信息系统的建立

人力资源规划作为一项分析与预测工作，需要大量的信息支持，有效的信息收集和处理，会大大提高人力资源规划的质量和效率。因此，企业进行人力资源信息管理工作具有重要的意义。

（一）人力资源信息系统概述

1. 人力资源信息系统的概念

人力资源信息系统（HRIS）是企业进行有关员工的基本信息及工作方面的信息收集、保存、整理、分析和报告的工作系统，为人力资源管理决策的制定和实施服务。人力资源信息系统对于人力资源规划的制订是非常重要的，而且，人力资源规划的执行同样离不开人力资源信息系统。

随着企业人力资源管理工作的日益复杂，人力资源信息系统涉及的范围越来越广，信息量也越来越大，并与企业经营管理其他方面的信息管理工作相联系，成为一个结构复杂的管理系统。企业的人力资源信息系统主要有两个目标。第一个目标是通过对人力资源信息的收集和整理提高人力资源管理的效率；第二个目标是有利于人力资源规划。人力资源信息系统可以为人力资源规划和管理决策提供大量的相关信息，而不是仅仅依靠管理人员的经验和直觉。

2. 人力资源信息系统的内容

（1）完备的组织内部人力资源数据库

其中包括企业战略、经营目标、常规经营信息以及组织现有人力资源的信息，根据这些内容可以确定人力资源规划的框架。

（2）企业外部的人力资源供求信息和影响这些信息的变化因素

例如，外部劳动力市场的行情和发展趋势、各类资格考试的变化信息、政府对劳动用工制度的政策和法规等，这些信息的记录有利于分析企业外部的人力资源供给。

（3）相关的软硬件设施

这包括专业的技术管理人员、若干适合人力资源管理的软件和计量模型、高效的计算机系统和相关的网络设施等，这些是现代化的人力资源信息系统的物质基础。

3. 人力资源信息系统的功能

（1）为人力资源规划建立人力资源档案

利用人力资源信息系统的统计分析功能，组织能够及时、准确地掌握组织内部员工的相关信息，如员工数量和质量、员工结构、人工成本、培训支出及员工离职率等，确保员工数据信息的真实性，从而有利于更科学地开发与管理组织人力资源。

（2）通过人力资源档案制定人力资源政策和进行人力资源管理的决策

例如，晋升人选的确定、对特殊项目的工作分配、工作调动、培训以及工资奖励计划、职业生涯规划和组织结构分析。

（3）达到组织与员工之间建立无缝协作关系的目的

以信息技术为平台的人力资源信息系统，更着眼于实现组织员工关系管理的自动化和协调化，该系统使组织各层级、各部门间的信息交流更为直接、及时、有效。

（二）人力资源信息系统的建立

1. 对系统进行全面的规划

首先，要使企业的全体员工对人力资源信息系统的概念有一个充分的了解，保证人力资源管理部门对人力资源管理流程有一个清晰完整的把握；其次，考虑人事资料的设计和处理方案；最后，做好系统开发的进度安排，建立完备的责任制度和规范条例等。

2. 系统的设计

人力资源信息系统的设计包括分析现有的记录、表格和报告，明确对人力资源信息系统中数据的要求；确定最终的数据库内容和编排结构；说明用于产生和更新数据的文件保存与计算过程；规定人事报告的要求和格式；决定人力资源信息系统技术档案的结构、形式和内容；提出员工工资福利表的形式和内容要求；确定企业其他系统与人力资源信息系统的接口要求。需要单独强调的是，在进行人力资源信息系统设计时，必须考虑企业的发展对系统的可扩展性和可修改性的要求。

3. 系统的实施

考察目前及以后系统的使用环境，找出潜在的问题；检查计算机硬件结构和影响系统设计的软件约束条件；确定输入、输出条件要求、运行次数和处理量；提供有关实际处理量、对操作过程的要求、使用者的教育状况及所需设施的资料；设计数据输入文件、事务处理程序和对人力资源信息系统的输入控制。

4. 系统的评价

从以下几个方面对人力资源信息系统进行评价估计：改进人力资源管理的成本；各部门对信息资料要求的满足程度；对与人力资源信息系统有关的组织问题提出建议的情况；机密资料安全保护的状况。

第三章 职位分析与评价

第一节 职位分析与职位评价概述

一、职位分析与职位评价的概念

（一）职位分析的含义

职位分析是对企业各类职位的性质、任务、职责、劳动条件、劳动环境以及任职者承担本职位任务应具备的资格条件进行的系统分析和研究过程。更确切地说，它是以企业中各员工的工作职位为对象，采用科学的方法，进行职位调查，收集有关信息，对职位进行分析、评定，制定职位规范、职位说明书等各种人力资源管理文件，为人员的招收、调配、考核、培训、升降、奖惩以及报酬给付提供客观依据的人力资源管理活动的总称。职位分析中会涉及以下几组概念：

1. 任务、职责和职权

任务是指为达到某一明确目的所从事的一系列活动。职责亦称责任，是指由一个人担负的一项或多项任务组成的活动。例如，营销人员的职责之一是进行市场调查，建立销售渠道。职权是指依法赋予职位的某种权力，以保证履行职责，完成工作任务。一项职责一般包括若干项任务，而职责的完成需要相应的职权来支持。

2. 职位、工作和职业

职位即岗位，是指组织要求个体完成的一项或多项责任以及为此赋予个体的权力的总和。工作是指一组主要职责相似的职位所要完成的任务。职业是由不同组织中相似工作构成的工作属性。

3.职系、职组、职级和职等

职系又称工作族，是指一些工作性质相同而责任轻重和困难程度不同的职位系列。工作性质相近的若干职系综合而成为职组。职级是指工作内容、困难程度、责任大小、所需资格皆很相似的职位。工作性质不同或主要职务不同，但其困难程度、责任大小、工作所需资格等条件相同的职级为同一职等。一般来说，一个企业的职位可以分为若干职组，每个职组又包含若干职系，每个职系可以划分为若干职级，职等是各职系之间的职位进行横向比较的工具。

（二）职位评价的概念

职位评价又称岗位评价或工作评价，是以职位任务在整个工作中的相对重要程度的评估结果为标准，以某具体职位在正常情况下对任职者的要求进行系统分析和对照为依据，实际测定每一职位在组织内部工资结构中所占位置的一种技术。

制定出职位规范和职位说明书之后，职位已经被客观地确定下来了。根据这些文件对职位的规定，每一职位在职位体系中的相对重要程度已被确定，职位评价的目的就是要找出这种相对程度，作为制定工资结构的参考依据之一。

二、职位分析的结果文件

职位分析的主要结果文件是职位说明书，它主要包括以下内容：

（1）职位名称。

（2）职位编号（可按职位评价与分级的结果对职位进行编码）。

（3）本职位说明，主要包括：第一，本职位的性质、特征、与其他职位的区别；第二，本职位的劳动强度、工作繁简及难易程度、责任大小、劳动环境和条件；第三，本职位的工作程序和工作举例；第四，本职位与其他职位的关系以及职务升迁、变动路线；第五，职位其他方面的说明。

（4）资格条件。资格条件指出担任本职位的人员应具有的基本资格和条件，如性别、年龄、身体条件、经验、学识、技能等。

（5）职位评价与分级。它说明本职位的相对价值、在生产中的地位和作用，以及归级等情况。

第二节 职位分析的内容、方法与实施

一、职位分析的内容

职位分析是一种确定完成各项工作所需技能、责任和知识的系统过程，是人力资源管理工作的基础。

（一）职位的任务与责任

第一，职位的名称、工种和职务。

第二，职位任务的性质、内容、形式、操作步骤、方法，使用的设备、工具和操作对象。

第三，职位对资金、设备、工具、原材料等在使用与保管方面的责任。

第四，对职位任务在数量、质量和工作效率方面的规定。

第五，职位对维护企业信誉、市场开发、产品设计、生产工艺等方面的责任。

第六，职位的安全责任。

第七，职位的工作强度与工作环境。

（二）承担职位的资格条件

1. 工作经验

工作经验是工作者承担本职位以前在其他类似或相关职位上工作的实践经验。不论是工作前还是培训后的工作经验，都是圆满完成工作所必需的。

2. 智力、知识水平

智力水平涉及头脑反应、注意力集中程度与计划等方面。知识水平体现一个人在文化修养和专业知识方面的综合水平。这两项条件是当工作调整或工作中遇到紧急情况时所需要的，可以用以下能力来衡量：

第一，主动性：独立工作，独立判断，独立制订工作计划的能力。

第二，判断能力：根据一系列原始材料，自己做出决策的能力。

第三，应变能力：在工作过程中处理突发事件、做出适当调整的能力。

第四，敏感能力：在工作中集中精力、避免失误的能力。
第五，学历：学历的高低。

3. 技巧和准确性

技巧和准确性是指达到工作要求的速度和精确程度所需要的操作能力。技巧侧重于速度和敏捷性方面的要求，如打字员每分钟要求打 80 个汉字；准确性侧重于操作设备时产生的误差方面的要求，如切削 3 次后误差小于 0.0005cm。

4. 体力要求

体力要求是指工作本身对工作人员在体力方面的压力。需要强调的是，这种压力是与工作本身相联系的，而不是个人出于自愿的表现，如在空闲时间举哑铃；也不包括偶然性的指派，如替人值班。体力要求用体力活动的频率和剧烈程度来衡量，必要时还要说明什么样的残疾人可以聘用。

（三）与其他职位的关系

企业中每个职位都有特定的功能，各职位之间又存在不可分割的联系。各职位之间的关系主要有以下几方面：

（1）各职位之间的协作关系、协作内容。
（2）各职位之间的监督指挥关系：本职位受谁的监督与指挥，它又监督指挥谁？
（3）本职位工作者的升降方向、平调路线。

为了深入研究各职位之间的关系，可采用科学的测定方法，将性质、特点和要求相同或相似的职位划分在同一个工作族内。实践证明，在同一工作族内进行人员调配的成功率大大高于在不同工作族内的人员调配。

（四）其他工作行为的条件

这部分不直接涉及工作责任和质量，通常由政策或企业的临时决议规定，对设立招聘条件有重要参考价值，如工作人员的年龄限制、婚姻状况、国籍、政治面貌等。

二、职位分析的基本方法

科学的职位分析方法是职位分析成败的关键，对职位分析结果的科学性、规范性和有效性有重要影响。职位分析的内容取决于职位分析的目的与用途，且不同组织所进行的职位分析的侧重点会有所不同。在开展职位分析时，收集职位分析信息的方法有很多，我们主要介绍观察法、访谈法、问卷法、典型事例法等。

（一）观察法

1. 观察法的概念

观察法是指在工作现场观察员工的工作过程、行为、内容、工具等，以标准格式记录各个环节的内容、原因和方法，并进行分析与归纳总结，这种方法适用于大量标准化的、周期较短的、以体力活动为主的工作。

观察法的优点是职位分析人员能够比较全面和深入地了解工作要求。其缺点有三：一是它不适用脑力劳动成分比较高的工作以及处理紧急情况的间歇性工作，如律师、教师、急救站的护士、经理等；二是对有些员工而言难以接受，他们觉得自己受到监视或威胁，从心理上对职位分析人员产生反感，同时也可能造成操作动作变形；三是不能得到有关任职者资格要求的信息。

2. 观察法的注意事项

第一，要注意工作行为样本的代表性。

第二，观察者在观察时尽量不要影响被观察者的注意力，不要干扰被观察者的工作。

第三，观察前要有详细的观察提纲和行为标准。

第四，观察者要避免机械记录，应反映工作内容，对工作信息进行比较和提炼。

第五，观察者的工作应相对稳定，即在一定时间内，工作内容、程序对工作人员的要求不会发生明显变化。

（二）访谈法

访谈法又称面谈法，是一种应用最为广泛的职位分析方法，是指职位分析者就某个职务或职位面对面地询问任职者、主管、专家等人对工作的意见和看法。

1. 访谈法的准备工作

（1）制订访谈计划

访谈计划应该包括以下几点：明确访谈目标，确定访谈对象，确定访谈时间、地点，准备访谈所需的材料和设备。访谈对象的确定应采取抽样方式，每个职位访谈人数的多少应和该职位人数相关。确定了访谈人数后，具体名单应由每个部门根据实际情况安排。访谈时间以不打搅正常工作为宜，最好提前通知访谈对象，使其有充分的准备时间，提高访谈效率和成功率。访谈地点应该保持安静、整洁、明亮，方便谈话进行。访谈者和访谈对象的位置安排应自然合理，不要将距离拉得过大，避免给人一种"审问"的感觉。尽量减轻访谈双方的压力，使访谈在轻松的氛围中进行。访谈前要准备计算机、录音机或者录音笔等工具，以便记录访谈情况。

(2) 编制访谈提纲

访谈进行以前，应拟定访谈提纲。访谈提纲的主要作用是为访谈者提供信息补充，防止在访谈过程中出现严重的信息缺失，确保访谈过程的连贯性。编制访谈提纲时，应根据工作说明书、调查表等有关资料和先前经验设计问题，问题的选择要与访谈目的相关和一致。访谈提纲应根据访谈对象不同而有所区别，要充分考虑访谈对象的文化程度和知识背景，问题的设计要与访谈对象的理解能力吻合，要从一般信息入手逐步深入至问题的细节部分，直到问题已经穷尽或是已经问清楚为止。访谈提纲编制完成后，需要进行有少量访谈对象参加的试访谈，然后补充完善，直至形成最终提纲。

(3) 培训访谈人员

访谈人员要有较强的亲和力、语言表达能力和人际关系协调能力。培训要明确访谈目的、意义，传达访谈计划，对访谈原则、知识、技巧等进行培训。按照访谈分工，各访谈人员要收集并分析现有职位的相关信息，根据实际需要对访谈对象有大致了解与认识。

2. 访谈的实施

访谈开始，要营造气氛，切入访谈话题并介绍访谈流程及有关要求。

按照访谈计划，收集到所有与职位分析相关的信息后，访谈就进入结束阶段。在访谈结束阶段，访谈者应与访谈对象再次沟通，并感谢访谈对象的参与。如有需要，可告知再次深入访谈的有关安排。

3. 访谈法应注意的问题

(1) 与主管人员合作

进行访谈前，应与主管人员密切合作，寻找那些对工作内容最了解、最可能对自己所承担的工作任务和职责进行客观描述的工作承担者，以获得最有价值的信息。用访谈法收集岗位信息一般有三种类型：访问单个员工；与从事同种工作的多个员工座谈；访问一个或多个主管人员。

(2) 与访谈对象建立融洽的沟通关系

访谈是双方面对面的交流互动过程，访谈双方的情绪和心态对于访谈效果起着相当关键的作用。从这个意义上说，在访谈初始阶段与访谈对象建立平和、互信的沟通关系显得格外重要。如果使用计算机、录音机、录音笔等工具进行记录，应征求访谈对象的同意和许可。

(3) 对访谈过程进行有效引导，确保获得有效信息

根据访谈的进程，要对相关信息进行提示，引导访谈对象的思维。要让访谈对象多开口说话，这样才能使收集的信息更加客观，不带访谈者主观强加的意愿。随着访谈的逐步

深入，所谈内容由浅入深、由易到难，应逐步趋于具体、详细。如果访谈对象对一个问题没有阐述清楚，访谈者也可以及时追问，使其更加详细地描述出来。

(4) 有效控制访谈过程，确保访谈不偏离主题

访谈者还应控制整个访谈的时间和主题，可以及时总结相关话题，不在无关问题上纠缠。在访谈中，许多访谈对象，尤其是职位比较低的人，往往把访谈视为陈情诉苦的机会，把话题转移到他所希望的问题上去，此时，访谈者只能记录现实存在的情况，以保证资料的真实性，同时要努力维持轻松的交流氛围。

(5) 访谈时，应尽力避免谈论涉及员工个人的信息

一方面要引导访谈对象谈论与工作有关的信息；另一方面应"被动"地接收信息。所谓的"被动"就是只衡量、评价、分析工作内容，而不评价该职位上的某位员工怎么样。

4.访谈数据的整理

第一，与访谈对象的直接主管沟通，确定所收集信息的真实性和有效性。

第二，剔除无效信息。在整理访谈记录时，应找出同一职位的共性，同时将访谈对象没有针对问题做出的回答或具有明显偏差的信息删除。

第三，记录分类。在全部访谈结束后，应将整理好的访谈记录分类，将同一职位的访谈记录放在一起，将同一部门的职位归类，以便对访谈结果进行分析。

第四，形成初步职位分析文件。

5.访谈法的优缺点

访谈法的优点有：可以对工作者的工作态度与工作动机等较深层次的内容有比较详细的了解；适用面广，特别是访谈者不可能实际去做的岗位（如飞行员）或者不可能去现场观察以及难以观察的岗位（如建筑师）；在访谈中，访谈者与访谈对象相互交流，可以验证已获得的其他资料的可靠性；由任职者亲口讲出工作内容，具体而准确；可以使职位分析者了解到直接观察不容易发现的情况，有助于管理者发现问题；为任职者解释职位分析的必要性及功能；有助于与员工的沟通，缓解紧张情绪。

访谈法的缺点有：需要专门的技巧，需要受过专门训练的职位分析人员；比较费时、费力，工作成本较高；收集到的信息往往扭曲、失真；易被员工认为是对其工作业绩的考核或是一种薪酬调整的依据，故而夸大或弱化某些职责。

（三）问卷法

问卷法是通过精心设计的问卷获取关于某职位的工作内容、工作特征和人员要求等信息的方法。

1. 问卷法的基本步骤

(1) 问卷设计

问卷法的第一步是根据职位分析的目的、用途，设计个性化的问卷。设计问卷时应考虑填写说明、问卷所含项目、阅读难度、填写难度、问卷长度等，特别要注意针对不同目的使用不同类型的问卷。若职位分析用于薪酬设计，可以使用结构化程度较高的问卷，便于量化计分；针对管理者的职位分析，则可使用专业问卷。

问卷中的问题要明确，语言应简洁易懂，必要时可以附加说明；要按照逻辑次序排列问题，可按照时间先后顺序、外部到内部顺序安排；容易回答的问题放在前面，难以回答的开放式问题放在后面；要针对具体对象和调查内容，先问范围广泛的、一般的问题，后问与职位相关性很强的问题；要包含职位分析所需的全部内容。问卷不宜过长，可以采用不同形式提问，以引起回答者的兴趣。

(2) 问卷试测

设计好的问卷初稿在正式使用前应选取小部分职位进行试测，试测过程中出现的问题要及时加以修订和完善，确保问卷的科学性与合理性。

(3) 样本的选择与确定

样本可以包括任职者本人、任职者的直接上级和下级以及有代表性的其他相关人员。针对某一具体职位进行分析时，如被调查对象较多，应选取适当的样本。

(4) 调查过程

调查开始时，要进行必要的职位分析辅导，通过公司内部渠道发放职位分析调查问卷。在调查中，要对问卷中的项目进行必要的说明和解释，最好在专家指导下，由受过职位分析的专业训练人员开展调查。

(5) 问卷的回收与处理

职位分析人员应按时回收问卷，并认真鉴定，结合实际情况做必要的调整，剔除不合格问卷或重新进行调查，然后将相同职位的调查问卷进行比较分析，提炼准确的信息。

2. 问卷法的优缺点

问卷法的优点有：费用低，速度快，节省时间，可以在工作之余填写，不影响正常工作；调查范围广，可用于多种目的、多种用途的职位分析；调查样本量大，适用于需要对很多工作者进行调查的情况；调查的资源可以数量化，由计算机进行数据处理。

问卷法的缺点有：设计理想的问卷要花费较多时间，人力、物力、费用消耗比较大；在问卷使用前须进行试测，以了解员工理解问卷中问题的情况，为避免误解，还经常需要职位分析人员亲自解释和说明，降低了工作效率；填写问卷是由被调查者单独进行的，缺少交流和沟通，因此，被调查者可能不配合，不认真填写，从而影响调查的质量。

（四）典型事例法

典型事例法是对实际工作中具有代表性的员工的工作行为进行描述，通过积累、汇总和分类，得到实际工作对员工的要求的方法。运用典型事例法，就要收集大量典型事例并进行归纳。

典型事例法的优点是：直接描述工作者在工作中的具体活动，因此可以揭示工作的动态性质。其缺点是：收集、归纳典型事例并进行分类需要耗费大量的时间；由于描述的是典型事例，很难对通常的工作行为形成总体概念，而后者才是职位分析的主要目的。

三、职位分析的组织实施

职位分析是对工作进行一个全面评价的过程，这个过程可以分为四个阶段：

（一）准备阶段

准备阶段的任务是了解有关情况，建立与各种信息渠道的联系，设计全盘的调查方案，确定调查的范围、对象与方法。具体工作如下：

第一，确定职位分析的意义、目的、方法与步骤。

第二，组成由职位分析专家、职位在职人员、上级主管参加的工作小组，以精简、高效为原则。

第三，确定调查和分析对象的样本，同时考虑样本的代表性。

第四，根据职位分析的任务、程序，将职位分析分解成若干工作单元和环节，以便逐项完成。

第五，做好必要的准备工作。在进行职位分析之前，应由管理者向有关人员介绍情况，消除有关人员对分析人员的误解，帮助两者建立起相互信任的关系。

（二）调查阶段

调查阶段主要是对整个工作过程、工作环境、工作内容和工作人员等进行全面调查。具体工作如下：

第一，编制各种调查问卷和提纲。

第二，灵活运用观察法、访谈法、问卷法、典型事例法等不同调查方法。

第三，根据职位分析的目的，有针对性地收集有关工作的特征及各种数据。

第四，重点收集工作人员的特征信息。

第五，要求被调查人员对各种工作特征和人员特征的问题发生频率和重要性做出等级评定。

（三）分析阶段

分析阶段是对调查阶段所获得的信息进行分类、分析、整理和综合的过程，也是整个分析活动的核心阶段。具体工作如下：

第一，整理分析资料。将有关工作性质与功能的调查资料进行加工、整理、分析，分门别类，编入职位说明书与工作规范的项目内。

第二，创造性地分析、揭示各职位的主要成分和关键因素。

第三，归纳、总结职位分析的必需材料和要素等。

（四）总结及完成阶段

总结及完成阶段是职位分析的最后阶段，其主要任务是：在深入分析和总结的基础上，编制职位说明书和工作规范。

第一，将信息处理结果写成职位说明书，并对其内容进行检验。

第二，召开职位说明书和工作规范的检验会，将职位说明书和工作规范初稿复印，分发给到会人员。

第三，将草拟的职位说明书与实际工作对比，以决定是否需要再次调查。

第四，修正职位说明书，对特别重要的职位还应按前面的要求进行再次修订。

第五，将职位说明书应用于实际工作中，并注意收集反馈信息，不断完善。

第六，对职位分析工作进行总结评估，以文件的形式将职位说明书确定下来并归档保存，为今后的职位分析提供经验与信息基础。

职位说明书要定期进行评审，看其是否符合实际的工作变化，同时要让员工参与到职位分析的每个阶段中，一起探讨每个阶段的结果，共同分析原因；对职位说明书进行调整时，也要让员工参与其中。只有亲身体验，才能使员工对职位分析有充分认识和认同，进而在实践中有效执行。

第三节 职位评价的方法与程序

一、职位评价的方法

（一）序列法

序列法亦称排列法或排序法，是一种最简单的职位评定方法。它是由评定人员凭借自己的判断，根据职位的相对价值，按高低次序进行排列。评定人员按事先确定的评判标准，对本企业同类职位中的各职位重要程度做出评判，最重要的排在第一位，次要、再次要的顺序往下排列；将所有评定人员对每个职位的评定结果汇总，得到序数后，再将序数和除以评定人员数量，得到每个职位的平均序数；按平均序数的大小，由小到大评定出各职位的相对价值次序。

（二）分类法

分类法又称归级法，是排列法的改进，它按照生产经营过程中各类职位的作用和特征，将企业的全部职位分成几个大系统，如产品经营销售系统，技术设计应用系统，财务会计核算系统，物资保管、运输系统，人力资源管理系统，生产管理系统，后勤服务系统，动力供应系统，安全保护系统等。每个大系统按其内部结构、特点可分为若干子系统，再将各个系统中的各职位分成若干层次，最少为 5～6 档，最多为 15～20 档。

1. 分类法的优点

（1）比较简单，所需经费、人员和时间相对较少。在工作内容不太复杂的部门，能在较短的时间内得到满意结果。

（2）因等级标准的制定遵循一定依据，其结果比排列法准确、客观。

（3）出现新工作或工作变动时，容易按照等级标准迅速确定其等级。

（4）应用灵活，适用性强，为劳资双方谈判及争端解决留有余地。

2. 分类法的缺点

（1）职位等级的划分和界定存在一定难度，带有一定主观性。

（2）较粗糙，只能将职位归级，无法衡量职位间价值的量化关系，难以直接运用到薪酬体系中。

（三）评分法

评分法也称点数法，首先选定职位的主要影响因素，并采用一定点数（分值）表示每一因素，然后按预先规定的衡量标准，对现有职位的各个因素逐一评比、估价，求得点数，经过加权求和，最后得到各个职位的总点数。

根据职位的性质和特征，各类职位评价的具体项目有所不同。车间内各生产职位的评价项目包括：体力劳动的熟练程度；脑力劳动的熟练程度；体力和脑力劳动强度、紧张程度；劳动环境、条件对劳动者的影响程度；工作危险性；对人、财、物以及上下级的责任等。职能科室各管理职位的评价项目包括：受教育程度；工作经验、阅历；工作复杂程度；工作责任；组织、协调、创造能力；工作条件；所受监督与所给予的监督等。

评分法的优点是：容易被人理解与接受，它是若干评价因素综合权衡的结果，并且有较多的专业人员参与评价，这大大提高了评价的准确性。其缺点是：工作量大，较为费时、费力，在选择评价项目和各项目的权数时带有一定的主观性。这种方法适用于生产过程复杂、职位的类别和数目较多的大中型企业。

（四）因素比较法

因素比较法是一种比较计量性的工作评价方法，与排列法比较相似，可以将它看成改进的排列法。它根据每个报酬因素的评估结果设置一个具体的报酬金额，然后计算出每个职位在各个报酬因素上的报酬总额并将其确定为这个职位的薪酬水平。

因素比较法的优点是：具有一定的弹性；进行评定时，所选定的影响因素较少，各因素均无上限，避免了重复，扩大了适用范围；先确定主要职位的系列等级，然后以此为基础分别对其他各类职位进行评定，简单易行，大大减少了工作量。因素比较法的主要缺点是：各影响因素的相对价值在总价值中所占的百分比完全靠评定人员的直接判断，这就会影响评定的精确程度。由于作为对比基础的主要职位的工资额只是过去的或现行的标准，随着劳动生产率的提高，特别是消费品价格的波动，企业总要适当增加职工的工资，而为了保持职位评定的正确性，增加工资时就要给所有职位增加相同百分比的工资。由于因素比较法在应用中非常繁复，需要根据劳动力市场的变化及时更新，因此这种方法是应用最不普遍的一种。

二、职位评价体系

（一）职位评价要素及其特征

职位评价要素也称报酬因子，是指职位本身所具有的、决定其价值的因素，换句话说，是指在多个不同职位中都存在并且组织愿意为之支付报酬的一些具有可衡量性质的质量、特征、要求或结构性因素，这些要素一般是技能、责任、努力程度、工作条件等。在具体选择评价要素的时候，管理者应该首先考虑职位的性质，如操作类、管理类、技术类等，考虑哪些要素能够较为准确地反映该类职位的本质，同时还能在不同职位之间进行区分。一般而言，以技术类为主的组织，职位评价要素应选择技能、解决问题难度等；以管理类为主的组织，职位评价要素应选择责任、决策、沟通、能力等；以操作类为主的组织，职位评价要素应选择经验、努力程度、劳动强度、工作条件等。除此以外，还要考虑高低层次职位的差别。对于低层次职位而言，评价要素通常是教育要求、需要接受的监督、体能、经验、培训、设备责任、职位复杂程度以及与他人的联系等；对于高层次职位而言，评价要素可能就是决策能力、管理经营责任、职能范围等。

职位评价要素应体现组织的战略，客观反映职位的特征，两个方面缺一不可。职位中有一些要素是组织鼓励和大力引导的，比如技能、沟通、能力、责任等；职位中也有一些要素是需要组织补偿的，比如工作条件、劳动强度、危险性等。

（二）主要的职位评价要素

职位评价要素主要有技能、责任、努力程度和工作条件。技能因评价不同类别的职位而有所不同，并且在评分体系中占有不同的权重。

（三）职位评价要素的确定

首先，明确要进行评价的职位数量与职位性质。根据职位性质确定评价要素，即组织应该从哪些方面来评价职位，职位中哪些要素使职位在组织中具有重要性和价值，使组织愿意在这些方面支付报酬。

其次，将要素分解细化，使每项评价要素对应一项或多项指标，并且打分。

选择级数形式时应考虑是否省事。算术级数的优点是易于向人们解释。有时选择几何级数比较好，因为它给高等级较大的分数范围。在每两个等级间差别很大的情况下，可以采用不规则级数。

（四）职位评价标准

职位评价标准由标准分级、标准定义及相关注释说明等构成，是指在职位评价要素与指标体系的基础上，为便于实际操作，对评价指标进行的纵向分级。

三、职位评价的基本程序

（一）职位评价准备阶段

第一步，组建职位评价实施小组。首先理清职位，准备好职位说明书，确定参加职位测评的职位名称和数量；然后成立职位评价实施小组，负责组织和统计工作。

第二步，组建职位评价评分小组。对评分小组成员有以下要求：

（1）能够客观、公正地看问题，这是衡量职位评价工作结果客观与否的重要因素。

（2）对每个职位的职责和在企业中的重要性有较为客观的了解。

（3）在群众中有一定的影响力，这会使得最后的评价结果更具权威性。

（4）评分小组成员的构成应该有代表性，适当考虑基层员工的参与，增强职位评价结果的可接受性，减少推行阻力。

职位评价评分小组成员中包括高层、中层、基层人员。对评分小组成员应进行职位评价培训，主要包括：什么是职位评价，为什么要进行职位评价，职位评价有哪些方法，为什么要选择评分法，如何使用工具表，打分如何操作，职位评价的流程如何及职位评价的结果与薪酬制度建立有何关系等。

第三步，结合企业实际，职位评价评分小组对职位评价因素和权重进行修订。

（二）职位评价打分阶段

1. 试打分

（1）选择参照职位

评分小组选出公司各个层面几个有代表性且容易评价的职位，将其定为标杆职位，对其采用恰当的方法进行评价，并将其作为其他职位评价的依据。

（2）对职位试打分

评分小组首先对标杆职位进行试测以发现问题，进行前馈控制。对标杆职位试打分，以便让评分人员熟悉评分流程，增强对各因素的理解，增加对职位职责的理解和认识，验证各因素的选择及权重是否合理，作为以后正式打分的参照，基本确定企业薪点分布趋势。

（3）评分小组确定评价标准

职位测评结果统计出来并进行有关分析后，可能会发现要直接将其划分为职位等级还有一定差距，有些职位的分值测高了，而有些职位的分值相对偏低，这就难以体现出这些职位的价值和贡献。于是评分小组和有关部门及员工代表共同协调，结合同行业其他企业的做法，按照公司的实际情况对这些职位的测评结果进行微调。

2. 正式打分

（1）对参照职位正式打分

评分小组确认标杆职位的测评结果基本符合要求后，进行正式测评，回收评分表并进行评分数据的录入和分析。

（2）对其他各职位正式打分

评分小组对所有职位打分，回收评分表并进行评分数据的录入和分析。

（三）职位评价排序阶段

1. 对全部职位排序

设计职位得分统计表，将所有职位评分表上的数据录入，再将统计结果汇总，并对汇总结果排序，得到职位评定排序表。

2. 对普遍认为不合理的职位重新进行评价

在数据分析过程中，应采取偏差控制措施。在职位评价过程中，评分小组成员对各职位评价因素的理解不可能完全相同，为了确保职位评价的科学性和合理性，需要对不符合标准的职位或因素重新打分。

3. 评价结束后再排序

正式评分结束后，得到职位评定排序表，可以将全部职位评价要素的相对标准差和变异系数画出分布图。职位评价中须重新打分的指标分为两类：一类是经验指标，总分排序明显不合理的职位需要重新打分；另一类是统计指标，既在相对标准差允许误差范围之外又在变异系数允许误差范围之外的要素需要重新打分。此外，如果某个职位超标的评价要素超过了20%，则该职位就需要重新评价。

第四章　员工培训与开发

第一节　员工培训的概述

一、员工培训的含义

员工培训是指一定组织为开展业务及培育人才的需要,采用各种方式对员工进行有目的、有计划的培养和训练的管理活动。公开课、内训等均为常见的员工培训及企业培训形式。

二、员工培训的原则

为保证员工培训的计划性、针对性和有效性,达到提高企业绩效的目标,员工培训必须从企业战略出发,有计划、有重点、有步骤地针对员工的现实状态与工作要求的差距进行。为此,员工培训必须坚持以下几项原则:

(一)注重实效原则

企业的任何活动都是要达到最初的目的,员工培训活动更要注重实际效果,也就是培训活动必须在员工今后的工作中产生一定的效果,否则就失去了意义。这种实际效果主要体现在专业知识的拥有、工作能力的提高、工作态度的转变、工作技能的熟练等方面,从而达到提高工作绩效的目的。

(二)有效激励原则

在现代企业中,培训已作为一种激励手段。一些企业在招聘广告中明确员工将享受到的培训待遇,以此来增加本企业的吸引力。另外,激励的原则应该贯穿整个培训过程,这样才能更好地调动员工的积极性和主动性。例如,培训前进行宣传和教育,培训中进行及时的反馈,培训后进行评估和考核,奖励与考核成绩挂钩等。

（三）个体差异化原则

公司员工从普通员工到最高决策者，所从事的工作内容、创造的绩效、必备的能力和达到的工作标准不尽相同，所以培训工作应充分考虑他们各自的特点，做到因材施教。也就是说要针对员工的不同文化水平、不同职务、不同要求及其他差异进行个性化培训。

（四）目标明确原则

目标对人的行为具有明确的导向作用，所以培训必须设立总体目标或分阶段目标。在培训开始之前设立明确的目标，不但有利于增强培训效果，而且有助于在培训结束之后对培训效果进行衡量。为了使目标更有指导意义，目标的设置应当明确、适度，培训目标设得太难或太容易都会失去培训的价值。

（五）反馈与强化原则

员工培训效果的反馈是指在培训后对员工进行检验，其作用在于巩固员工学习的技能、及时纠正错误和偏差，反馈的信息越及时、准确，培训的效果就越好。强化则是指由于反馈而对接受培训的员工进行的奖励或惩罚，其目的是奖励接受培训并取得绩效的员工，同时提高其他员工的培训意识，使培训效果得到进一步强化。

三、员工培训的意义

企业在面临全球化、高质量、高效率的工作系统挑战中，员工培训显得更为重要。员工培训的重要意义具体体现在以下几个方面：

（一）有利于企业获得竞争优势

面对激烈的市场竞争，企业需要越来越多的高素质人才。员工培训就是要不断培训与开发高素质人才，以获得竞争优势。

（二）满足员工实现自我价值的需要

在现代企业中，员工工作更多的是满足"高级"的需要——自我价值的实现。培训能提高员工的知识和技能水平，使其能适应或接受更具有挑战性的工作与任务，实现自我成长和自我价值。这不但使员工在物质上得到满足，而且使员工在精神上得到成就感。

（三）提高员工的职业能力

员工培训的直接目的是提高员工的职业能力，使其更好地胜任现在的工作及为未来的工作打下基础。培训使员工的工作能力提高，为其取得好的工作绩效提供了可能，也为员工提供更多获得晋升和提高收入的机会。

（四）有利于改善企业的工作质量

工作质量包括生产过程质量、产品质量、客户服务质量等。员工培训使员工的职业能力得到提高，因而将直接改善和提高企业的工作质量。

第二节 员工培训的流程

一、员工培训的流程

员工培训是一项非常复杂的活动，为了保证顺利地实施和达到目标，在实践中应遵循一定的步骤。培训要经过培训前准备、培训实施、培训成果转化及培训评估和反馈四个步骤，如图 4-1 所示。

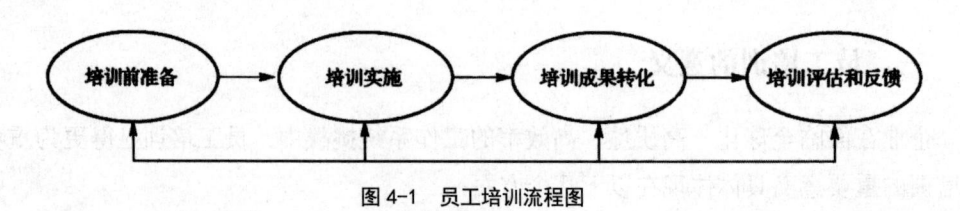

图 4-1 员工培训流程图

员工培训是建立在培训需求分析的基础上的，所以在培训准备阶段，最重要的内容是培训需求分析。为保证培训活动的顺利实施，需要制订完整的培训计划，并依据培训计划实施培训。员工应把培训中所学的知识和技能应用到实际工作中，从而实现培训的目的，这也就是培训成果的转化。培训结束后，应进行培训评估和反馈，了解某一培训项目是否达到了原定的培训目标和要求。

二、员工培训的方式

在实践中，员工培训的方式多种多样。员工培训方式选择得恰当与否对于整个培训工作的实施有非常重要的影响。培训方式的选择要依据培训的内容、培训对象、培训目的以及培训费用等因素而定。按照培训的实施方式可将员工培训的方式划分为两大类，即在职培训和脱产培训。

（一）在职培训

在职培训是指为使员工具备有效完成工作所需的知识、技能和态度，员工不离开工作岗位或工作场地而进行的培训。在职培训是一种非脱产的培训，其特点是不影响员工的正常工作，所以在职培训已经成为许多企业进行员工培训的一种重要类型。

1. 在职培训的优势

（1）不耽误工作时间

脱产培训需要员工暂时离开工作岗位，会给工作的连续性造成一定的影响。而在职培训则不同，在职培训将培训和工作紧密结合起来，融培训于工作之中，使培训和工作之间产生互动，使员工从工作中获得培训，从培训中获得更多的工作机会，从而获得更有价值和实际意义的职业能力提升。

（2）节约培训费用

尽管培训不被看作成本而是投资，但毕竟还是要产生费用的。与脱产培训相比，在职培训可以节约大量的培训费用。例如，同样是2000元的培训费用，如果用于参加脱产短训班的培训，则只能有1名员工获得培训；如果用于购买光盘培训资料后组织在职培训，则可以培训很多员工，让更多的员工受益。

（3）能够建立经理与员工之间的沟通渠道

通过在职培训增加经理和员工接触的机会，方便彼此的沟通，互相学习，建立彼此的信任基础和沟通渠道，让培训成为经理和员工沟通的一种方式。

（4）更有针对性

员工培训既是提高员工能力的必需，更是解决问题的必需。在工作当中，经理和员工更容易发现问题并做出思考。在在职培训的观念指导下，经理指导员工思考问题，提出改进建议，可以加深员工的印象，使改进更有针对性和时效性。

2. 在职培训的方法

在职培训主要包括以下几种方法：

（1）请专家讲课

由专家根据单位的实际情况重点讲课，主要目的是提高管理人员的基本素质和开阔眼界，接受新的知识和信息，提高认识水平，增加对各种问题的认识能力，为提高工作能力和解决问题的能力打下良好的基础。

（2）有计划的晋升培训。

在职培训使受训的管理人员明确自己的发展道路，了解他们现在的状况和前进的方向。例如：车间主任大体上知道自己的发展道路是车间主任—生产科长—生产副厂长—厂长，于是车间主任就会明确为了提升到生产科长、生产副厂长而需要具备的知识和能力。这就要求所有受训人员做好自己管理层面上的工作，在完成好本职工作的基础上参加晋升培训。

（3）职务轮换

职务轮换的根本目的是拓宽管理人员的视野和知识面。通过岗位轮换，使受训者能够掌握本单位各部门的职能及相应的管理知识和技能。职务轮换可以采用平级调任、担任副职、各种不同管理职位上的不定期轮换等方式。从理论上讲，职务轮换是一种非常好的方法，但实施起来不太容易。因为，一个单位里不太可能有较多的同样的工作部门，工作轮换后，轮换者首先面临的是能否熟悉该部门的业务；另外，在有的轮换中，轮换者没有直接管理权，只能观察和协助处理事务，并不承担真正的管理责任。尽管职务轮换这种在职培训方法还有不少问题，但是仍不失为一种有益的培训方法。

（4）设立"副职"

在上一级岗位设立一个虚的"副职"，让受训人员在有经验的上级领导的指导下去开展工作，可以使拟提拔的管理人员有机会体验这个岗位。这是非常有效的提拔使用新干部前的岗位培训。

（5）临时提升

有时出现了职务空缺，如上一级管理人员突然生病、出差、开会、休长假等，这时候可以采用临时提升的办法让下一级管理者担任这个职务。这也是一种培训，而且对下级管理者还是一个机会。如果代理的是主管位置，还要制定政策和决策，充分履行职责，这种实践经验更为宝贵。

（6）各种领导小组、委员会等

管理者如果有机会参加单位的各种领导小组、委员会等，也是一个极好的锻炼、培训机会。因为介入了这些小组、委员会，实际上给受训者提供了与更有经验的管理者接触的机会，并可以了解单位的整体情况，使他们能更进一步做好本职工作。

（7）短期学习班

短期学习班是一种根据当时单位的实际情况而安排的速成学习班。一般来说，短期学习班有较强的目的性。要根据单位的总目标，制定出培训班的主题，紧紧围绕单位的目标而进行各方面的专业、管理以及其他的学习和研究，同时在学习班上还可以了解到外面的许多信息。

（8）研讨会、报告会

研讨会和报告会一般是为了解决单位出现的某个问题，或者为了探讨本单位向哪个方向发展、如何发展等而进行的一种在职培训方法。这种方法的好处是：目的明确，层次高，时间短，能深入研究某个专题，效果明显。尤其是研讨会，可以使参与者有机会与其他人员交流经验和看法等。

（二）脱产培训

脱产培训又称脱产教育培训，是指员工离开工作和工作现场，由企业内外的专家和教师，对其进行集中教育培训。脱产培训的方法很多，下面从传授知识、发展技能和改变工作态度三个角度来介绍脱产培训的主要方法。

1. 传授知识的培训

（1）讲授

讲授是指在教室中由培训师讲解某些概念、知识及原理。这是最为基本也是应用最普遍的一种培训方法。这种方法的优点主要有：可以一次性将知识传授给许多人，节约时间、资金、人力及物力；受训人员同质程度较高，如文化程度和工作性质类似，便于达到培训效果。缺点也是比较明显的，主要体现在受训者参与程度不大，很难实现双向沟通，所以受训者会感觉被动。

（2）视听教学

在讲授的基础上，应用一些现代技术，将讲授或示范内容制作成幻灯片、影片或录音带，并加以详细解释，通过对实训者视听的官能刺激，给受训者留下深刻印象，这种培训方法就是视听教学。其优点是可以通过图片、声音以及动画展示教学内容，增强受训者的学习兴趣。但这种方法花费的成本会较高。

（3）规划学习

除了可以让员工通过阅读教材和参考资料进行培训外，还可以利用各种教学设备，如放映机、电视机、幻灯机、计算机等播放培训内容让员工学习。培训者在事前把培训内容由浅入深划分成几部分，员工根据自己的能力用分段学习的方式进行学习。这种培训方法更能体现因材施教的原则，但课程设计的成本较高。

（4）使用计算机辅助教学软件进行培训

由于计算机已广泛地为各大企业所采用，计算机辅助教学软件也越来越多地应用于各种培训。

（5）讨论会或研讨会

可以先由培训师综合介绍一些基本概念与原理，然后由培训师和受训者共同讨论解答问题。这种方法的最大优势是：每个受训者都积极主动地参与培训活动，有机会表达自己的意见，从而提高其学习兴趣，从亲身参与中获得知识、技能和正确的行为方式。但由于讨论过程容易偏离主题，所以对主持人的要求比较高，同时为了保证讨论的效果，一般参与人数不能太多。

2. 发展技能的培训

(1) 工作模拟法

这种方法与角色扮演类似，但不完全相同。工作模拟法更侧重于对操作技能和反应敏捷性的培训，它把受训者置于模拟的现实工作环境中，让受训者反复操作装置，解决实际工作中可能出现的各种问题，为进入实际工作岗位打下基础。例如，在模拟室内进行驾驶训练及模拟飞行训练。这种方法既可以减少受训者在学习过程中发生意外及产生危险，也可以避免设备受到破坏。当受训者在模拟环境中受训完毕后，根据学习迁移作用，会很快地掌握真实的设备工具的操作。但是，要求模拟环境必须与真实情况相似。

(2) 案例分析法

这种方法是针对某个特定的问题，向受训者展示真实性背景，提供大量背景材料，由受训者依据背景材料分析问题，提出解决问题的方法，从而提高受训者分析问题和解决实际问题的能力的一种方法。

由于管理的权变性，因而案例分析法的主要功能不是让受训者了解一项项独特的经验，而是让受训者在自己探索和与其他受训者磋商怎样解决问题的过程中，总结出一套适合自己特点的思考与分析问题的逻辑和方法，从而学会独立地解决问题，做出决策。这种方法能有效地提高受训者分析问题和解决问题的能力。

这种方法对培训师的要求较高，要能给受训者以启发；同时对案例的适用性和典型性要求也较高。

(3) 管理游戏法

管理游戏法已成为培训的重要方式。这种方法不仅能使受训者产生较高兴趣，还可间接传递企业哲学。不过，在管理游戏中能否做到有效引导，并把握好现场的互动，往往是影响管理游戏实施效果的关键因素。首先，要学会巧妙提问。通过提问帮助受训者对游戏规则逐一理解。发现受训者偏离游戏规则时，应通过提问，给予及时辅导。分享阶段应通过设计精辟的问题，让受训者自己领悟寻找答案。其次，善于组织小组讨论及大组分享。游戏方案的制订、游戏结果的分享都是通过小组讨论进行的，培训者对受训者出色的再现要及时给予肯定，并加以总结和发扬。当表演结束，受训者谈完感想后，培训者应给予赞赏性和建设性两方面的反馈，最后进行总结性辅导。

3. 改变工作态度的培训

(1) 角色扮演

采用这种培训方法可以使受训者体验所扮演角色的感受及行为，能较深入地思考和分析不同角色所担当的任务与困难，并通过换位思考，改正自己原先的态度与行为。这种培训方法多用于改善人际关系及处理冲突事件的培训。例如，企业中生产部门与销售部门的经理常因业务性质不同，不能体会对方的处境及权责而发生冲突。销售部门常指责生产部门所生产的产品不符合要求,不能如期完成所需产量等;而生产部门责怪销售部门所接的订单分布不均,有时订单太多超过了生产设备的负荷。由于他们彼此立场不同,很难理解对方的处境,运用角色扮演的方法可以让他们彼此体会对方的困境,减少彼此间的误解。

(2) 感受培训

感受培训是指让受训者尽量自由讨论,通过群体内成员间的批评、赞扬或反馈,使受训者的情绪和态度充分表露,从而使每位受训者倾听别人对自己的反应,开始认识自我,了解他人的行为。

第三节 员工培训的需求

一、员工培训需求分析的内容与分析过程

企业培训并不是盲目进行的,只有当存在相应的培训需求时,培训才有必要实施,所以,培训需求分析应该是培训的起点。通过员工培训需求分析,我们可以获得企业中哪些人需要培训?培训的内容主要是什么?所以,从这一角度来说,员工培训需求分析决定了培训的方向。在实践中,有的企业往往忽略这一点,最终导致培训效果不明显。

员工培训需求分析一般包括组织分析、任务分析与人员分析三项内容。

(一) 组织分析

组织分析是企业层面展开的员工培训需求分析,它主要是指在企业的经营战略指引下,决定相应的培训对象、培训内容和培训重点。组织分析要从以下三个方面进行分析:

1. 分析企业的经营战略

从战略发展高度预测企业未来在技术、市场及组织结构上可能发生的变化,对人力资源的数量、质量和结构的需求状况进行分析,确定适应企业发展需要的员工能力,从而对员工培训的重点进行决策。不同经营战略的员工培训重点是有差异的,如表4-1所示。

2. 分析管理者和员工对培训活动的支持态度

大量研究表明,员工培训工作要做好,员工与管理者对培训的支持是非常关键的。培训成功的关键要素:受训者的上级、同事对受训者的培训活动要持积极态度,并愿意向受训者提供任何关于将培训所学的知识运用于工作实践中的信息;受训者将培训所学的知识

运用于实际工作之中的概率较高等。如果受训者的上级、同事对受训者的培训不支持，培训很难达到预期目的。

表4-1　经营战略与员工培训重点

战略	管理重点	实现途径	关键工作	培训重点
集中战略	提高市场份额；减少运营成本；开拓市场并维持市场定位	提高产品质量；提高生产率和革新技术流程；按需要制造产品或提供服务	技术先进性；现有劳动力开发	团队建设；交叉培训；特殊培训项目；人际交往能力培训；在职培训
内部成长战略	市场开发；产品开发；革新；合资	销售现有产品/增加分销渠道；拓宽全球市场；调整现有产品；创造新的或不同的产品；通过合伙发展壮大	创造新的工作任务；革新	支持或促进高质量的产品价值沟通；文化培训；培养创造性思维综合能力；工作中的技术能力；对管理者进行反馈与沟通方面的培训；冲突调和技巧培训
兼并加外部成长战略	横向一体化；纵向一体化；集中多元化	兼并处于产品市场链上相同的经营阶段的公司；企业经营提供或购买产品业务；兼并者和被兼并者处于不同领域的企业	整合；富余人员重组	判断被兼并企业员工的能力；联合培训系统；合并公司的方法和程序；团队培训
紧缩投资战略	节约开支；转产；剥离；债务清算	降低成本；减少资产；创造利润；重新制定目标；卖掉全部资产	效率	革新、目标设置、时间管理、压力管理、交叉培训；领导技能培训；人际沟通培训；向外配置的辅助培训；寻找工作技能的培训

3.分析企业的培训资源

企业可在现有人员技能水平的基础上，利用内部专业人员对相关的员工进行培训。如果企业缺乏必要的时间和专业能力，也可以从培训公司购买培训服务。现在，越来越多的企业采取招标的形式来确定为本企业提供培训服务的供应商或培训公司。

（二）任务分析

任务分析包括任务确定，以及对需要在培训中加以强调的知识、技能和行为进行分析。任务分析的结果是有关工作活动的详细描述，包括员工执行任务和完成任务所需的知识、技能和态度的描述。这里对工作任务的分析并不同于工作分析，其关注的重点在于怎样具体完成各自所承担的职责和任务，即研究具体任职人的工作行为与期望的行为标准，从而确定需要接受的培训。具体可以通过以下三个步骤实现：

第一，列出工作任务清单。

第二，对每项任务应达到的标准做出准确的界定。为了便于比较，尽量使用量化的标准。

第三，确定完成每项任务必备的知识、技能和态度。

（三）人员分析

人员分析可帮助确定谁需要培训，即通过分析员工目前的绩效水平与预期的工作绩效水平来判断是否有必要对员工进行培训，可从以下几个方面进行分析：

第一，分析个体特征，即分析员工是否具有完成工作所应具备的知识、技能和态度。

第二，分析员工的工作输入，即分析员工是否得到一些指导，如应该干些什么、怎样干和什么时候干等。如果员工有工作必备的知识、能力、态度和行为方式，但缺少必要的指导，其绩效水平也不会高。

第三，分析员工的工作输出，即分析员工是否了解工作的目标。有时员工不能达到标准要求的业绩目标，其重要原因之一是员工不知道应该达到什么样的绩效水平。

第四，分析员工的工作结果。如果员工不清楚业绩表现好会受到的各种奖励措施，或认为绩效奖励不具有激励作用的话，那么他们就不愿意执行绩效标准。

第五，分析员工的工作反馈，即分析员工是否能得到执行工作中的有关信息。如果员工在工作中没人定期向其反馈工作表现，或者说员工知道怎样做，但不知道自己做得怎样，那么绩效水平也会出现问题，即缺乏学习动机。

二、员工培训需求分析的方法

员工培训需求分析可以通过观察员工工作、阅读技术手册及有关工作记录、访问专门的项目专家，以及让员工完成有关工作所需的知识、技能和其他内容的调查问卷等方法来完成。其主要有以下几种方法：

（一）访谈法

访谈法是一种常用的方法，就是通过与被访谈人进行面对面的交谈来获取员工培训需求信息。在应用过程中，可以与企业管理层面谈，以了解组织对人员的期望；也可以与有关部门的负责人面谈，以便从专业和工作角度分析员工培训需求。一般来讲，在访谈之前，要先确定需要何种信息，然后准备访谈提纲。访谈中提出的问题可以是封闭式的，也可以是开放式的。采用封闭式的问题，得到的结果比较容易分析；采种开放式的问题，常常能发现意外的、更能说明问题的事实。访谈可以是结构式的，即以标准的模式向所有被访者提出同样的问题；也可以是非结构式的，即针对不同对象提出不同的开放式问题。一般情况下是把两种方式结合起来使用，并以结构式访谈为主，非结构式访谈为辅。

采用访谈法了解员工培训需求应注意以下几点：

（1）确定访谈的目标，明确什么信息是最有价值的、必须了解到的。

（2）准备完备的访谈提纲。这对于启发、引导被访谈者讨论相关问题、防止访谈中心转移是十分重要的。

（3）建立融洽的、相互信任的访谈气氛。在访谈中，访谈人员首先要取得被访谈者的信任，以避免产生敌意或抵制情绪。这对于保证收集到的信息具有正确性与准确性非常重要。

（4）访谈法还可以与问卷调查法结合起来使用，通过访谈来补充或核实调查问卷的内容，讨论填写不清楚的地方，探索比较深层次的问题和原因。

（二）问卷调查法

问卷调查法也是一种常用的方法。它是以标准化的问卷形式列出一组问题，要求调查对象就问题进行打分或做是非选择。当需要进行培训需求分析的人员较多，并且时间较为紧迫时，就可以精心准备一份问卷，以电子邮件、传真或直接发放的方式让调查对象填写，也可以在进行面谈和电话访谈时由调查人自己填写。在进行问卷调查时，问卷的编写尤为重要。

编写一份好的问卷通常需要遵循以下步骤：

（1）列出希望了解的事项清单。

（2）一份问卷可以由封闭式问题和开放式问题组成，两者应视情况各占一定比例。

（3）对问卷进行编辑，并最终形成文件。

（4）请他人检查问卷，并加以评价。

（5）在小范围内对问卷进行模拟测试，并对结果进行评估。

（6）对问卷进行必要的修改。

（7）实施调查。

（三）观察法

观察法是通过到工作现场，观察员工的工作表现，从而发现问题、获取信息的一种方法。运用观察法的第一步是要明确所需要的信息，然后确定被观察员工。观察法最大的一个缺陷是，当被观察员工意识到自己正在被观察时，他们的一举一动可能与平时不同，这就会使观察结果产生偏差。因此，观察时应该尽量隐蔽并进行多次观察，这样有助于提高观察结果的准确性。当然，这样做需要考虑时间和空间条件是否允许。

在运用观察法时应该注意以下几点：

（1）观察者必须对被观察员工所进行的工作有深刻的了解，明确其行为标准；否则，无法进行有效观察。

（2）进行现场观察不能干扰被观察员工的正常工作，应注意隐蔽。

（3）观察法的适用范围有限，一般适用于易被直接观察和了解的工作，不适用于技术要求较高的复杂性工作。

（4）必要时，可请陌生人进行观察，如请人扮演顾客观察终端销售人员的行为表现是否符合标准或处于何种状态。

（四）绩效分析法

培训的最终目的是改进工作绩效，减少或消除实际绩效与期望绩效之间的差距。因此，对个人或团队的绩效进行考核可以作为分析员工培训需求的一种方法。

运用绩效分析法需要注意以下几个方面：

（1）将明确规定并得到一致同意的标准作为考核的基线。

（2）集中注意那些希望达到的关键业绩指标。

（3）确定未达到理想业绩水平的原因。

（4）确定通过培训能达到的业绩水平。

（五）经验判断法

有些员工培训需求具有一定的通用性或规律性，可以凭借经验加以判断。例如，一位经验丰富的管理者能够轻易地判断出其下属在哪些能力方面比较欠缺，应进行哪些方面的培训；人力资源部门仅仅根据过去的工作经验，不用调查就知道哪些刚进入公司的新员工需要进行哪些方面的培训；公司在准备将一批基层管理者提拔为中层管理者时，公司领导和人力资源部门不用做调研，也能大致知道这批准备提拔的管理者应该接受哪些方面的培训；在企业重组或兼并过程中，有关决策者或管理部门不用调研，也能大致知道要对相关人员进行哪些方面的培训。

采取经验判断法获取员工培训需求信息的方式可以十分灵活，既可以设计正式的问卷表交由相关人员，由他们凭借经验判断提出培训需求；还可以通过座谈会、一对一沟通的方式获得这方面的信息；培训部门甚至可以仅仅根据自己的经验直接对某些层级或部门人员的培训需要做出分析判断；那些通常由公司领导亲自要求举办的培训活动，其培训需求无一不来自公司领导的经验判断。

（六）胜任能力分析法

胜任能力是指员工胜任某一工作所应具备的知识、技能、态度和价值观等。许多企业都在依据经营战略建立各岗位的胜任能力模型，以为企业员工招聘与甄选、培训、绩效考评和薪酬管理提供依据。

基于胜任能力的培训需求分析有两个主要步骤：

（1）职位描述：描述出该职位的任职者必须具备的知识、技能、态度和价值观。

（2）能力现状评估：依据任职能力要求评估任职者目前的能力水平。

使用这一方法的企业或培训经理普遍认为，当职位应具备的能力和个人满足职位的实际能力得到界定后，确定培训需求就变得容易了。

第四节 员工培训的效果

一、员工培训效果评估概述

员工培训效果是指员工把培训中所获得的知识、技能应用于工作中的程度。员工培训效果评估是指通过一系列的信息、资料、数据，对员工培训的效果进行定性和定量的评价，以提高培训质量的过程。

员工培训效果评估是对员工培训的认知成果、技能成果、情感成果、绩效成果及投资回报率所进行的定性和定量的评价。

二、员工培训效果评估的要求

在培训的各个环节都应进行培训评估。可以说，员工培训需求分析和员工培训效果评估是培训环节中的两个关键点。在进行员工培训需求分析时应对员工培训需求分析的结果进行评价；在培训进行的各阶段应及时进行评估，以保证培训沿着既定的方向运行；在培训结束后，对培训成果应进行不同时段的跟踪评估，为下一次培训提供依据，使培训工作的质量呈螺旋式上升。

三、员工培训效果评估的模式

员工培训效果可能是积极的，这时工作绩效得到提高；也可能是消极的，这时工作绩效可能会出现退步。一般来说，培训内容与以后工作的相似成分越多，就越容易获得积极的效果。

最常用的员工培训效果评估模式是柯当纳教授提出来的，因此这种评估模式就被称为柯氏模式。柯当纳教授认为，员工培训效果可以从以下四个不同层面进行评估：

（一）评估参与者的反应

因为无论培训师怎样认真备课，受训者只要对某方面不感兴趣，就不会认真学习。参与者反应的评估是培训效果测定的最低层次，主要利用问卷或问询来进行测定，可以问以下一些问题：受训者是否喜欢这次培训？是否认为培训师很出色？是否认为这次培训对自己很有帮助？有哪些地方可以进一步改进？

（二）评估受训者所学到的知识和技能

这种评估可能以考卷形式进行，也可能是实地操作，主要测定受训者与受训前相比是否掌握了较多的知识，学到了较多的技能。

（三）评估受训者工作行为的变化

在测定受训者的反应和学习成果时，培训效果的得分往往很高，但实际工作中会发现，由于某些原因使受训者未能在工作中表现出行为的改变。为了使培训转移的效果最大化，管理者可以对受训者行为改变进行评估，以便记录受训者是否真正掌握了培训内容并运用到工作中去。行为变化的测定可以通过上级、同事、下级、客户等相关人员对受训者的业绩评估来进行，主要测定受训者在受训前后行为是否有改善，是否运用了培训学到的知识、技能，是否在交往中态度更正确，等等。

（四）评估培训结果

评估培训结果即衡量培训是否有助于公司业绩的提高。如果一门课程达到了让受训者改变工作态度的目的，那么这种改变是否对提高公司的经营业绩起到了应有的作用，这是培训效果测定的最高层次。它可以通过事故率、产品合格率、产量、销售量、成本、利润、离职率、迟到率等指标进行测定，主要测定内容是个体、群体、组织的效率状况在受训后是否有改善。

第一个层面的评估主要是观察受训者的反应；第二个层面的评估则侧重于检查受训者的学习结果；第三个层面的评估可以衡量受训者培训前后的工作表现；第四个层面的评估的目标是衡量公司经营业绩的变化。很多权威人士认为，要使与工作相关的培训做得好，至少要对一部分培训课程进行三个层面甚至四个层面的评估。深层评估不但能发现培训对实现组织目标是否真的有所贡献，而且可暴露培训内容在工作中难以运用的障碍。

四、员工培训效果评估的类型

（一）培训前测试和培训后测试

这种方法需要采集两次结果信息，在培训前进行一次测试，在培训后再进行一次测试，然后将两次测试结果进行比较，从而对培训效果进行评估。这种方法的问题在于，受训者的行为或结果变化可能受其他因素的影响，从而干扰了对培训效果的准确评估。

（二）培训后测试

采用这一评估方法，只收集培训结果的信息，用于评价培训目标的实现程度。这种方法的好处是简单易行，但不能体现培训前后的改变。

（三）时间序列分析

在时间序列分析法中，关于培训结果的信息是在培训之前及培训之后根据既定的时间间隔来收集的。在进行时间序列评价设计时，也同样可以使用对比小组。时间序列分析的优点之一是使评价者能够对培训结果在一段时间内的稳定性进行分析。这种类型的评估设计经常被用来评估会随着时间发生变化的一些可观察性结果（如事故率、生产率和缺勤率等）。

（四）与对比组进行培训前测试和培训后测试

这种方法是将一组经过培训的员工与一组没有接受培训的员工的工作绩效进行比较。要在培训之前和培训之后分别针对两个小组的工作绩效进行收集。如果培训小组的绩效改进比对比组要大得多，则说明培训确实促进了绩效的改进。这种方法可以将其他的影响因素排除。

五、直接收益评估法和间接收益评估法

投入产出分析是一种培训效果的量化测定方法。培训的支出和收益是否平衡是开展培训工作的一个重要参照标准，特别是在资金缺乏、经费有限的情况下，尽量以最节约的途径最大限度地开展培训工作，是组织员工培训的一项重要原则。

投入回报率的公式为：

投入回报率＝（收益－成本）／成本×100%

员工培训的成本包括直接成本和间接成本。其中，直接成本有受训者的工资，培训师的报酬，培训教材、辅导资料的费用及打印、复印、装订费用，培训场地租借费用，培训器材的折旧费，维护与修理费用，因培训而发生的交通费用，因培训而发生的食宿及电话费用，其他费用。培训的间接成本是培训的机会成本，即同样的资源和时间由于用于培训而无法用于其他活动给企业带来的无形损失，可用人均利润率来衡量。

培训给组织带来的效益包括提高劳动生产率、提高产品质量、扩大产品销售量、降低成本、减少事故、增长利润、提高服务质量等方面。培训的收益计算原理是由于培训提高了受训者的技术熟练程度，使其可以在其他条件不变的基础上，增加组织的收益。它包括直接收益评估法和间接收益评估法两种。

（一）直接收益评估法

这种方法是对员工接受培训后的效果进行观察，并加以评估，用公式表示为：

$$TE = (E_2 - E_1) \times T \times N - C$$

式中，TE 表示培训收益；E_1 表示培训前每个受训者一年产生的效益；E_2 表示培训后每个受训者一年产生的效益；T 表示培训效益可持续年数；N 表示参加培训的人数；C 表示培训成本。

（二）间接收益评估法

这种方法是通过对与员工在职培训有关的指标的计算，来研究这种投资的效益。其思路是首先找出影响培训收益的因素，即把这种收益分解为一些具体指标，然后根据这些指标的相互关系进行计算，用公式表示为：

$$TE = N \times S \times D \times T - C$$

式中，TE 表示培训收益；N 表示参加培训的人数；S 表示未受训者工作绩效的标准差（一般约等于年工资的40%）；D 表示效用尺度，即受训者与未受训者工作结果的平均差值；T 表示培训效果可持续年数；C 表示培训成本。其中，D 可表示为：

$$D = (X_1 - X_2) \div (S \times R)$$

式中，X_1 表示受训者的平均工作效率；X_2 表示未受训者的平均工作效率；R 表示工作效率评价过程的可行性（不同评估者评定结果的相关性）。

第五节　人力资源开发

一、人力资源开发概述

（一）人力资源开发的含义

人力资源开发就是把人的智慧、知识、经验、技能、创造性、积极性当作一种资源加以发掘、培养、发展和利用的一系列活动，是一个复杂的系统工程。它包括以下四个方面的含义：

(1) 开发的对象是人的智力、才能，即人的聪明才智。

(2) 人力资源开发要借助教育培训、激发鼓励、科学管理等手段来进行。

(3) 人力资源开发活动是无止境的。

(4) 人力资源开发是一项复杂的系统工程。人既是开发的主体，又是开发的客体；同时，开发过程中既受到主观因素的影响，又受到客观因素的影响。

（二）人力资源开发的目标

人力资源开发的目标是提高人的才能与增强人的活力或积极性。

提高人的才能是人力资源开发的基础，人的才能的高低决定了人力资源存量的多寡。增强人的活力是人力资源开发的关键。如果有才能而没有活力，那么这种才能就没有任何现实意义；一个人有了活力就会自我开发潜力，从而提高才能。

（三）人力资源开发的特征

(1) 人力资源开发是一种规划性活动。它涉及需求评估、目标设定、行动规划、执行、效果评定等。

(2) 人力资源开发以明示人类的价值为基础。

(3) 人力资源开发是一种问题取向的活动，它应用若干学科的理论与方法来解决人力及组织问题。

(4) 人力资源开发是一种系统途径，它将组织的人力资源及其潜能与技术、结构、管理过程紧密地联系在一起。

(5) 人力资源开发的对象是人力资源及其整个组织。

(6) 人力资源开发的目标是改善人力资源的质量和组织效能。

(7) 人力资源开发的核心是学习,是组织成员行为的持久改变或某一方式的行为能力的改变。这种学习既包括个人学习,也包括组织学习;既包括学校中的学习,也包括工作中的学习。

(8) 人力资源开发不是一劳永逸的战略,而是一种持续不断的过程。

二、人力资源整体开发

(一) 人力资源整体开发的含义及重点

1. 人力资源整体开发的含义

人力资源整体开发又称整体性人力资源开发,是指以社会经济发展长远目标和人力资源开发理论为指导,在科学化、法制化、现代化的基础上,在竞争机制、激励机制和调控机制的作用下,全面系统地开发和利用人力资源,充分发挥其积极性、主动性和创造性,最大限度地促进社会经济的全面发展,获得最佳的整体效益。

2. 人力资源整体开发的重点

人力资源整体性开发的重点在于实现人力资源内在素质的提高和实现人力资源潜能的发挥,以及对未来人力资源的关心、保护和培养,获得人力资源对经济可持续发展的效应。

(二) 人力资源整体开发的内容

1. 人力资源系统与外部环境协调发展

人力资源系统的开发与管理应该和其他资源因素平衡协调地发展,以取得全局的利益。

2. 人力资源总量供求获得相对平衡

这项工作要求对人力资源进行合理规划,根据人力资源开发的理论和政策,评价人力资源开发的状况,预测和平衡人力资源供求关系,以防人力资源的闲置、浪费和失衡,认真研究市场所具备的调节能力。

3. 合理配置人力资源

对人力资源进行合理配置，使才得其用，职得其人，人职相宜，人称其职。尤其应最优配置关键岗位的高级人才，如让一流的人才进入领导岗位，以促进人才配置的良性循环，从而达到整体结构的优化组合。

4. 人力资源总体素质获得大幅度提高

调动全社会的力量，包括国家、各类经济和社会组织、家庭及个人自身的财力、物力，通过教育和培训等手段，全面提高人力资源素质。

5. 人力资源管理系统优化

用人单位要重视对人力资源的使用和潜能的挖掘，通过有效的管理手段，充分调动人员的积极性，实现整体绩效的最优化。

6. 实现人力资本效益最大化

人力资源开发活动以效益优先为原则，根据实际情况，做到以较小的投入产生较大的产出效益；讲求教育与社会需求的密切结合，适应社会对各个层次的要求，在结构、总量、质量等方面满足社会需求。

三、人力资源开发的途径

人力资源的管理越来越重要。我国人力资源的管理水平与某些发达国家相比，还有很大的差距。为此，我们应采取积极的措施，提高人力资源的管理水平。

（一）通过社会培训等方式促进人力资源的开发和补充

为了适应时代和经济发展的需要，要不断地对人力资源进行开发。社会培训具有短、平、快的特点。既弥补了普通教育中教材与实践相脱节的缺陷，又适应了市场经济的需要。对这些组织要加以鼓励，并不断完善，使其更好地服务于我国的人力资源开发。

（二）通过资源的合理流动和重组实现人力资源的最佳配置

人力资源的流动和重组会产生不可估量的效应。如果人力资源的配置优化、结构合理，组织的凝聚力就强，效益就高。在市场经济下，要把人力资源解放出来，使人员能够畅通无阻地实现单位流动、地域流动，促进人力资源市场的蓬勃发展；要积极吸纳国外留学生、专家、技术等以引进人力资源；并注意资源输出，促进人力资源的整体循环，实现人力资源的最佳配置，使人才能充分施展自己的才华和抱负。

（三）建立有效的测评和激励机制，发挥人力资源的最大效益

人力资源管理是一项庞大的系统工程，要对其进行评估和预测，并进行整体规划开发，如果任其盲目发展，必定事倍功半。得当的激励机制对人力资源的开发有着不可替代的巨大作用。

（四）提高人力资源管理者的自身修养，实现人力资源的科学管理

实现人力资源的科学管理，关键是要建立一套行之有效的人力资源管理约束机制。人力资源管理者不同于一般的技术人员，对他们的上岗、考评甚至撤职必须有严格的规定。每位人力资源管理者上任之前必须达到规定的标准或资格，在其任期内应根据企业的效益对其绩效做出全面、客观的评价；同时，企业应以约束力和压力促使他们提高自身的素质，建成一支高效率的人力资源管理者队伍。

四、人力资源开发的方法

（一）岗位轮换

1. 岗位轮换的含义和形式

（1）岗位轮换是指在组织的不同部门或在某一部门内部调动员工的工作，目的在于让员工积累更多的工作经验。

（2）岗位轮换有以下两种具体形式：
①员工到不同部门考察工作但不介入所考察部门的工作。
②员工介入不同部门的工作。

2. 岗位轮换的作用

岗位轮换有利于促进员工对组织不同部门的了解，从而对整个组织的运作形成一个完整的概念；有利于提高员工的解决的问题能力和决策能力，帮助员工选择更适合自己的工作；有利于部门之间的了解和合作。具体来说，其作用主要表现在以下两个方面：

（1）满足员工内在需求

激励员工，减少员工工作的单调性，提高员工的工作生活质量，从长期的角度来提高

企业的生产率，是岗位轮换制出现并在实践中得到广泛应用的内在因素。

内在性需要是指依靠工作本身或工作任务完成时所提供的某些因素而满足的需要。这种需要与员工工作本身有关，此时工作本身具有激励性。内在性需要的满足取决于员工自身的体验和判断，是员工从工作本身所获得的满足。

(2) 满足员工成长需要

岗位轮换可从以下方面满足员工成长需要：

①满足员工的职业选择倾向

由现代激励理论可知，员工的个性（价值观、动机、需求）是选择工作的一个重要因素，只有岗位与员工的个性相符合时，员工才愿意在某一岗位长时间工作。

②满足职业生涯发展的需要

每个阶段，人们的性格特征、经验、技术以及对自身岗位的认识都是不一样的，因此，根据职业生涯发展的不同阶段，实行相应的岗位轮换制度，可以满足员工职业成长的需要。

(3) 促进组织发展

岗位轮换是一项成本较低的组织内部调整和变动，既能给员工带来工作的新鲜感和挑战性，又不会带来太大的组织破坏，使组织重组后更具效率。

从长远看，岗位轮换能更有效地激发员工的工作热情，提高员工的工作生活质量；能为员工的职业成长提供另一种思路；也能为企业适应外界环境的多变性做好准备。但是，实施岗位轮换制度时也应注意一些问题，如岗位轮换的流程设计、完备的绩效考核体系等是实施岗位轮换制的必备条件；岗位轮换需要增加培训成本，临时导致生产率下降等问题也可能会发生。因此，在实施岗位轮换制时应着眼于企业的长期利益，根据各企业的实际情况相机而动。

（二）企业接班人计划

企业接班人计划又称管理继承人计划，是指公司确定和持续追踪关键岗位的高潜能人才，并对这些高潜能人才进行开发的过程。高潜能人才是指那些公司相信他们具有胜任高层管理工作潜力的人。企业接班人计划就是通过内部提升的方式来系统有效地获取组织人力资源，对公司的持续发展有至关重要的意义。

企业开发和培育接班人应与企业的整体经营战略紧密结合。因为企业的经营目标不断在演变，需要的领导能力也会随之而变。企业接班人计划的实施，主要有以下六项基础的工作：

(1) 建立高级管理人才技能数据库。企业需要理清经营策略与长期、短期目标，根据经营战略和现有高层管理人员的素质和能力，确定将来所需高层管理人才应具备的素质和能力。

(2) 做好关键高层岗位描述，定义好岗位职责。应该明确目前的岗位职责，并根据可以预见的商业和技术变化定义未来的职责。

(3) 员工技能评估和技能发展需求。通过对员工技能进行评估，找出现有人员中哪些人可能成为企业未来成功的领导者，锁定这些公司内部最优秀的未来领导者，投入足够的资源去培养。

(4) 开发一套系统、持续、公平的评价标准，阶段性地考核和评估这些培养对象的品质与各种能力，判断他们是否真正具备一个优秀领导人的个人品质、知识和能力，以及领导力培训项目是否有调整必要。在此基础上，培养对象要相应地调整，不合适的人选不断被淘汰，新的人选不断补充。

(5) 根据考核和评定结果，选出重点培养对象。要确保他们认识到自己的发展对企业未来发展的重要性，并且让他们获得更多锻炼的机会。

(6) 让重点培养对象饰演领导角色。在这个阶段，现有高层领导应在开发这些高潜能人才的培养中发挥积极的作用，要经常与这些重点培养对象接触，并使其对公司战略和经营目标有更深入的了解。

（三）行动学习法

行动学习法就是透过行动实践去学习，即在一个专门以学习为目标的背景环境中，以组织面临的重要问题作为载体，学习者通过对实际工作中的问题、任务、项目等进行处理，达到开发人力资源和发展组织的目的。

行动学习法需要人们在思想上根本改变；同时，因为身处其中的学习者可以借此超越思想、行动、信仰的极限，把行动、信仰和价值观统一起来，使个人的行为更有效，所以，它是营造企业文化、打造学习型组织和建立知识管理系统的关键。行动学习是以学习者为主体，以现实问题或项目为主题，在催化师的引导下将结构化的深度对话渗透在问题—反思—总结—计划—行动—发现新问题—再反思的循环过程中。它能够使学习者及时将行动体验上升到认识水平，并将新认识及时转化为行动，继而在行动中检验认识，并产生新的学习体验。

第五章　员工招聘

第一节　招聘计划的制订

一、员工招聘

（一）员工招聘的概念

人力资源使用和配置包括"进""用""出"几个环节，其中"进"是关键中的关键。对于拟成立的企业，进行人员招聘，是企业开始运作的人力保障；对于已经成立的企业，人员也会出现正常与非正常的流出，招聘也是必不可少的人力支持工作。

招聘是组织基于生存和发展的需要，根据组织人力资源规划和工作分析的数量与质量要求，采用一定的方法吸纳或寻找具备任职资格和条件的求职者，并采取科学有效的选拔方法，筛选出符合本组织所需的合格人才并予以聘用的管理活动。

招聘包括两个相对独立的过程，即招募和甄选聘用。招募主要是通过宣传来扩大影响，树立企业形象，达到吸引人应征的目的；而甄选聘用则是使用各种技术测评和选拔方法挑选合格员工的过程。通过招募和甄选，组织得以吸收真正适合自己的人员，从而满足和保证组织各项工作的需要。管理感悟企业如何招聘人才、招聘怎样的人才是企业文化的具体体现。在聘人方面，除了考察对方的经验、能力，对候选人的品德、修养、价值观也需要有相对明确的要求，并通过有效的甄选技术进行考察。

（二）员工招聘的意义

企业间的商业竞争，更大意义上也是一场人才的竞争。招聘管理运作的成效直接影响着企业的各项管理活动。因此，在人力资源管理中对于员工的招聘与甄选应给予高度重视，它的意义表现在以下方面。

l. 招聘活动是企业发展的重要条件

企业招聘员工的目的是为企业寻找适合工作的必要人选，从而实现人与工作的相互适应。它要求企业所招聘的员工在技术、心理、身体等各方面都要适合工作的需要。企业招聘的合格人选对于实现组织目标来说其作用是不言自明的。成功的招聘，为组织引进了人才，开阔了思路，提高了工作效率，形成了新的竞争优势。

2. 招聘活动可以降低企业成本

成本控制的好坏是企业竞争力的重要支撑之一。有效的员工招聘可以使组织避免引入素质较差或不能融入组织的员工，并避免由此而产生的培训成本和风险，如由于招聘员工不合格而导致的员工离职的成本。同时，为了维持企业的正常运转，企业仍须花费费用寻找合适的人选。

3. 招聘活动可以提高企业的绩效水平

利用规范的招聘程序和科学的选拔手段，可以将那些愿意在企业中工作并且符合录用条件的应聘者长时间地留在组织内。优秀员工的共同特点是能够很快地转换角色，进入状态，能够在很短的时间内创造工作佳绩而无须对他们进行长时间培训。可以说，创造员工的高绩效，推动组织整体绩效水平的提高，是一个组织追求有效招聘管理的最高境界。

4. 招聘活动有利于人力资源的合理流动

一个科学有效的招聘系统，可以促进人员的合理流动，帮助人们找到适合的工作岗位，做到工作职责匹配。同时能调动人的积极性、主动性和创造性，让人们的潜能得以充分发挥，达到人力资源有效配置的目的。

5. 招聘活动能够扩大组织的知名度

人员招聘是招聘组织与应聘者直接接触的过程，是招聘组织向市场展示自己的过程。招聘人员素质、招聘工作的组织、招聘材料的介绍、面试过程的专业化及接待应聘者的方式等，都在不同侧面展示了招聘组织的文化、风格和工作效率，让外界更多地了解了企业，扩大了企业的知名度。

二、编制招聘计划

（一）招聘计划的概念

员工招聘准备阶段，一些事务性的工作通常由人力资源部门的招聘专员去完成，例如制订招聘计划，撰写、发布招聘信息等。下面，我们先学习如何开展招聘计划的编制工作。

招聘计划是招聘工作的基础。要进行有效的招聘，招聘到公司所需要的人才，就必须制订好招聘计划。所谓招聘计划，是指公司根据发展目标和岗位需求对某一阶段招聘工作所做的安排，包括招聘目标、招聘员工的类型及数量、信息发布的时间与渠道、甄选方案及时间安排等方面内容。招聘计划是招聘工作的一个环节，其工作成果体现为最终的招聘工作方案。

企业应该重视招聘计划的制订以及招募时间、宣传渠道选择等方面的工作，从而达到节约选拔与培训成本、人与职位相适应的目标。

（二）招聘计划的内容

具体来讲，员工招聘计划包括以下内容。

1. 招聘需求信息的采集与整理

人员招聘工作一般是从提出和确定招聘需求开始的。公司要对外招聘人才，招聘人员需求大致包括下面三种可能情况：一是公司发展新业务对人才的需求，这是由于公司未来业务发展出现的人才空缺，每个公司的人力资源规划对公司的人力资源需求已做出了大致的估计，尤其是人员需求短期规划（如本年度），针对公司实际情况预测出了本年度内公司对人员的具体需求；二是公司在职人员离职产生的职位空缺；三是现有人力资源配置不合理，即人与岗位的不匹配导致的职位空缺。招聘时首先要明确招聘的具体目标是什么，即须招收多少人，每个职位的人员需要哪些专业背景、从业经历，掌握哪些知识、技能等，以此作为招聘活动的指导。

在制订招聘计划前，人力资源部每年通常要进行需求调查，即发放人才需求调查表到各部门，由具体用人部门填写下一年度的用人需求。

确定员工招聘需求是一个多方论证的过程。人力资源部需要根据工作描述、工作说明书、人力资源规划以及企业用人部门提出的人员需求，通过调查、分析和内部综合平衡，以及与用人部门的负责人进行沟通、协商，从而确定出人员招聘的净需求。在此基础上，制作成职位招聘汇总表报公司领导讨论审批，审批通过后即可着手开展下一步的招聘工作。

2. 招聘信息发布的范围、时间

信息发布的范围是由招聘对象的范围来决定的。发布信息的面越广，接收到该信息的人就越多，应聘者也会更多，挑选的余地也就更大，即"人才蓄水池"的容量越大，招聘到合适人选的概率也相应地有保证，只是费用也会相应地增多。这就需要我们根据人才分布规律、求职者活动范围、人力资源供求状况及成本大小等确定招聘区域。一般招聘区域选择的规则是：高级管理人员和专家一般在全国范围内招聘，甚至可以跨国招聘；而专业技术人员可以跨地区招聘；一般办事人员在本地区招聘就可以了。

如何确定招聘信息发布的时间？如果招聘工作不能按计划进行，公司就无法按计划开展工作，从而造成较大的经济损失。招聘信息的发布时间受人员需求的时间限制，一般通过倒推来确定发布的时间。这就需要我们对招聘过程中各阶段所需的时间有一个比较准确的了解，以此准确估算信息发布的时间，及时进行招聘信息的发布。

3. 招聘渠道

招聘渠道一般分为内部招聘和外部招聘两个基本渠道。内部招聘是指组织采用职位公告、岗位竞聘或部门推荐等方式在组织内部招聘新员工。外部招聘则是根据一定的标准和程序，从组织外部的众多应聘者中选拔获取所需要人选的方法。对外部招聘而言，根据招聘对象的来源和素质要求，人力资源部可确定从媒体广告、专业招聘网站、人才市场、员工推荐、校园、委托猎头公司等一种或几种渠道进行招聘。例如某公司招聘业务、客户经理等人员，要求有 2 年以上从业经验，显然不适合到高等院校招聘应届毕业生，而必须通过人才市场等途径才能招聘到所需的人才；而一般的文员、秘书，无须有实际工作经验的要求，则可从高等院校应届毕业生中招聘。

4. 招聘小组成员的构成

在大多数企业中，都有专门机构（即人力资源部）负责人员的招聘。根据招聘职位的重要性不同，通常一般基层员工由人力资源部或会同具体用人部门负责人进行面试即可；而对于重要岗位人员和公司中高层管理人员的招聘，公司会成立一个面试小组，小组成员一般由公司领导成员组成。有些大型公司甚至聘请一些特定方面的专家参加面试小组。

另外要注意的是，招聘工作人员的素质、形象关系到招聘的效果，影响到公司的形象和声誉。因应聘者到公司应聘对公司的最初了解是先从招聘工作人员开始的，他们的办事能力和效率及外观形象都向应聘者传递着公司的理念和文化信息。因此，应挑选外貌形象佳、有经验、熟悉公司情况和岗位，且表达能力强的人员作为招聘工作人员。

5. 招聘方式

招聘计划要确定对应聘者进行测试和选拔的方式，具体方案包括对应聘者的面试、笔试、实际操作等测试安排，考核的场所、时间、题目设计者姓名等。

6. 招聘预算

招聘预算是考虑招聘的成本开支，包含广告刊登费用，印刷宣传资料、面试会场布置、人才交流会费用，到人才市场现场招聘所需的差旅费用等。

第二节　招聘信息的发布

在招聘过程中,公司一方面需要尽可能地吸引应聘者;另一方面还可以利用招聘过程进行企业形象的宣传活动。因此,招聘广告的好坏,直接关系到招聘的质量。好的招聘广告,可以吸引众多的应聘者前来关注,同时又能提高企业的知名度和形象。招聘广告的制作与发布,是整个招聘工作的重要一步。

一、招聘广告的制作

确定招聘计划后,人力资源部就要对招聘进行宣传,拟定招聘广告词。一份优秀的招聘广告应该充分显示企业对人才的吸引力和企业自身的魅力。撰写广告词要求语言简明清晰,招聘对象的条件一目了然。措辞既要实事求是,又要热情洋溢,表现出企业对人才的渴求和应有的尊重。

一份完整的广告词一般包括四部分:第一部分是标题或启事;第二部分是公司的简介,介绍公司的性质、经营业务范围、规模、业绩成果情况,未来的发展战略等内容,以便让应聘者能大致了解公司的基本情况;第三部分是广告词的正文内容,即拟招聘职位名称、数量及任职要求、工作职责以及工作地点等;第四部分是结尾部分,即公司的地址、邮编、网址、邮箱以及联系人、联系(咨询)电话、应聘截止日期等。

当然,为了达到较好的视觉效果,提高招聘质量的目的,可聘请专业设计公司对招聘广告词版面进行设计,将公司的 logo 或有标志性的办公大楼、重大庆典活动场面等放在广告词版面上(或作为背景),借此来宣传公司,提高公司的知名度和吸引更多的求职者前来应聘。当然,公司的简介要恰如其分,不能夸大其词。否则应聘者一旦了解公司后发现真实情况并非像宣传的那样,就会影响公司的形象。

一份富有吸引力的招聘广告,对吸引应聘者可以起到事半功倍的效果,以下广告范例设计用年轻人的语言表达招聘要求,信息充分,风格活泼,传递出鲜明的时代特色和企业文化,有助于吸引新生代人群的注意。

招聘公司前台1"枚"

【公司行业】第三方支付业

【工作地点】××大厦804—813室

【上班时间】每周5天,7.5小时/天

【月薪范围】2 500～3 000元

【联系邮箱】×××.com

【任职资格】

1. 大专以上学历，专业不限，女性，相貌端正，身高 160 cm 以上；
2. 一年以上公司前台工作经验，熟悉前台工作流程，熟练使用各种办公自动化设备；
3. 工作积极热情、细致耐心，具有良好的沟通能力，性格开朗，待人热诚。

【岗位职责】
1. 负责公司前台接待及电话转接；
2. 收发传真、信件、报刊等；
3. 负责复印、传真和打印等设备的使用与管理工作；
4. 对办公用品的领用、发放、出入库做好登记；
5. 负责每月统计公司员工的考勤情况，考勤资料存档；
6. 协助上级完成公司行政事务工作及部门内部日常事务工作；
7. 为其他部门提供及时有效的行政服务。

二、招聘广告的发布

招聘广告词拟定后，公司要将招聘信息通过某种渠道向社会发布，向社会公众告知用人计划和要求，确保有更多符合要求的人员前来应聘。

招聘广告发布应遵循如下原则：一是面广原则，即发布招聘广告的面越广，接收到该信息的人就越多，应聘的人也越多，招到合适人选的可能性也就越大；二是及时原则，即在尽可能的条件下，招聘广告应尽早向社会发布，这样有利于缩短招聘进程，同时让更多的人获取信息，使应聘人数增加；三是层次原则，即根据招聘岗位的特点，有针对性地向特定层次的人员发布招聘广告。

根据招聘对象的来源和素质要求，公司可选择从媒体广告、微信平台、网络、人才市场、校园、委托猎头公司等一种或几种渠道进行招聘。因此，根据招聘渠道正确地选择在报纸、网络等媒体发布招聘广告也是很重要的。招聘广告的发布渠道通常有下列几种途径。

（一）报纸

报纸广告是企业进行招聘时使用较为频繁的媒体，它的特点是能够在某一特定地区内将信息传递给大量正在寻找工作的人，价格也相对低廉。它的主要优点是应聘者可以在不同的时间、地点被多个不同的读者阅读，能够方便地复印、抄写，是企业发布招聘广告采用最广泛、最多的媒体，也深受广大应聘者的欢迎。

（二）专业招聘网站

目前，专业招聘网站广告已成为企业一种新兴的用于招聘活动的形式。在专业招聘网站上发布招聘广告信息不仅不受篇幅、时间限制，覆盖范围也不受限制，还可以尽情地采用最先进的电脑技术将招聘广告装饰得有声有色来吸引应聘者和网民浏览。目前国内比较常见的招聘网站有中华英才网（http：//www.chinahr.com）、前程无忧（http：//www.51job.com）、智联招聘（http：//www.zhaopin.com）、南方人才网（http：//www.job168.com）、中国研究生招聘网（http：//www.chinaedunet.org）等。

目前许多企业都建立了自己的门户网站。当然，也可在企业自己的网站刊登招聘广告。

（三）互联网时代的新招聘方式

进入互联网时代，人才招聘广告发布、投放也有新的形式和途径。一是通过APP、微信朋友圈、专业论坛、公众号等新工具开展招聘活动，已成为企业人才招聘常用的新形式；二是采用将人才测评与招聘相结合的新模式。以"测聘网"为例，该网站采用全新的"智能招聘"商业模式，凭借专业的"人才测评技术"关注个人职业发展路径，为供需双方提供更加精准的招聘及求职信息，实现测评技术与招聘渠道的结合。求职者可以利用专业的信息反馈系统了解招聘企业的人才筛选标准，而招聘企业可以依照科学的测评结果选聘合适的人才。

（四）其他途径

目前，各高等学校都有校园网，设有就业专栏，可在那里发布招聘广告，吸引应届毕业生应聘。另外，在人才市场现场张贴招聘广告也是常见的招聘广告发布方式，可吸引参加现场招聘的人前来应聘。

同时，招聘模块外包的新模式也悄然兴起，企业可以将人才招聘模块外包给人力资源公司，由人力资源公司代理实施人才招聘工作。

三、设计应聘申请表

任何一家企业对外招聘人才，每个职位都有具体的任职要求，如专业、学历、年龄、性别、从业经历及业绩、职称或职业资格要求等。应聘者求职简历提供的个人资料有时内容很不齐全，格式也五花八门，从这些内容不齐全、格式不一的简历中筛选符合条件的应聘者，阅读审查起来确实很费劲。那么，科学地设计应聘申请表，招聘人员就能从内容符合要求、格式统一的应聘申请表中轻松地挑选到符合条件的应聘者。

应聘申请表一般应包括如下信息：一是应聘者的姓名、性别、年龄、学历、专业、职称、职业资格等基本信息；二是应聘者的教育背景、工作经历及工作业绩，能从事何种工作等情况；三是应聘者的婚姻状况、主要社会关系情况；四是应聘者的住址、联系电话等信息。

四、设计面谈评价表

各用人单位的招聘流程可能有所不同,但招聘的第一步是基本相同的,即人力资源部(或用人部门)对应聘者的初步面试。初步面试合格,方能进入下一轮的复试。所谓初步面试,是指面试人根据面试过程中的观察与言语问答所收集到的信息,对应聘者的素质特征及工作动机、工作经验等进行价值判定的过程。面谈评价表,即应用预先设计好的评价量表对这些因素做出正式的评价或评级,以便面试人做出总体评价和是否进入复试建议。

第三节　员工选拔与录用

"得人者昌,失人者亡"说明了招聘在人力资源管理中的重要地位。整个招聘过程中的核心应当是人才甄选工作。通过甄选,可以把不适合的申请者在进入企业之前就排除在门外,而不是等他们进入企业之后再花费时间、精力和金钱去处理。人才的甄选可以通过人才测聘、面试、笔试、情景模拟等方式进行,经过多年的实践,还有许多新的甄选工具正在被开发出来并投入使用。无论甄选技术如何发展,不可否认的事实是:想要在短时间内判断一个人是否与岗位要求相匹配绝对不是一件容易的事,这也是一些知名企业愿意投入大量时间、人力在招聘工作上的原因。显然,能在实践中有效地运用甄选工具,是成为资深"伯乐"的必备条件。

一、招聘渠道

(一)内部招聘

l. 内部招聘及其形式

内部招聘是指在公司出现职务空缺后,从公司内部选拔合适的人选来填补这个位置,是员工招聘的一种特殊形式。内部招聘的常见方式有以下几种:

(1)主管推荐

主管推荐是本企业的主管(或其他领导成员)根据企业职务空缺的需要,推荐其熟悉的合适人选给企业进行选择和考核。因为主管人员对职位胜任要求和员工的能力、具体表现都比较了解,最有发言权,因此成功的概率很大。在企业内部采取这种方法,往往是上级推荐下级,这也有利于企业的管理及对候选人的全面考核。但是,采用内部推荐的方式必须有约束条件，就是推荐工作必须在规范的推荐流程和制度中进行，要注意实事求是，任人唯贤，否则有可能出现人为偏差。

（2）内部竞聘

内部竞聘也叫内部的竞争上岗，也是内部招聘最常见的方法之一。典型的内部竞聘程序是将职务空缺通知发布出去，并使所有的相关员工都能看到，然后让他们参与公平的岗位竞争。职务空缺通知要较全面地描述竞聘岗位的名称、工作职责和任职要求，以及报名截止日期等，符合任职要求的员工都可以自愿报名申请竞聘该职位。人力资源部要认真筛选这些申请，将不符合竞聘条件的员工加以剔除，然后组织符合条件的申请人进行笔试等考核和公开演讲答辩。

竞争上岗演讲的组织安排：首先要确定某个日期进行竞争上岗演讲，按岗位逐个组织竞聘者演讲答辩，评委小组一般由公司领导班子、人力资源部经理和相关业务部门的经理组成。通常一个职位有几个人参与竞聘，一般采取抽签决定竞聘顺序。竞聘者首先做自我介绍，然后陈述对竞聘岗位的认识、有何工作设想以及自己的竞争优势等。评委们提出各种问题，竞聘者一一回答。最后，评委们根据其现场表现情况、工作思路、理念以及结合平时的工作业绩等情况择优录用，最终决定职位的候选人。为了创造气氛，许多企业通常组织其他员工在现场助威。

实施内部竞聘的关键，在于用人标准的公开、公正、公平竞争和落实，对于实现组织公平和纠正主观意志偏差是非常有意义的。整个竞聘过程能让评委们和竞聘者都清晰地了解职位晋升的能力和要求，落选者也能心平气和地接受落选的事实。

2. 内部招聘的利弊

内部招聘作为企业人员补充的一种途径，好处在于：首先，重视企业与员工之间的长期合作、共同发展，能鼓舞士气，意味着赋予员工更多的职责、更丰富的工作内容和更富挑战性的工作机会，激励性强；其次，内部员工对企业情况比较了解，熟悉本企业文化，上岗之后磨合期短，比较容易适应新的工作环境；最后，内部招聘的招聘成本较少，因他们都是内部员工，公司对他们的情况也较了解，不须花很多精力对他们进行能力测试，省去背景调查、培训等环节，节省人力、物力。

当然，内部招聘也有它的缺点，如用人部门容易搞小圈子、自我保护，外面的优秀人才进不来。如选拔不严格，很容易将人员提升到一个其不能胜任的工作岗位，造成操作不公，产生内部矛盾。另外，组织内部缺少人才流动，思想容易封闭而失去活力，不利于创新。

（二）外部招聘

I. 外部招聘及形式

通常情况下，内部招聘往往不足以满足企业的用人需求，尤其是当一个企业处于创业时期、快速发展时期或需要特殊人才时，仅有内部招聘是不够的。这时候，企业会把目光转向社会这个巨大的人力资源市场，即借助社会劳动力市场，开展外部招聘。外部招聘是指公司面向社会劳动力市场寻找合适的人选，把他们吸引进入公司中，以解决职务空缺的问题。因此，外部招聘的实质，是公司与员工之间建立起劳动关系，使一般的社会劳动力转化为特定公司的组织成员。外部招聘的实施方式有以下几种。

(1) 广告招聘

发布招聘广告是企业招聘人才最常见的方式，许多企业通过媒体以广告形式获得所需的人选。可选择的广告媒体很多，如报纸、杂志、网络等。好的广告不仅能吸引所需的人员前来应聘，还能扩大企业的知名度和社会形象。刊登招聘广告时，一定要注意选择合适的媒体，如想在全国招聘人才，则招聘广告不能刊登在地方性的报纸上，而要选择覆盖面较大的媒体。另外，如果要招聘一名机械类工程师，那么将广告登在机械或自动化类报刊上，就比登在农业类报刊上的效果好。

(2) 校园招聘

在高等院校进行招聘，已成为企业喜欢运用的招聘渠道，也是企业招聘初级专业技术人员及管理人员的一个重要来源。每年都有成千上万的大学生、研究生从高等院校毕业，有些大型企业每年都会到固定的几所乃至几十所高校招聘人才，选择他们所需要的人才补充企业的人力资源。毕业生经过几年的专业学习和训练后，具备良好的专业知识、技能和理解能力，他们还没有形成职业定势又充满活力，容易接受新生事物，可塑性很强，是企业补员、保持活力的最有效办法。每年高校都会举行校园招聘会，邀请用人单位进场招聘人才。当然企业也要有所选择，结合自己招聘人才的要求和各高校的专业设置、培养特点等情况，有选择地参加校园招聘会，才能招到合适的人才。比如企业招聘的职位主要是机械制造、自动控制等，则要选择参加工科院校的招聘会。又如小型企业可在当地的院校中招聘，而大型企业则多挑选名牌大学进行招聘。

(3) 借助中介机构

对于企业专业性很强的人才或中高层管理人员，从一般的招聘会是很难招到的，有时必须借助专业的市场中介，如人才交流中心、职业介绍所、猎头公司等机构。这类机构专门从事人才流动中介工作，联系面广，掌握的信息多。因此通过人才交流中心选择人员，用人单位可以很方便地在其人才库中寻找专业性强、基本符合条件的人员。猎头公司有专业的、广泛的资源，拥有人才储备库，搜索人才的速度快、质量高。招聘企业的中高层管理人员，猎头公司是非常好的选择。当然委托中介机构进行招聘需要支付一定费用，但与由企业自己进行招聘所需投入的人力、物力相比，招聘成本相差不大，而且效果更好。

(4) 员工或熟人推荐

企业内部员工或企业的社会关系网络、熟人推荐，也是外部招聘的一种常用方式，他们把企业外部的合适人员介绍给公司，推荐的人选也往往比较可靠。当然，公司也要按招聘流程将推荐人选与其他渠道的应聘者一起进行考核，公平竞争，优秀者则予以录用。不能因为是员工或熟人推荐的，企业就降低任职要求，或不经过考核程序就直接录用。

2. 外部招聘的利弊

外部招聘的好处在于：首先，社会人才市场是个巨大的市场，人员的来源多样化，甚至是国际化，可为企业提供源源不断的人才，有利于招到高质量人才；其次，通过外部招聘人才，能改变企业的组织风格和适时实施战略转型；最后，新入职人员能够给企业带来新思想、新方法，对于保持企业的活力是很重要的。

但由于外聘对象来源于企业外部，也有明显的不足之处：一是外聘人员对企业不够了解，适应企业、进入工作角色和文化认同慢，磨合期会比较长；二是外部招聘的成本较高，要对应聘者进行科学的甄选，决策风险大，判断应聘者是否符合任职条件有时也是一件不太容易的事，有些企业成立自己的职业评价中心，这都是为了更好地实现外部招聘甄选人才的目的；三是由于外部招聘是采取"空降"的形式，有时会打击现有人员的工作积极性。

二、员工的甄选

员工录用标准确定之后，必须根据这一标准选择合适的员工，这是人员甄选的任务。所谓人员甄选，是指通过各种方法、技术及考核面试，将选择范围逐步缩小，最终确定合格人选。要在众多的应聘人员当中准确地把优秀的人选识别出来，并不是一件简单的事情。因为在招聘活动中既要考核应聘者的专业知识、岗位技能等专业因素，又要考核应聘者的职业道德、进取心、工作态度、性格等非智力因素。员工的选拔、甄选过程一般包括对所有应聘者的情况进行初步的审查、知识与心理素质测试、面试等过程。

（一）资料筛选

人力资源部通过电子邮件、邮寄、现场招聘会、推荐材料等方式收集和接收应聘人员个人资料，并做好整理登记。整理分类的原则一般按应聘岗位来分类，每个岗位都有一定数量的应聘者。招聘人员必须对应聘者的资料进行审查筛选，重点审查其学历、专业、工作经历、工作业绩等情况，将学历、专业、经历和资格条件明显不符合任职要求的人员先过滤剔除掉。

（二）初次面试

初次面试即一般性考察，通常由人力资源部实施。有些应聘者在简历里极力美化自己，但实际情况相差悬殊。通过安排面谈，按照工作岗位要求进行一般性考察以及观察应聘者显而易见的素质，把明显不合格的应聘者筛选出去。主持面试者在面试后须填写《面谈评价表》，将面试的情况和是否同意参加复试的意见填写上。初试通过的应聘者，才能进入下一轮的复试。面试切忌以貌取人，意气用事。

（三）笔试测试

笔试即专门性考察，是一种最古老又最基本的人员甄选方法。笔试内容可以是通用知识，也可以是专业知识的能力测试等，一般按不同岗位的要求，准备好书面测试题，安排应聘人员进行考核。应聘者的一般能力和专业能力在其教育水平和所学专业中已有体现，但教育状况与实际工作能力仍有差距，高分低能的情况并不少见。笔试主要考核应聘者对相关工作要求的基本业务知识的掌握程度和管理能力等。通过专业知识的能力测试，检查应聘者理解、执行、表达、沟通的实际工作潜能，可以大致了解其专业背景和管理能力等情况。

笔试试题要根据岗位的要求科学设计，内容可以是多方面的，如一般性知识、案例分析、综合设计、领导能力测试（适合管理人员）、价值观或道德观等内容。

（四）其他测试

除了上述的普遍能力测试外，根据职务工作的性质，有的企业或组织还会进行另外一些特殊能力的素质与能力测试，以了解应聘者对特殊工作的适应性。

1. 劳动技能测试

如果某些岗位有劳动技能方面的要求，就必须进行这种测试。例如，教师除了须具备专业的知识和技能外，其语言表达和组织教学能力显得非常重要，学校在招聘教师时，都要安排试讲（特别是对没有讲课经验的应届毕业生）。通过一节课的试讲，考察其是否能将知识点讲清楚，学生能否听懂，是否具备教师的素质和教育教学能力。

2. 职业心理测试

职业心理测试是运用心理测量技术了解被试者智力水平和个性特征的一种方法。目前，这种方法是企事业单位在招聘中判定求职者个体差异的有效工具，使用较广泛。职业心理测试的内容主要分为以下几大类：学业成就测试、职业兴趣测试、职业能力测试、职业人格测试和投射测试。

3. 管理能力测试（文件筐测试）

文件筐测试也叫公文处理测试。面试单位提供文件、备忘录、邮件、请示、报告、申诉信等文件，被试者根据自己的经验、知识、能力、性格、风格去处理 5~10 份文件。本测评可以用于测试应聘者的组织与规划能力、分析能力、判断能力和决策能力等。

4. 领导能力测试（无领导小组）

主试官给出一个与工作有关的题目，让一组被试者自由讨论，从而观察每个人的主动性、权力欲望、综合分析决策能力、时间控制能力、容忍力、说服力、口头表达能力、自信心、心理压力的耐受力、精力和人际交往能力等。

（五）正式面试

通常而言，人员甄选必不可少的程序是正式面试，正式面试和初次面试相比，面谈技术的使用更加严格，一般由用人部门负责人与人力资源部人员共同担任面试官。正式面谈的目的在于在短时间的直接交谈中，面试考官根据应聘者在面试中的回答情况和行为表现来判断每位应聘者的素质与能力。在面试过程中，应聘者通过面试问题的回答来最大限度地展现自己对工作岗位的理解和认识，而面试考官要能够在短暂的面试时间里通过对应聘者的表现和超越应聘者言谈之上的信息来预测他是否能够满足工作岗位的具体要求，并做出判断是否考虑录用。

1. 面试的准备和实施

面试实施之前，招聘工作人员应做好面试前的各项准备工作。例如设计面试问题、面谈评价表，编写面试提纲和答案，安排面试地点、布置会场，安排面试考官等面试准备工作。面试小组一般由 5~7 人组成，并设组长，负责主持面试工作。面试开始后，一般让应聘者做简单的自我介绍，然后各位面试考官提出问题，由应聘者一一作答。面试的形式有结构化面试、非结构化面试等。所谓结构化面试，即面试考官根据面试提纲控制整个面试的进行，严格按照提纲对每个应聘者分别做相同的提问，对所有的应聘者按照统一标准进行。而非结构化面试没有固定的模式，面试考官随意提一些问题，目的是考核其随机应变等能力。面试考官在面试提问的过程中，要重点了解应聘者的仪容、仪表等举止，姿态及精神面貌，专业知识和特长，工作经验和以往业绩情况，求职动机，个人的兴趣与爱好，人际交往与沟通技巧，应变能力，分析判断能力等情况，并从上述的各项考核项目中对应聘者做出综合评价。

2.甄选决定

面试结束后,招聘组织人员要根据面试小组对每个人的打分情况,及时整理应聘者评分表,计算每一位应聘者的分数,并按照分数进行排名。如果小组成员对候选人录用意见一致,没有争议,那么分数排名在前面的就是录用的对象;如存在争议,面试小组须根据面试评分和相关测试记录等情况进行综合评价,最后择优选取录用名单交公司领导审批。确定录用名单必须坚持原则,它关系到整个招聘工作的质量。整个甄选过程必须以对应聘者全面考核的结论为依据,由面试小组集体讨论决策,避免个人主观偏见,防止被用人的不正之风干扰。

(六)背景调查

对于一些重要岗位的候选人,单凭最后面试的情况决定录用,有时显得有些欠缺。因为面试在短时间里不可能对其实际工作能力、团队精神、道德品质等情况有足够的了解。有些企业为慎重起见,会对面试合格的候选人进行背景调查。背景调查的方法很多,常见的有:电话调查,即根据应聘者在应聘表中填写的工作、学习经历,打电话到其学习或工作过的单位,了解其在原学习的学校或工作过的单位的具体表现情况;派人上门,到应聘人员工作过或学习过的单位向其接触过的有关人员进行调查,以掌握第一手材料;发函调查,即通过邮寄调查表的形式到其原工作、学习单位,结果与前两种相似。

三、员工的录用

录用人员报告经企业领导审批确定之后,人力资源部就要发出录用通知书。有些企业为了节省时间,有时也用电话通知或电子邮件。录用通知单里要写清楚录用职位、报到日期、须携带证书和资料、其他注意事项等。对于未录用的应聘者,招聘单位应以辞谢。这样做既有利于维护企业的良好社会形象,也可以体现对未录用者应有的尊重。此外,这些落选者资料可存入公司的人才库中,一旦公司亟须用人,可直接与他们联系,从而减少招聘时间和费用。

员工录用过程一般可分为入职手续的办理、劳动合同的签订、试用、转正等几个阶段。

(一)入职手续的办理

接到聘用通知后,候选人应在指定日期内到人力资源部报到,如因故不能按期报到,应事先报告人事部门,另行确定报到日期。入职报到程序为:

一是到人力资源部办理报到登记手续,报到时须提交个人的身份证、学历证明、职称证原件及复印件、近期体检报告、免冠近照2张和公司要求提供的其他资料,填写有关个人资料信息的登记表。如果候选人是从其他单位离职后应聘的，还须提供与原单位解除劳动关系的证明（离职证明）。

员工提供的个人资料必须真实、准确、完整，如发现有伪造、虚假，用人单位有权对候选人做出相应的处理（包括辞退等）。

二是由人事部门组织阅读和学习公司的规章制度，领取《员工手册》《岗位说明书》等资料，并签署《员工入职声明》，签订劳动合同。

三是凭人力资源部开具的入职报到表到各个职能部门报到，领取文具、安排住宿等。

四是与用人部门领导（经理）见面，接受工作安排。

（二）劳动合同的签订

按《劳动合同法》的要求，在新员工入职报到的一个月内，双方必须签订劳动合同。在签订劳动合同前，公司必须组织新员工学习公司的有关规章制度，明确岗位要求等。签订劳动合同后，明确双方的责任、义务与权利。

（三）试用期

试用期是指企业对新录用员工进行考察的期限。在试用期间，企业对新上岗员工进行尝试性使用，对员工的能力与潜力、个人品质与心理素质进行进一步考核。新入职员工的试用期按其劳动合同期限进行约定，一般为1~3个月，最长不超过6个月，试用期间领取试用期工资。公司将在新员工试用期满前进行考核，如果不符合录用条件或不能胜任岗位的要求，公司可以终止对新员工的试用，与其解除劳动合同。

（四）转正

试用期满前，员工个人须向公司提出转正申请。一般由用人部门会同人力资源管理部门根据新员工在试用期间的具体表现进行考核，做出鉴定，对表现良好、符合公司要求的新员工，按期转正，使其成为正式员工。

四、招聘效果评估

（一）招聘有效性分析

招聘评估主要指对招聘的结果、招聘的成本和招聘的方法等方面进行评估。一般在一次招聘工作结束之后，要对整个招聘工作做一个总结和评价，目的是提高今后招聘工作的效率和质量，让招聘工作更加科学、合理，同时降低招聘成本。

所谓招聘有效性是指企业或招聘者在适宜的时间范围内采取适宜的方式，实现人、职位、企业三者的最佳匹配，以达到因事任人、人尽其才、才尽其用的目标。

招聘有效性既需要通过结果来衡量，也需要通过行为或活动加以体现。招聘有效性可以从下面三个方面进行理解：

一是招聘匹配度。匹配度是衡量招聘有效性的核心指标。招聘工作的最终目的是为了招募到企业所需要的人才。因此，评价招聘工作的核心指标应该是招聘到的人才与企业需求相匹配。对招聘匹配度的评估可以考虑两方面情况：首先，招聘人员的工作经验、能力表现等与岗位需求相匹配；其次，招聘到的人员业绩表现达到满意以上水准。

二是招聘的及时性。招聘及时性反映出招聘工作的效率，招聘及时才能不耽误用人部门工作的开展。招聘及时性的保证需要通过制订完善的招聘计划、选择有效的信息发布渠道及招聘渠道、严谨的招聘过程把控等工作来实现。

三是招聘的费用。招聘费用也是招聘有效性不可或缺的判断指标。若是招聘成本过高，哪怕招聘到的人符合需求，招聘的有效性也必然大打折扣。

概括地说，招聘有效性应该从人员匹配度、招聘及时性、招聘成本三方面进行判断。第一判断指标是招聘到的人员的匹配度，属于结果指标；匹配度是通过招聘到的人员在工作中反映出来的，招聘及时性、招聘费用是次要判断指标。

（二）招聘成本的评价

招聘成本的评价是指对招聘中的费用进行调查核实，并对照预算进行评价的过程。招聘成本分为招聘总成本与招聘单位成本。招聘总成本是人力资源的获取成本；而招聘单位成本＝招聘总成本/录用人员数量。

当企业进行小型招聘时，招聘成本的评价比较简单。如果是一次大型招聘活动，涉及多种不同招聘来源和招聘方法，那么就要对招聘成本进行综合分析和分类分析。

每年的招聘预算是全年人力资源开发与管理总预算的一部分，招聘预算主要包括招聘广告预算、招聘测试预算、差旅费用预算、其他费用等。

每年招聘结束后，要进行核算，检查招聘经费的使用情况，并核算单位招聘成本。如果成本低，录用人员多，就证明招聘效率高。

（三）录用人员的评价

录用人员的评价是指根据招聘决策对录用人员的质量和数量进行评价的过程。对录用人员数量的评价，通常用三个指标来衡量：

录用比＝录用人数/应聘人数

招聘完成率＝录用人数/计划招聘人数

应聘比＝应聘人数/计划招聘人数

如果企业进行的是一次大型招聘活动，涉及多种不同招聘来源和招聘方法，由于录用人员的来源不同，通常录用的方法也不尽相同。进行录用人员分析，有利于企业了解某一类人才通过何种招聘渠道来招聘最有效，有利于企业了解某一类人才最有效的测试或录用方法。

另外，对录用人员质量的评价，是指录用者与其应聘的职位所要求的知识技能的符合程度。一般通过试用期或年度的考核工作，可以判别新入职员工的工作情况，是否符合要求，对于改进今后的招聘工作是很有好处的。

第六章 绩效管理

第一节 绩效管理概述

绩效管理是基于绩效来进行的，因此我们首先要对绩效有所了解。在一个组织中，广义的绩效包括两个层次的含义：一是指整个组织的绩效；二是指个人的绩效。

一、绩效的含义与特点

（一）绩效的含义

绩效一词来源于西方，它的原意是指表现和成绩。目前对绩效的界定主要有三种观点：第一种观点认为，绩效是结果；第二种观点认为，绩效是行为；第三种观点则强调员工潜能与绩效的关系，关注员工素质，关注未来发展。最后一种观点不再认为绩效是对历史的反应，而是强调员工与绩效的关系，关注员工素质，关注未来发展。在实际应用中，对于绩效概念的认识，可划分为五种：①绩效就是完成工作任务；②绩效就是工作结果；③绩效就是行为；④绩效就是结果与过程（行为）的统一体；⑤绩效 = 做了什么（实际收益）+ 能做什么（预期收益）。

在管理学科中，绩效是组织中个人（群体）特定时间内的可描述的工作行为和可测量的工作结果，以及组织结合个人（群体）在过去工作中的素质和能力，指导其改进完善，从而预计该人（群体）在未来特定时间内所能取得的工作成效的总和。

（二）绩效的特点

绩效是组织期望的结果，是组织为实现其目标而展现在不同层面上的有效输出，因而它具有多因性、多维性和动态性。

1. 多因性

绩效多因性是指绩效的优劣不是取决于单一的因素，而是由多种因素共同决定的。影响员工工作绩效的因素主要有能力、激励、机会和环境四个因素。绩效和影响因素之间的关系可以用一个公式加以表示：

$$P = f(A, O, M, E)$$

在这个关系式中，f 表示一种函数关系；A 就是能力；O 就是机会；M 就是激励；E 就是环境。这个公式表明，绩效是能力、激励、机会和环境四种变量的函数。其中能力和激励为员工自身所拥有，属于主观因素，直接对绩效产生影响；而机会和环境则是客观因素，对绩效产生间接影响。

2. 多维性

绩效多维性就是我们在进行绩效考评工作时，需要从多个角度对员工的绩效进行分析与考评。如在实际中我们不仅要考虑员工完成产量指标的进展情况，还要考虑其出勤、工作态度与其他岗位的协作沟通等方面，综合性得到最终评价。

3. 动态性

绩效动态性就是员工的绩效随着时间的推移会发生变化，在绩效管理中，对员工的绩效考核，其考察的内容只是过去一段时间内工作情况的反映。由于能力水平、激励状态以及机遇、环境因素的变化，绩效差的员工可能会随着时间的推移提高自己的绩效水平，而绩效好的员工却有可能降低自己的绩效水平。

二、绩效考核与绩效管理的含义

（一）绩效考核的含义

绩效考核也称成绩或成果测评，是指企业在既定的战略目标下，运用特定的标准和指标，采取科学的方法，对员工的工作行为及取得的工作业绩和由此带来的诸多效果做出价值判断的过程。绩效考核是企业绩效管理中的一个环节，常见绩效考核方法包括平衡记分卡（BSC：Balanced Score Card）、关键绩效指标（KPI：Key Performance Indicator）及360度考核等。

绩效考核本质上是一种过程管理，而不是仅仅对结果的考核。它是将中长期的目标分解成年度、季度、月度指标，不断督促员工实现、完成的过程，有效的绩效考核能帮助企业达到目标。

（二）绩效管理的含义

绩效管理，是指各级管理者和员工为了达到组织目标共同参与的绩效计划制订、绩效辅导沟通、绩效考核评价、绩效结果应用、绩效目标提升的持续循环过程。绩效管理的目的是持续提升个人、部门和组织的绩效。

绩效管理的过程通常被看作一个循环，这个循环分为四个环节，即绩效计划、绩效辅导、绩效考核与绩效反馈。

绩效管理强调了以下四方面内容。

1. 系统性

绩效管理是一个完整的系统，不是一个简单的步骤。说到底它是一个管理手段，管理的所有职能它都涵盖：计划、组织、领导、协调、控制。所以，我们必须系统地看待绩效管理。

2. 目标性

绩效管理强调目标管理，"目标＋沟通"的绩效管理模式被广泛提倡和使用。只有绩效管理的目标明确了，经理和员工的努力才会有方向，才会更加团结一致，共同致力于绩效目标的实现，共同提高绩效能力，更好地服务于企业的战略规划和远景目标。

3. 强调沟通

绩效管理的过程就是员工和经理持续不断沟通的过程。离开了沟通，企业的绩效管理将流于形式。许多管理活动失败的原因都是因为沟通出现了问题，绩效管理就是致力于管理沟通的改善，全面提高管理者的沟通意识，提高管理的沟通技巧，进而改善企业的管理水平和管理者的管理素质。

4. 重视过程

绩效管理不仅强调工作结果，而且重视达到目标的过程。绩效管理是一个循环过程，这个过程不仅关注结果，更强调目标、辅导、评价和反馈。

（三）绩效考核与绩效管理的关系

绩效考核与绩效管理存在着明显的区别。

1. 目的不同

绩效管理是为了达到一定的绩效目标，是以"做事"为中心的；绩效考核的目的，则是为了给一些综合的人事决策提供依据，如薪酬级别的晋升、职位调整等。因此，绩效考核是以"人"为中心的。

2. 对象不同

绩效管理对象是单项绩效，包括单项结果绩效和单项行为绩效。绩效考核的对象则是整体绩效，或者说是创造这些绩效的"人"。

3. 内容不同

绩效管理包括目标和标准设定、监督和控制等活动。绩效考核则主要包括绩效评价标准设计、绩效评估等活动。

4. 周期不同

绩效管理的周期一般来说比较短，并且随着绩效项目的差异而非常灵活。例如，对于生产工人的质量绩效的管理，有时必须以小时为单位来进行；对于科研项目这样本身周期较长的工作，则一般要划分为若干较短的周期，进行绩效管理。而绩效考核的周期较长且相对固定。

综上，绩效考核只是绩效管理的一个环节。换言之，不能简单地将绩效管理理解为绩效评价，更不能将绩效管理看作是一件孤立的工作。

三、绩效管理的作用

（一）绩效管理促进组织和个人绩效的提升

绩效管理通过设定科学合理的组织目标、部门目标和个人目标，为企业员工指明了努力方向。管理者通过绩效辅导沟通及时发现下属工作中存在的问题，给下属提供必要的工作指导和资源支持，下属通过工作态度以及工作方法的改进，保证绩效目标的实现。

在企业正常运营情况下，部门或个人新的目标应超出前一阶段目标，激励组织和个人进一步提升绩效，经过这样的绩效管理循环，组织和个人的绩效就会得到全面提升。

另外，绩效管理通过对员工进行甄选与区分，保证优秀人才脱颖而出，同时淘汰不适合的人员。通过绩效管理能使内部人才得到成长，同时能吸引外部优秀人才，使人力资源能满足组织发展的需要，促进组织绩效和个人绩效的提升。

（二）绩效管理促进管理流程和业务流程优化

企业管理涉及对人和对事的管理，对人的管理主要是激励约束问题，对事的管理就是流程问题。在绩效管理过程中，各级管理者都应从公司整体利益以及工作效率出发，使组织运行效率逐渐提高，在提升了组织运行效率的同时，逐步优化了公司管理流程和业务流程。

（三）绩效管理保证组织战略目标的实现

企业一般有比较清晰的发展思路和战略，有远期发展目标及近期发展目标，在此基础上根据外部经营环境的预期变化以及企业内部条件制订出年度经营计划及投资计划，从而制定企业年度经营目标。企业管理者将公司的年度经营目标向各个部门分解就成为部门的年度业绩目标，各个部门向每个岗位分解核心指标就成为每个岗位的关键业绩指标。

（四）绩效管理有效地避免管理人员与员工之间的冲突

当员工认识到绩效管理是一种帮助而不是责备的过程时，他们会更加积极合作与坦诚相处。绩效管理不是讨论绩效低下的问题，而是讨论员工的工作成就、成功和进步，这是员工和管理人员的共同愿望。

有关绩效的讨论不应仅仅局限于经理考核员工，应该鼓励员工自我评价以及相互交流双方对绩效的看法。发生冲突和尴尬的情况常常是因为管理者在问题变得严重之前没有及时处理，发现问题得越早，越有利于问题的解决，经理的角色是通过观察发现问题，去帮助他们评价、改进自己的工作，共同找出答案。如果把绩效管理看作是管理双方的合作过程，将会减少冲突、增强合作。

（五）绩效管理有效地节约管理时间成本

绩效管理可以使员工明确自己的工作任务和目标，他们会知道领导希望他们做什么，可以做什么样的决策，必须把工作做到什么样的地步，何时需要领导指导。通过赋予员工必要的知识来帮助他们进行合理的自我决策，减少员工之间因职责不明而产生的误解。通过帮助员工找到错误和低效率原因的手段来减少错误和差错，找出通向成功的障碍，以免日后付出更大的代价，领导就不必介入所有正在从事的工作的具体细节管理中，从而有效降低时间成本。

四、绩效考核的原则

绩效考核就是对企业人员完成任务情况的一个跟踪、记录、考评，是绩效管理的重要组成部分。更是管理者与员工之间在工作目标与如何实现工作目标上达成的共识过程，是激励工作人员为实现工作目标、奋发向上、争先创优的有效管理方法。在绩效考核中，应遵循以下十条原则。

（一）全面性原则

全面性原则由绩效的多维性所决定，在考核指标建立时应考虑对工作及员工的多重要求，建立多个指标。

（二）严格原则

考绩不严格，就会流于形式，形同虚设。考绩不严，不仅不能全面地反映工作人员的真实情况，而且还会产生消极的后果。考绩的严格性包括：要有明确的考核标准；要有严肃认真的考核态度；要有严格的考核制度与科学而严格的程序及方法等。

（三）公开原则

绩效考核工作应是公开的，要对评价的标准、考核的程序、考核的方法、时间及考核结果公开，使员工心里有数，积极参与到考评中来，而不是被动地等着上级考评。这样做，一方面，可以使被考核者了解自己的优点和缺点、长处和短处，从而使考核成绩好的人再接再厉，继续保持先进，也可以使考核成绩不好的人心悦诚服，奋起上进；另一方面，还有助于防止考绩中可能出现的偏见以及种种误差，以保证考核的公平与合理。

（四）开放沟通原则

在考核过程中应加强与被考核者的沟通，通过考核者与被考核者沟通，解决被考核者工作中存在的问题与不足，同时通过沟通、反馈完善考核制度。

（五）结合奖惩原则

依据考绩的结果，应根据工作成绩的大小、好坏，有赏有罚、有升有降，而且这种赏罚、升降不仅与精神激励相联系，而且还必须通过工资、奖金等方式同物质利益相联系，这样，才能达到考绩的真正目的。

（六）客观公正原则

员工考评应当根据明确规定的考评标准，针对客观考评资料进行评价，尽量避免掺入主观性和感情色彩。公平、公正是确立和推行人员考绩制度的前提，否则，就不可能发挥考绩应有的作用。

（七）反馈原则

考评的结果（评语）一定要反馈给被考评者本人，否则就起不到考评的教育作用。在反馈考评结果的同时，应当向被考评者就评语进行说明解释，肯定成绩和进步，说明不足之处，提供今后努力的参考意见等。

（八）差别性原则

考核的等级之间应当有鲜明的差别界限，针对不同的考核等级在工资、晋升、使用等方面应体现明显差别，使考核带有刺激性，鼓励职工的上进心。

差别性原则还表现在对不同类型的人员进行考核，内容要有区别。

（九）相对稳定原则

考核指标和方法及评价的频度要具有一定的稳定性，朝令夕改，员工没有归属感，不利于长久地激励员工，更不利于组织的稳定性。

（十）实用性原则

考核应充分考虑企业人力资源管理的水平及企业的经营特点和行业特点，还须考虑绩效管理方案制订和实施所需的人力、财力和物力，考评工具和方法是否适合员工的素质特点。

第二节 绩效管理的流程

在实践中，绩效管理是按照一定的步骤来实施的，这些步骤可以归纳为四步：绩效计划、绩效实施、绩效评价和绩效反馈，它们构成了一个完整的循环周期和管理系统。

一、绩效计划

绩效计划是整个绩效管理过程的开始，是一个确定组织对员工的绩效期望并得到员工认可的过程。绩效计划包含两方面内容：做什么和如何做。所谓做什么，就是员工个人的绩效目标；而如何做，就是实现目标的手段及工作要求，即绩效标准。绩效计划必须清楚地说明期望员工达到的工作结果以及为达到该结果所期望员工表现出来的行为和技能。

（一）绩效计划的参与者

与传统的计划过程及管理活动的其他计划类型相比，绩效计划是管理者与员工的双向沟通过程，其制订是全员参与的过程，是一个由下而上的目标确定过程，可以将个人目标、部门目标与组织目标结合起来。因此绩效计划需要由三方共同制订：人力资源管理专业人员、员工的直接上级即各个职能部门主管和员工本人。人力资源管理部门主要负责监督和协调工作；各职能部门主管人员必须积极参与，特别是要参与绩效目标的制定；最关键的是让员工参与计划的制订，明确自己的职责和任务，这样员工会更容易接受绩效计划，并努力达到预期的结果。

（二）绩效目标的确定

绩效目标，是对员工在绩效评价期间的工作任务和工作要求所做的界定。设立绩效目标是组织目标、期望和要求压力的传递过程，同时也是牵引工作前进的关键。

1. 绩效目标的来源

确定绩效目标是绩效管理的第一个环节，前提是企业要有明确的发展战略目标。管理者在设定绩效目标时，一般应根据组织战略及上一级部门的目标并围绕本部门的职责、业务重点和流程要求，制定本部门的工作目标，以保证本部门、本岗位的工作朝着组织要求的总体目标发展。因此，绩效目标大致有以下三个来源：

（1）企业的战略目标或部门目标

员工的绩效目标来源于直接上级即部门的绩效目标，而部门的绩效目标又是根据组织目标分解而来的。这样在企业中，如果所有人都实现了他们各自的目标，则他们所在部门的目标将可能达到，因而企业整体目标的实现也就成为可能。

（2）工作岗位职责

工作岗位职责是描述一个工作岗位对组织应有的贡献或产出。每个部门必须将各自的部门目标分解落实到每个具体的工作岗位上，绩效目标则是对在一定条件下、一定时间范围内所要达到的结果的描述。

（3）业务流程目标

企业业务流程的目标和手段是由组织的内部和外部客户的需求驱动而产生。因此在设定员工绩效目标时，必须兼顾组织内外部客户的需求，才能保证企业业务流程的顺畅。

总之，在设立绩效目标时应综合考虑这三方面来源，从系统的角度，将组织目标、岗位目标和流程（客户）目标结合思考，确保目标设置的科学性、合理性。

2. 绩效目标的设置原则

设置绩效目标要遵循三个原则：

（1）导向原则

即依据公司总体战略目标及上级目标来设立部门或个人目标。

(2) SMART 原则

SMART 原则的具体含义如下：

Specific——目标必须是明确、具体的；

Measurable——目标必须是可以衡量的；

Attainable——目标经过员工的努力是完全可以达到的；

Relevant——目标必须与公司的战略目标、部门的任务及职位职责相联系；

Time-based——目标必须有明确的时间要求，应该在一定时间内达到。

(3) 承诺原则

即上下级共同制定目标，并做出要努力达到目标的承诺。

（三）绩效标准的确定

绩效标准说明按什么尺度对员工绩效进行评价，是明确员工的工作要求。绩效指标的评价标准是绩效管理的难点和重点，因为它关系着部门与部门之间以及个人的切身利益。在制定绩效标准的过程中管理人员应当认识到以下几个方面。

1. 绩效标准是基于工作而非基于工作者

它表明员工完成其工作达到令人满意和可以接受的水平是什么，即评价标准应是依据工作本身建立的。因此通常通过工作分析将工作要求转化为工作评价标准。

2. 绩效标准应当是经过努力可以实现的

评价标准应该在员工能力所及范围内，但又比一般水平高一些，具有一定的挑战性。

3. 绩效标准要预先公之于众，让下属清楚地了解

标准应该经过主管和员工共同讨论，主管和员工都能对标准达成共识，这样的标准才能够反映他们的共同期望。此外，评价标准要记录在案，进入人力资源信息管理系统。

4. 绩效标准要尽可能具体而且可以衡量

按照目标激励理论的解释，目标越明确，对员工的激励效果就越好，因此在确定绩效标准时应当具体清楚，不能含糊不清，这就要求尽可能地使用量化的标准。量化的绩效标准，主要有以下三种类型：一是数值型的标准；二是百分比型的标准；三是时间型的标准。绩效标准量化的方式则分为两种：一种是以绝对值的方式进行量化；另一种是以相对值的方式进行量化。此外，有些绩效指标不可能量化或者量化的成本比较高，主要是能力和态度的工作行为指标。对于这些指标，明确绩效标准的方式就是给出行为的具体描述。

如对于谈判能力,就可以给出五个等级的行为描述,从而使这一指标的绩效标准相对比较明确。

(1) S

谈判能力极强,在与外部组织或个人谈判时,能够非常准确地引用有关的法规规定,熟练地运用各种谈判的技巧和方法,说服对方完全接受我方的合理条件,为公司争取到最大的利益。

(2) A

谈判能力较强,在与外部组织或个人谈判时,能够比较准确地引用有关的法规规定,比较熟练地运用各种谈判技巧和方法,能够说服对方基本接受我方的合理条件,为公司争取到一些利益。

(3) B

谈判能力一般,在与外部组织或个人谈判时,基本上能够准确地引用有关的法规规定,运用一些谈判的技巧和方法,在做出一些让步后能够与对方达成一致意见,没有使公司的利益受到损失。

(4) C

谈判能力较差,在与外部组织或个人谈判时,引用有关的法规规定时会出现一些失误,运用的谈判技巧和方法比较少,在做出大的让步后才能够与对方达成一致意见,使公司的利益受到一定的损失;有时会出现无法与对方达成一致意见的情况。

(5) D

谈判能力很差,在与外部组织或个人谈判时,引用有关的法规规定时出现相当多的失误,基本上不会运用谈判的技巧和方法,经常无法与对方达成一致意见,造成公司的利益受到大的损失。

(四)绩效评价周期的确定

绩效评价周期,是指多长时间对员工进行一次绩效评价,即评价的时间、频率。由于绩效评价需要耗费一定的人力、物力,因此评价周期过短会增加企业的管理成本;但绩效评价周期过长,又会降低绩效评价的准确性,不利于员工工作绩效的改进,从而影响绩效管理的效果。所以实际中,一般的绩效管理周期是半年或一年。在具体评价时间的选择上,一般部门间评价和客户、下属评价应早于主管人员对下属评价的完成时间,这样人力资源部门才留有时间向部门和主管人员进行反馈沟通,调整最终结果。

(五)绩效计划内容

在绩效周期开始时,管理者和员工要对双方协商达成一致的绩效计划签字确认,也就是签订绩效契约。所谓绩效契约,就是管理者和员工就员工工作的绩效目标和标准达成的一致契约。通常，经过绩效计划之后，管理者和员工应该能够就以下问题达成共识。①员工在本绩效周期的主要工作内容和职责是什么？应实现哪些工作结果？②这些结果可以从哪些方面衡量，评判标准是什么？③员工各项工作目标的权重如何？④从何处获得关于员工工作结果的信息？⑤员工在完成工作任务时拥有的决策权限如何？可以得到哪些资源？⑥员工应如何分阶段地实现各种目标，从而实现整个绩效周期的工作目标？⑦员工在达到目标的过程中可能遇到哪些困难和障碍？如何应对？⑧管理者和员工如何对工作的进展情况进行沟通？如何防止出现偏差？⑨管理者会为员工提供哪些支持和帮助？如何与员工保持沟通？⑩员工工作好坏对部门和企业有哪些影响？⑪员工是否需要学习新技能以确保任务的完成？

最后要说明的是，要保证计划的灵活性。也就是说，当情况变化时，必须调整或修改整个计划或其中的部分内容。

二、绩效实施

绩效实施阶段是绩效管理循环中耗时最长也是最关键的一个环节，其好坏直接影响绩效管理目标的实现及绩效管理工作的成败。这一阶段的主要工作是要进行持续不断的绩效沟通和收集绩效信息，最终形成绩效评价的依据。

（一）绩效沟通

1. 绩效沟通的含义和目的

绩效沟通是指管理者与员工在共同工作的过程中分享各种与绩效有关的信息的过程。即管理者与员工一起讨论有关工作的进展情况、潜在障碍和问题、解决问题的可能措施以及如何向员工提供支持和帮助等信息的过程。前面已经指出，绩效管理的根本目的是通过改善员工的绩效来提高企业的整体绩效，只有每个员工都实现了各自的绩效目标，企业的整体目标才能实现。因此在确定绩效目标后，管理者还应当帮助员工实现这一目标。

在绩效实施的过程中，管理者与员工进行持续沟通的目的主要有三点：①通过持续的沟通为员工提供信息；②通过持续的沟通为管理者提供信息；③通过持续的沟通对绩效计划进行调整。

2. 绩效沟通的内容

绩效沟通的主要内容包括：①工作的进展如何？②员工的工作状态如何？③工作中哪些方面进展顺利？为什么？④工作中哪些方面遇到了困难或障碍？为什么？⑤绩效目标和计划是否需要修正？如果需要，如何修正？⑥员工需要哪些帮助和支持？⑦管理者能够提供哪些资源和信息、采取哪些行动来支持员工？

3. 绩效沟通的方法

（1）正式沟通

正式沟通是指在正式的情景下进行的事先经过计划和安排的按照一定规则和制度进行的沟通形式。在绩效沟通中，常见的正式沟通方法主要有书面报告、正式面谈和会议。

（2）非正式沟通

绩效沟通除了正式沟通之外，还有大量的非正式沟通方法。对于员工来讲，任何形式的正式沟通都会让他们产生紧张的感觉，致使很多真实的想法无法表达出来。而非正式的沟通形式气氛轻松、形式活泼，更容易让员工发表自己的意见，实现充分的交流。作为好的管理者，除了要善于运用正式沟通方法之外，还应该充分利用各种各样的非正式沟通机会，及时、便捷地获取工作信息和员工的真实想法。非正式沟通方法包括：走动式沟通、开放式沟通、工作间歇沟通及非正式的会议等。

（二）绩效信息收集

绩效实施阶段除了持续不断的绩效沟通外，还要进行绩效信息的收集和记录，为下一阶段员工绩效的评价提供可靠依据。

1. 绩效信息收集的目的

绩效信息收集的目的有如下方面：①绩效信息是进行绩效评价及相关决策的事实依据；②绩效信息是绩效诊断与改进的有力依据；③绩效信息是劳动争议解决的重要证据。

2. 绩效信息的内容

信息的收集和记录需要耗费大量的时间、精力和金钱，因此并非所有的信息都需要记录和收集，也不是收集的信息越多越好。所收集的信息应该与工作绩效紧密相关，以该岗位的关键绩效指标或绩效目标、计划作为依据进行信息的收集是常用的方法。通常来说，应该收集的绩效信息内容主要包括：①工作目标或任务完成情况的信息；②证明工作绩效优秀或不良的事实证据；③来自内外部客户的积极和消极的反馈信息；④与员工进行绩效沟通的记录；⑤员工因工作或其他行为受到表扬或批评的情况。

3. 绩效信息收集的渠道与方法

信息收集的渠道可以是企业中所有的员工和与之相关的客户：有员工自身的汇报和总结，有同事的共事与观察，有上级的检查和记录，有下级的反映与评价，也有客户的反馈和建议。如果企业中所有的员工都具备绩效信息的反馈意识，各条渠道畅通、信息来源全面，就能够给绩效管理带来极大的帮助与支持，便于得出更真实客观的绩效评价结果。

信息收集方法有观察法、工作记录法、他人反馈法等。收集方法的正确有效与否直接关系到信息质量的好坏，而每种方法都有一定的局限性，因此各种方法的综合运用是值得推荐的，当然也要考虑到收集的成本和效率。在实际操作中要注意有目的地收集，要收集事实而不是判断，让员工参与收集，采用科学、先进的方法收集信息。

三、绩效评价

绩效评价，又称绩效评估、绩效考评，指在评价周期结束时，评价主体对照工作目标或绩效标准，采用科学的评价方法，评定员工的工作任务完成情况、工作职责的履行程度和能力发展情况的过程。

（一）评价主体

绩效评价主体应该是能够接触员工工作并获得员工绩效信息的人员，一般包括五类：上级、同事、下级、员工本人和客户。

1. 上级

这是最为主要的评价主体。上级评价的优点是：由于上级对员工承担直接的管理责任，因此他们通常最了解员工的工作情况；此外，还有助于实现管理的目的，保证管理的权威。其缺点在于评价信息来源单一，容易产生个人偏见。

2. 同事

由于同事和被评价者在一起工作，因此他们对员工的工作情况也比较了解；同事一般不止一人，可以对员工进行全方位的评价，避免个人的偏见；此外，还有助于促使员工在工作中与同事配合。同事评价的缺点是：人际关系的因素会影响评价的公正性，和自己关系好的就给高分，不好的就给低分；大家有可能协商一致，相互给高分；还有可能造成相互的猜疑，影响同事关系。

3. 下级

下级作为评价主体，优点是：可以促使上级关心下级的工作，建立融洽的员工关系；由于下级是被管理的对象，因此了解上级的领导管理能力，能够发现上级在工作方面存在的问题。下级评价的缺点是：由于顾及上级的反应，往往不敢真实地反映情况；有可能削弱上级的管理权威，造成上级对下级的迁就。

4. 员工本人

让员工本人作为评价主体进行自我评价，优点是：能够增加员工的参与感，加强他们的自我开发意识和自我约束意识；有助于员工对评价结果的接受。缺点是：员工对自己的评价往往容易偏高；当自我评价和其他主体评价的结果差异较大时，容易引起矛盾。实际工作中，上级与自我评价相结合的方法是最常用的。

5. 客户

即由员工服务的对象来对他们的绩效进行评价，这里的客户不仅包括外部客户，还包括内部客户。客户评价有助于员工更加关注自己的工作结果，提高工作的质量。它的缺点是：客户更侧重于员工的工作结果，不利于对员工进行全面的评价；此外，有些职位的客户比较难以确定，不适于使用这种方法。

由于绩效本身具有多维性，而不同评价主体从不同角度观察和感受，自然对同一员工的工作绩效判断不同。为了保证绩效评价的客观公正，应当根据评价指标的性质来选择评价主体，选择的评价主体应当是对评价指标最为了解的。例如，"协作性"由同事进行评价，"培养部属的能力"由下级进行评价，"服务的及时性"由客户进行评价，等等。此外，由于每个职位的绩效目标都由一系列的指标组成，不同的指标又由不同的主体来进行评价，因此每个职位的评价主体也有多个。当不同的评价主体对某一个指标都比较了解时，这些主体都应当对这一指标做出评价，以尽可能地消除评价的片面性。各种评价主体并不是相互孤立、相互排斥的，而是应该根据岗位特点选择多个评价主体即多视角的方法，以保证评价结果的客观性、公正性。当然，这样做也必然会增加评价的时间和成本，因此要量力而行。

（二）评价类型与方法

绩效评价类型繁多，按评价时间可分为定期评价与不定期评价；按评价对象可分为高层管理者评价、中层管理者评价、专业技术人员评价、一般员工评价等；按评价目的可分为晋升评价、加薪评价、职称评定评价等；按评价主体可分为上级评价、自我评价、同级评价、下级评价、顾客或利益相关者评价等。

实践中，进行绩效评价的方法有很多，企业应当根据具体的情况来选择合适的方法。

（三）绩效评价中的误区

由于绩效评价是一种人对人的评价，在这一过程中往往会出现一些错误，从而影响评价的效果。绩效评价中容易产生的误区，一般有以下几种。

1. 晕轮效应

在绩效评价中对某人产生晕轮效应，就是以员工某一方面的特征为基础而对总体做出评价，就可能对其弱点视而不见。通俗地讲就是"一好遮百丑"，一旦评价者对被评价者某一方面的评价很高或很低，就有可能影响到对该被评价者其他方面的评价也较高或较低。举一个简单的例子，大家可能都有这样的经历，在学校时，学习成绩好的学生总是能够当选"三好"学生，尽管有些人在"德"和"体"方面并不符合要求，这就是晕轮效应造成的结果。

2. 偏见误差

这种误差是由包括籍贯、性别、性格、年龄和种族等偏见造成的，在绩效评价中时有发生，比如认为女性的工作能力、工作效率不如男性，或认为年纪较大的人开拓创新精神不够、比较保守等。

3. 近期误差

近期误差指以员工在近期的表现为根据对整个绩效评价周期的表现做出评价，而忽视长期一贯表现。例如，评价周期为半年，员工只是在最近几周提前上班，以前总是迟到，评价主体就根据最近的表现给员工的出勤情况评为优秀。

4. 首因效应

首因效应就是人们平常所说的第一印象，即评价主体根据员工的最初表现而带来的第一印象来对整个绩效评价周期的表现做出评价。例如，员工在评价周期开始时非常努力地工作，绩效也非常好，即使他后来的绩效并不怎么好，上级还是根据其良好的第一印象而对他在整个评价周期的绩效做出较高的评价。

5. 类己倾向

类己倾向指评价者根据本人的偏好来对被评价对象进行评价，与自己相似的就给予较高的评价，与自己不同的就给予较低的评价。例如，一个作风比较严谨的上级，对做事一丝不苟的员工评价比较高，而对不拘小节的员工评价比较低，尽管两个人实际的绩效水平差不多。

6. 对比效应

对比效应分为两方面：一是历史对比，即随着时间的推移对同一个考评对象的打分产生逐年升高的趋势；二是横向对比，即将被评价者与其周围的人进行比较后给予评价分数。这两种评价都不是以考评标准和实际绩效的比较做出判断的。

7. 溢出效应

溢出效应指根据员工在评价周期以外的表现对评价周期内的表现做出评价。例如，生产线上的工人在评价周期开始前出了一次事故，在评价周期内他们并没有出现问题，全是由于上次事故的影响，上级对他们的绩效评价还是比较低。

8. 宽大化倾向

这种错误是指评价主体放宽评价的标准，给所有员工的评价结果都比较高。与此类似的错误还有严格化倾向和中心化倾向，前者指掌握的标准过严，给员工的评价结果都比较低；后者指对员工的评价结果比较集中，既不过高，也不过低。

为了减少甚至避免以上错误，应当采取以下措施：第一，建立完善的绩效指标体系，绩效评价指标和评价标准应当具体、明确；第二，选择恰当的评价主体，评价主体应当对员工在评价指标上的表现最为了解，这两个问题在前面已经做过详细的阐述；第三，选择合适的评价方法，如强制分布法和排序法就可以避免宽大化、严格化和中心化倾向；第四，评价开始前应该对评价主体进行专业的培训，给他们指出这些可能存在的误区，从而使他们在评价过程中能够有意识地避免这些误区；第五，建立和健全评价工作的申诉、反馈、监控机制。

（四）绩效评价结果的运用

绩效管理成功的关键在于绩效评价结果如何应用。在绩效管理实践中，绩效评价结果主要用于两个方面：一是通过分析绩效评价结果，诊断员工存在的绩效问题，找到产生绩效问题的原因，制订绩效改进计划以提高员工的工作绩效；二是绩效评价结果是其他人力资源子系统的决策依据，如用于薪酬方案的分配和调整、用于员工的招聘和选拔、用于员工职位的晋升、用于员工的培训与开发等。

四、绩效反馈

（一）绩效反馈的含义及作用

所谓绩效反馈，就是使员工了解自身绩效水平的各种管理手段。即上级要就绩效评价的结果和员工进行面对面的沟通，指出员工在绩效评价期间存在的问题，并一起制订出绩效改进计划，为了保证绩效的改进，还要对绩效改进计划的执行效果进行跟踪。作为绩效管理的最后一个阶段，绩效反馈具有承上启下的作用。一方面通过绩效评价结果的合理运用，完美地结束现有的绩效评价周期；另一方面通过绩效改进计划导入新的绩效评价的开始，使绩效管理呈螺旋式循环发展。

绩效反馈的作用表现在：首先，绩效反馈是考核公正的基础；其次，绩效反馈是绩效改进的保证；最后，绩效反馈是传递组织期望的手段。

（二）绩效面谈

绩效评价结束后，管理者需要就上一个绩效周期中员工的表现和绩效评价结果与员工进行一次甚至多次面对面的交谈。通过面谈，管理者可以总结和交流员工的绩效表现，使双方对绩效评价结果达成共识，在此基础上，帮助员工制订绩效改进计划，明确下阶段绩效目标和计划，并为员工的个人发展提供信息。

1. 选择合适的时间与地点

管理者应与员工事先商讨双方都能接受的时间，选择安静、轻松的地方实施面谈。在进行绩效面谈的时候，管理者最好能够拒绝接听任何电话，停止接待来访的客人，以避免面谈受到不必要的干扰。管理者应注意安排好双方面谈时的空间距离和位置，双方成一定夹角而坐，可以给员工一种平等、轻松的感觉。

2. 收集整理信息资料

由于绩效面谈针对的主要内容是上一阶段绩效评价的结果，这个过程必然是围绕着评价员工上一阶段工作情况展开的。管理者需要收集整理面谈中需要的信息资料，包括员工的《职位说明书》《计划工作表》《绩效评价表》等。

3. 计划面谈的内容

管理者在计划面谈内容时，应该考虑以下问题：确定该次面谈所要达到的目的；设计开场白；面谈的具体内容、程序及方式；如何妥善处理员工的对抗情绪等。

（三）绩效反馈效果的衡量

员工绩效改进计划是绩效反馈的结果，是根据员工绩效评价结果，通过面谈交流，指出员工在绩效评价期间存在的问题，并一起制订出绩效改进的计划，以帮助员工改进和提高工作能力、方法和习惯。绩效改进计划中应包括：需要改进的方面、改进措施和期望达到的水平、责任人及改进期限。衡量绩效反馈效果时，可以从以下几个方面进行考虑：①

此次反馈是否达到了预期的目的？②下次反馈时，应当如何改进谈话的方式？③有哪些遗漏必须加以补充？又有哪些无用的内容必须删除？④此次反馈对员工改进工作是否有帮助？⑤反馈是否增进了双方的理解？⑥对于此次反馈，自己是否感到满意？

对于得到肯定回答的问题，在下一次反馈中就应当支持；得到否定回答的问题，在下一次反馈中就必须加以改进。

以上四个环节构成了绩效管理的一个完整循环。其中，绩效计划和绩效实施是绩效评价的准备和保障，绩效反馈将绩效评价结果在管理者和员工之间进行传递，这样可及时发现员工遇到的困难、工作优势和工作技能方面的欠缺，为员工提供有针对性的培训，使员工工作业绩和工作技能提高，进而实现组织目标。

第三节 绩效考核的方法

一、绩效考核方法的分类

现在很多企业都出现一种情况，即过分强调了业绩，而忽略了对行为的培养。这就出现一个问题：业绩做得越好的员工，越不遵守纪律，越不尊重游戏规则，这种员工在企业大力发展的过程中，将成为企业的阻碍。一旦被提拔成管理人员，影响就更大了。下面是绩效考核种类的不同划分方法。

（一）时间划分

1. 定期考核

企业考核的时间可以是一个月、一个季度、半年、一年。考核时间的选择要根据企业文化和岗位特点进行选择。

2. 不定期考核

不定期考核有两方面的含义：一方面是指组织中对人员的提升所进行的考评；另一方面是指主管对下属的日常行为表现进行记录，发现问题及时解决，同时也为定期考核提供依据。

（二）考核内容

1. 特征导向型

考核的重点是员工的个人特质，如诚实度、合作性、沟通能力等，即考量员工是一个怎样的人。

2. 行为导向型

考核的重点是员工的工作方式和工作行为，如服务员的微笑和态度、待人接物的方法等，即对工作过程的考量。

3. 结果导向型

考核的重点是工作内容和工作质量，如产品的产量和质量、劳动效率等，侧重点是员工完成的工作任务和生产的产品。

（三）按主观和客观划分

1. 客观考核方法

客观考核方法是对可以直接量化的指标体系所进行的考核，如生产指标和个人工作指标等。

2. 主观考核方法

主观考核方法是由考核者根据一定的标准设计的考核指标体系对被考核者进行主观评价，如工作行为和工作结果。

综上所述，对各级人员的考核可以从以下几方面进行：知识（专业知识、行业知识、社会阅历等）、工作业绩、工作能力（组织能力、协调能力、沟通能力等）、工作态度、工作方法、工作效率、组织纪律、道德品质、配合度、学习精神、团队精神、成本意识、目标达到、绩效改进等。不同职级的人员考核的重点不尽相同，各考核点所占分值权重不一样，但绩效改进是每一位被考核者都必须考核的内容，它是落实绩效考核 PDCA 循环的具体体现。

二、常用的考核方法

在实践中，绩效考核的方法有很多，每种方法都有自己的优缺点。绩效考核方法在整个绩效评价中只是一个基本条件,而有关各方在评价中的相互信任、管理者和员工态度、评价目的、信息来源及人员培训等各种因素对于整个绩效评价的成败都是非常关键的。因此企业在进行绩效评价时,应当根据具体情况选择合适的评价方法,以保证绩效管理实施的正确性和有效性。

(一)比较法

比较法是一种相对评价的方法,通过员工之间的相互比较从而得出评价结果。这类方法设计比较简单而且容易操作,并可以在一定程度上避免宽大化、严格化和中心化倾向的误区。但是,这种方法对实现绩效管理的目的,发挥绩效管理作用的帮助却不大,不能提供有效的反馈信息。因为这类方法不是对员工的具体业绩、能力和态度进行评价,难以将员工绩效与组织战略目标联系起来,只是靠一种整体的印象来得出评价结果,主观性较强;难以进行绩效反馈;此外,无法对不同部门的员工做出比较,绩效结果接受度小。比较法主要有以下几种。

1. 排序比较法

排序比较法指依据某一评价维度,如工作质量、工作态度,或者依据员工的总体绩效,将被评价者从最好到最差依次进行排序,这是一种古老而简单的绩效评价方法,也是最常用的方法。在实际操作中,排序比较法分为简单排序法和交替排序法。

(1)简单排序法

简单排序法是依据某一标准将本部门所有员工按照绩效成绩从高到低进行排序。这种方法花费时间较少,成本较低,适用于员工绩效差别较大,员工数量较少的情况。

(2)交替排序法

交替排序法是对简单排序法的改进,是根据某些工作绩效评价指标将员工从绩效最好的到绩效最差的进行排序。根据心理学的识别极端情况较为容易这一原理,运用交替排序法进行绩效评价时,将绩效最优和最差的挑选出来,作为整个序列的第一和倒数第一,再从剩余的被考评员工中挑选出绩效最好和最差的,排在整个序列的第二和倒数第二,依次反复进行,直至将所有员工排序完毕。交替排序法是一种应用非常普遍的工作绩效评价方法。

排序比较法最大的优点是简单实用、评价结果一目了然;缺点是当被评价人数较多时不适合使用,并容易给员工造成心理压力。

2. 配对比较法

配对比较法也称为两两比较法或对偶比较法,是较为细化和有效的一种排序方法。其具体做法是:将每一位被评价者按照所有评价要素,如工作质量、工作数量、工作态度等，与所有其他员工一一进行比较，优者记为"+"，逊者记为"-"。把所有员工都比较完以后，计算每个人得"+"的个数，依此对员工做出评价，排出次序。谁得"+"的个数多，谁的名次就排在前面，由此列出他们的绩效名次。

配对比较法的优点是直观明确、使用方便；缺点是一旦被评价的人过多，这种方法就会显得很复杂、很费时间，一般用于不超过10人的绩效评价。

3. 强制分布法

强制分布法也称为强制正态分布法、硬性分布法，这种方法基于这样一个假设：即企业的所有部门都同样具有优秀、一般、较差的员工，在进行绩效评价时，要求评价人员依据正态分布规律，即俗称"中间大、两头小"的分布规律，预先确定好评价等级以及各等级在总数中所占的百分比，然后按照被评价者绩效的优劣程度将其列入其中某一等级。

强制分布法的优点是可以拉开差距，通过评价等级的强制分布来提高绩效评价的效果，另外，可以在一定程度上克服平均主义、过分宽松和过分严厉倾向。其缺点是将员工的绩效假设为某一概率分布并不合理，当一个部门中员工绩效都较为优秀或普遍较差时，评价者挑选优秀员工或较差员工会感到很为难；此外，当某一部门内的员工少于5人时，就无法用强制分布法确定绩效等级。

（二）评级量表法

评级量表法又称图尺度评价法，是最简单、运用最普遍的工作绩效评价方法之一，是将绩效评价的指标和标准制作成量表，然后借助设计好的等级量表来对员工进行考评。使用评级量表进行绩效考评时注意两个因素：一是评价项目，即要从哪些方面对员工的绩效进行评价，在表中要列出有关的绩效评价项目，并说明每一项目的具体含义；二是评定等级，即将每个评价项目分成若干等级，并给出每一等级相应的分数，由考评者对员工每一考评项目的表现做出评价和记分，最后计算出总分，得出考评结果。

评级量表法的优点是：因为有了统一的标准，因此可以在不同的部门之间进行评价结果的横向比较；由于有了具体的评价指标，因此可以确切地知道员工到底在哪些方面存在不足和问题，有助于改进员工的绩效，为人力资源管理的其他职能提供科学的指导，简单实用而且开发成本小。这种方法的主要缺点是：受主观因素影响较大，因为每个考评者给予被考评者的分值都是个人的主观看法。

（三）关键事件法

关键事件法是20世纪50年代由美国学者弗拉赖根（Flanagan）和伯拉斯（Baras）共同创立的，是以记录直接影响工作绩效优劣的关键性行为为基础的评价方法。[①] 所谓关键

---

① 何红艳等：《基于关键事件法的临床护理教师胜任力评价要素研究》，载《护士进修杂志》2021年第36卷第5

事件，是指员工在工作过程中做出的对其所在部门或企业有重大影响的行为，这种影响包括积极影响和消极影响。使用关键事件法对员工进行绩效评价时，要求管理者将员工日常工作中非同寻常的好行为或非同寻常的坏行为认真记录下来，即强调的是代表最好或最差表现的关键事件所代表的活动，然后在一定的时期内，主管人员与下属面对面交流，根据所做的记录来讨论员工的工作绩效。例如，工厂生产部经理的职责之一是监督原材料采购成本和库存控制，而关键事件表明，上个月的原材料库存成本上升了20%，这就为将来的绩效管理工作指明了方向，即生产部经理可以通过降低库存成本来提高工作绩效。

关键事件法具有以下优点：首先，对关键事件的行为观察客观、准确，而且对关键事件的记录为绩效评价结果提供了确切的事实依据；其次，可以确保在对员工进行考评时，所依据的是员工在整个考察周期内的工作表现，而不是员工在近期的表现，也就是说可以减小近期效应所带来的评价偏差；最后，通过对关键事件的记录可以使管理人员获得一份关于员工通过何种途径消除不良绩效的实际记录，对未来行为具有一种预测的效果。其缺点是：耗时耗力；对关键事件的定义不明确，不同的人有不同的理解；最大的问题是管理人员可能漏记关键事件，在很多情况下，管理人员都是一开始忠实地记录每一个关键事件，到后来失去兴趣或因为工作繁忙等原因而来不及记录，等到考评期限快结束时再去补充记录。这样，有可能会夸大近期效应的偏差，员工也可能会误认为管理人员编造事实来支持其观点，因而容易引起员工与管理者之间的摩擦。

（四）行为锚定等级评价法

行为锚定等级评价法BARS（behaviorally anchored rating scale method）是由美国学者史密斯（Smith）和肯德尔（Kendall）在美国全国护士联合会的资助下于20世纪60年代提出的一种评价方法。[1] 这种方法利用特定的行为锚定量表来描述员工的行为和绩效，是传统的评级量表法和关键事件法的结合。使用这种方法，可以对关键事件中的有效行为和非有效行为的工作行为进行更为客观的描述。由于行为锚定等级评价法需要大量的员工参与，一般容易被部门主管和员工接受。该方法的具体实施步骤是：

第一步，确定关键事件。由一组对工作内容较为了解的人（员工本人或其直接上级）找出一些代表各个等级绩效的关键事件。

第二步，初步建立绩效评价指标。将确定的关键事件合并为几个（通常是5～10个）绩效指标，并给出绩效指标的定义。

第三步，重新分配关键事件，确定相应的绩效评价指标。向另外一组同样熟悉工作内容的人展示确定的评价指标和所有的关键事件，要求他们对关键事件进行重新排列，将这些关键事件分别归入他们认为合适的绩效指标中。如果第二组中一定比例的人（通常是

期，第462-466页。
[1] 王海宁：《行为锚定等级评价法运用于高校辅导员专业化发展评价的可行性分析》，载《山东行政学院学报》2019年第2期，第50-54页。

50%～80%）将某一关键事件归入的评价指标与前一组相同，那么就能够确认这一关键事件应归入的评价指标。

第四步，确定各关键事件的评价等级。由后一组的人评定各关键事件的等级，确定每个评价指标的"锚定物"。

第五步，将每一个评价指标中包含的关键事件从好到坏进行排列，建立最终的行为锚定等级评价表。

行为锚定等级评价法的优点是：它是一种行为导向型的评价方法，工作承担者直接参与了绩效评估，具有很强的指导和监督行为的能力；有关工作绩效的计量更为精确，绩效评价标准更为明确，具有良好的反馈功能；各种评价指标之间有着较强的相互独立性，而且连贯性较好。其主要缺点是：设计和实施成本高，往往需要聘请人力资源管理专家帮助设计，测试之前一般要进行多次测试和修改，表格多、文字描述耗时耗力，不便于管理；经验性的描述有时易出现偏差；另外，评价者在尝试从量表中选择一种代表某员工绩效水平的行为时往往会有困难，因为有时一个员工的行为表现可能出现在量表的两端，尽管科学的设计过程有助于避免这种情况，但实践中难免会有这种情况发生。

（五）360度反馈评价法

360度反馈评价法又被称为全方位全视角评价法，是一种较为全面的绩效评价方法，它是指帮助一个组织的员工（主要是管理人员）从与自己发生工作关系的所有主体那里获得关于本人绩效信息反馈的过程。这些信息的来源包括：上级监督者自上而下的反馈；下属自下而上的反馈；平级同事的反馈；被考评者本人的反馈；企业外部的客户和供应商的反馈。

360度反馈评价法的基本原理是：员工的工作是多方面的，工作业绩也是多维度的，不同个体对同一工作会得出不同评价。因此，通过上级主管、同事、下属、客户和供应商等信息渠道来收集绩效信息，进行多方面、全方位的评价，更能准确地评价员工的工作业绩。同时，员工通过这种全方位的信息渠道了解各方面的意见，从而更能清楚自己的优点和不足。

360度反馈评价法的优点是：方法较简单，可操作性强；全方位、多角度的信息反馈，管理者可获取第一手资料，可以避免一方评价的主观性，更具民主性，增强绩效评价的信度和效度；增进沟通，促进发展，有利于团队建设。其缺点包括：信息收集成本较高；偏差有时源于个人的某些不合群的嗜好，对人员素质有较高要求；有时会出现小团体主义倾向，容易出现"相互帮忙"或有意报复的不良现象，结果有失真的可能。

（六）目标管理法

目标管理MBO，是指一种程序或过程，它使组织中的上下级一起协商，根据组织的使命确定一定时期内组织的总目标，由此决定上下级的责任和分目标，并把这些目标作为组织经营、评估和奖励的标准。并不是有了工作才有目标，是因为有了目标才能确定每个人的工作，每一项工作都必须为达到总目标而展开。如果一个领域没有目标，那么这个领域里的所有工作都将被忽视，这些工作也将是没有意义的。因此，我们的领导者必须通过目标对下级进行管理，在确定组织目标后，通过一系列的设计和分解过程，将目标和责任落实到部门和个人，以便到最后督促组织目标实现和控制员工绩效的过程。这就是所谓的目标管理。目标管理的基本步骤是：设置目标 → 实现目标 → 评估目标。

1. 设置目标

根据组织的整体战略和目标，通过专门的设计过程制定出严谨的目标体系，以协商为基础将组织目标逐一分解到各部门和个人。作为整个环节最重要的部分，目标设置的合理性与有效性意义非常重大。一个好的设置目标过程应该有三个要点：一是强调领导者与下属之间围绕工作目标应进行双向互动，且反复讨论修正；二是目标应该通过努力可以达到，不是轻而易举就可以实现；三是数目不宜太多，控制在 5～6 个，而且目标是可以量化的，目标是结果导向型的，各下级在参与获知自身目标时了解权、责、利的对等。

2. 实现目标

通过目标设计体系把目标分解到个人之后，上下级还要共同制订目标的行动计划，员工便可以实施行动计划了。一般来说，员工可按照自身的工作方式和工作习惯完成任务，其自主空间大，实现自我控制。整个过程只需要一个预警机制，领导则可以少干预员工，在目标实现过程中授予员工相应的资源配置的权力。在实现目标的过程中有两点需要把握：一个是预警机制；一个是调整修正机制。目标管理下，预警机制在保证充分授权、结果导向的同时，也保证了目标进度的可控性；调整机制是指在战略平衡记分卡出现调整或者新的重要任务出现时，目标也需要相应调整。这两个机制在实现的过程中意义重大，企业应设置专门的部门来监控和调整。此外，由于目标管理的关键是激发员工的积极主动性，因此，反馈和沟通的渠道必须畅通。

3. 评估目标

目标的评估指依据前期设置的目标来一一审核完成情况，并进行最终打分，并强制排名，最终与绩效工资或奖金挂钩以激励员工。评估目标的关键是看目标落实情况，找出达到目标过程的成功与失败原因，以便为下一次制定目标奠定基础。

目标管理法的优点是：绩效评价者的作用从判断者转换成顾问和促进者，员工也从被动的被评价者变成了积极的参与者，充分发挥了员工的积极性、主动性、创造性，加强了员工成就感，部分地实现"自我管理"；员工和评价者均参与了评价的全过程，从根本上有利于工作目标和绩效目标的实现。其缺点是目标的制定和修改都要花费不少的时间，而且绩效目标往往与部门或者职务特点密切相关，没有在员工之间和工作部门之间建立起统一的工作目标，因此不便于对员工和各个工作部门的工作绩效进行横向的比较，而且员工只关注自身目标的完成。

（七）平衡记分卡法

1. 平衡记分卡法产生的背景

平衡记分卡 BSC 是从四个角度：财务角度、顾客角度、内部业务流程角度、学习与成长角度出发，运用一系列绩效评价指标，简明系统地描述公司经营活动行为和战略目标的战略绩效管理工具。

平衡记分卡是由美国哈佛大学教授卡普兰（Robert S.Kaplan）和诺朗诺顿研究所所长诺顿（David Norton）于 20 世纪 90 年代初率先提出来的。自创立以来，在国际上，特别是在美国和欧洲，很快引起了理论界和客户界的浓厚兴趣与反响。[①]

平衡记分卡法打破了传统的只注重财务指标的绩效管理方法。在20世纪90年代以前，几乎全世界的企业都采用单一的财务考核体系对企业进行评价。随着基于知识的全球化竞争环境的日益形成，单一的财务考核系统在企业绩效考评实践中的弱点逐渐暴露出来：单一的财务指标仅能衡量过去的经营活动结果，无法评估未来的绩效表现，容易误导企业未来的发展方向；容易使经营者过分注重短期财务结果与急功近利，产生强烈的操纵报表数字的动机，因而不愿就企业长期战略目标进行资本投资；单一的财务考核体系偏重于对有形资产的考核和管理，而在信息时代，正是企业的无形资产和智力资产形成的现在和未来的生产能力成为企业取得成功的关键因素，组织必须通过在客户、供应商、员工、组织流程、技术和革新等方面的投资，获得持续发展的动力。

2. 平衡记分卡法的内容

平衡记分卡法以公司的战略目标和竞争需要为基础，强调非财务指标的重要性，通过对财务、顾客、内部业务流程、学习与成长等四方面的绩效评价来沟通企业目标、战略重点和企业经营活动的关系，实现短期利益和长期利益、局部利益和整体利益的均衡。平衡记分卡的每一个角度都有一组绩效评价指标，这些绩效评价指标可以是公司目前的绩效标准，也可以是下一阶段的奋斗目标、企业愿景。其中，财务是最终目的，顾客是关键，内部业务流程是基础，学习与发展是核心。平衡记分卡法使管理者能够从以下四个重要方面来观察企业，并为四个基本问题提供了答案，即：

（1）顾客角度

---

① 郭文娟：《基于平衡记分卡的企业绩效数据分析与管理》，载《大众标准化》2021年第8期，第198-200页。

市场份额、客户留住率、客户获得率、顾客满意度、顾客获利水平等。

（2）内部业务流程角度

以确认客户和股东的要求为起点、满足客户和股东要求为终点的全新的内部经营过程。

（3）学习与成长角度

组织为了实现长期的业绩而必须进行对未来的投资，包括对雇员的能力、组织的信息系统等方面的衡量。

（4）财务角度

列示了组织的财务目标，并衡量战略的实施和执行是否在为最终经营成果——投资报酬率的改善做出贡献。

3. 平衡计分法的实施流程

平衡记分卡法的实施流程包括四个阶段：前期准备、构建记分卡、设计运作系统、反馈和修正。在实施平衡记分卡法时应注意以下问题：①切勿照抄、照搬其他组织的经验和模式；②提高组织管理信息质量的要求；③正确对待平衡记分卡实施时投入成本与获得效益之间的关系；④平衡记分卡的执行要与奖励制度相结合。

4. 平衡计分法的优缺点

平衡记分卡法的优点是：能有效地将组织的战略转化为组织各层的绩效指标和行动，有助于各级员工对组织目标和战略的沟通和理解，使整个组织行动一致，服务于战略目标；可以克服财务评估方法的短期行为，实现组织长远发展；有利于组织和员工的学习成长和核心能力的培养，提高组织整体管理水平。其主要缺点是方法较复杂，且不适用于所有类型的组织，一般来说，处于竞争激烈的市场中，有明确的企业愿景和战略目标，有规范的财务绩效评价指标，有自己的客户群、销售渠道和先进的生产设施的企业才适用平衡记分卡法。

绩效管理是人力资源管理的重要组成部分之一，在人力资源管理中占据核心地位。绩效管理通过对企业战略的建立、目标分解，制定员工的绩效目标并收集与绩效有关的信息，定期对员工的绩效目标完成情况做出评价和反馈，以改善员工工作绩效并最终提高组织整体绩效，实现组织战略和个人目标。绩效管理不等同于绩效评价。绩效管理是一个完整的系统，通常被看成是一个循环，包括四个阶段：绩效计划、绩效实施、绩效评价和绩效反馈。

绩效计划是绩效管理的起点，是管理者和员工共同讨论并确定员工在绩效周期内应该做什么和达到什么程度的过程。绩效实施由持续的绩效沟通和有效信息的收集构成，是绩效管理的桥梁。绩效评价是绩效管理的中心，评价主体一般包括五类：上级、同事、下级、员工本人和客户。评价过程中要避免一系列错误的发生，如晕轮效应、偏见误差、近期误差、首因效应、类己倾向、对比效应、溢出效应、宽大化倾向等。绩效反馈是现有绩效管理周期的结束，也是新的绩效管理周期的开始，是使员工了解自身绩效水平和制订绩效改进计划的管理手段。绩效反馈主要通过面谈，使员工认识到自己的优缺点、明确需要改进的方面、协商下一轮绩效周期的绩效目标和改进措施。

绩效评价的方法有很多，主要包括排序比较法、配对比较法、强制分布法、评级量表法、关键事件法、行为锚定等级评价法、360度反馈评价法、目标管理法、平衡记分卡法等。每种方法都有其优缺点，企业要根据实际情况选择合适的评价方法。

第七章 薪酬管理

第一节 薪酬管理概述

一、与薪酬有关的几个基本概念

（一）报酬

在为一个组织或一位雇主工作的时候，劳动者之所以愿意付出自己的劳动、时间、技能等，是因为他们期望自己能够获得与个人劳动价值相符的回报。通常情况下，将一位员工因为为某个组织工作而获得的所有各种他认为有价值的东西统称为报酬（reward）。

可以用两种不同的方式来对报酬进行分类。一种方法是将报酬划分为经济报酬（financial reward）和非经济报酬（non-financial reward），另一种划分方法是将报酬划分为内在报酬（intrinsic reward）和外在报酬（extrinsic reward）。经济报酬和非经济报酬之间的界线是，某种报酬是不是以金钱形式提供的，或者能否以货币为单位来加以衡量。经济报酬通常包括各种形式的薪酬和福利（其中，薪酬又被称为直接报酬，福利又被称为间接报酬）。而非经济报酬则包括成长和发展的机会、从事富有挑战性工作的机会、参与决策的机会、特定的个人办公环境、工作地点的交通便利性等。内在报酬和外在报酬之间的区别在于，某种报酬对劳动者所产生的激励是一种外部刺激，还是一种发自内心的心理激励。

（二）薪酬

薪酬显然是报酬的一部分，但是对于薪酬到底应包含哪些报酬，目前并无完全一致的定论。对于薪酬的概念，通常可以划分为三类：

第一种是宽口径的界定，即将薪酬等同于报酬，即员工由于完成了自己的工作而获得的各种内在的报酬和外在的报酬。

第二种是中等口径的界定，即员工因为雇佣关系的存在而从雇主那里获得的各种形式的经济收入以及有形服务和福利。这一概念包括薪酬（直接经济报酬）和福利（间接经济报酬)。

第三种是窄口径的界定,即薪酬仅仅包括货币性薪酬(基本薪酬和激励薪酬或浮动薪酬之和),而不包括福利。

在本书中,我们将采用第三种定义方式,即薪酬仅仅包括直接的货币性薪酬(其中包括固定部分和浮动部分两方面内容),但是不包括福利。为了行文上的方便和用语的简练,我们在有些时候也会简单地用"薪酬"一词来代表"薪酬福利",比如"薪酬管理"一词实际上往往包括薪酬和福利两部分内容的管理,而"薪酬调查"也包括薪酬和福利两方面内容的调查。

(三) 总薪酬

总薪酬有时也称为全面薪酬,它概括了各种形式的薪酬和福利,其中包括基本薪酬、激励薪酬、津贴和补贴、福利、股票和股权等其他多种经济性报酬

1. 基本薪酬

基本薪酬根据员工的职位、所承担的职责、所需要的技能等因素决定,常常忽视员工之间的个体差异。基本薪酬是员工能获得的稳定报酬,是员工收入的主要部分,也是计算员工其他收入,如绩效加薪、某些重要福利的基础。假设某企业实行工时定额的某流水线操作工,每一个工时的工资是10元,操作工的基本薪酬所得就取决于工作时间的长短,平时加班将按该标准的150%、周末按200%、节假日按300%支付。

绩效加薪也属于基本薪酬的范畴,它是根据员工工作绩效确定的基本薪酬的增长,许多企业有类似的规定,在年度绩效评估中被评为优秀的员工,会在下一年获得基本薪酬增加10%~20%的待遇。

2. 激励薪酬

激励薪酬是薪酬系统中与绩效直接挂钩的经济性报酬,有时也称为绩效薪酬、可变薪酬或奖金。激励薪酬的目的是在绩效和薪酬之间建立起一种直接的联系,这种业绩既可以是员工个人的业绩,也可以是组织中某一业务单位、员工群体、团队甚至整个公司的业绩。由于在绩效和薪酬之间建立了这种直接的联系,激励薪酬对于员工具有很强的激励性,对于组织绩效目标的实现起着非常积极的作用。它有助于强化员工个人、群体乃至全体员工的优秀绩效,从而达到节约成本、提高产量、改善质量以及增加收益等多种目的。

绩效加薪与激励薪酬都与员工绩效相关,所不同的是,绩效加薪是对员工过去优秀绩效的一种奖励,它是以员工个人的绩效评价等级为基础的,而激励薪酬是提前约定好的,比如奖金多少、收益分享的比率等,激励薪酬是为了影响员工将来的行为;绩效加薪是对

基本工资的永久增加，而奖金是一次性支付。

3. 津贴和补贴

津贴和补贴是对工资制度的补充，是对雇员超额劳动或增收节支的一种报酬形式。津贴是指对工资或薪水等难以全面、准确反映的劳动条件、劳动环境等对员工身心造成的某种不利影响，或者为了保证员工工资水平不受物价影响而支付给员工的一种补偿。人们常把与员工生活相联系的补偿称为补贴，如交通补贴、住房补贴、生育补贴等，津贴与补贴常以货币形式支付给员工。

4. 福利

福利分为法定福利和非法定福利。员工福利同基本薪酬一样是员工的劳动所得，属于劳动报酬的范畴，但这不同于基本薪酬，其不同表现在以下方面：①基本薪酬是按劳付酬，员工之间基本薪酬存在差别，而员工福利是根据用人单位、工作和员工的需要支付，员工之间福利差别不大；②基本薪酬是直接的劳动力再生产费用，而员工福利是间接的劳动力再生产费用；③基本薪酬金额与岗位需求和劳动素质相关，而员工福利则与之无关；④基本薪酬作为人工成本随工作时间的变化而发生变化，而员工福利作为人工成本则随人数的变化而变化，有些福利项目从利润中支付，不列入成本；⑤基本薪酬具有个别性、稳定性，而员工福利则具有集体性和随机性。

5. 股票和股权

股票和股权是一种新型的薪酬形式。前者是企业员工持有企业的股票，后者是一种权利。股权是将企业的一部分股份作为薪酬授予员工，使员工成为企业的股东，享有同股东一样的分红权。

二、薪酬的作用

（一）员工方面

1. 经济保障功能

薪酬是员工以自己的劳动、时间和技能的付出为企业创造价值而获得的回报，是他们的主要收入来源，它对于员工及其家庭生活起到的保障作用是其他任何收入保障手段所无法替代的。薪酬对于员工的保障并不仅仅体现在满足员工在吃、穿、用、住和行等方面的基本生存需要，同时还体现在满足员工娱乐、教育和自我开发等方面的发展需要上。总之，薪酬水平的高低对于员工及其家庭的生存状态和生活方式所产生的影响是非常大的。

2. 激励功能

员工对薪酬状况的感知可以影响员工的工作行为、工作态度以及工作绩效，即产生激励作用。研究发现，人在没有科学的激励下只能发挥能力的20%～30%，而在合理的激励下则能发挥其能力的80%～90%，也就是说，一个人被充分激励之后发挥的作用相当于之前的3～4倍，激励是管理的核心，而薪酬是激励的主要因素。总薪酬中的绩效加薪或激励薪酬（奖金）都属于激励性薪酬，它直接影响着员工的工作绩效。

3. 社会信号功能

薪酬作为一种信号，可以很好地反映一个人在社会流动中的市场价值和社会位置，还可以反映一个人在组织内部的价值和层次，可见，员工薪酬水平的高低除了具有经济保障功能以外，还向他们传递一种信号，人们可以根据这个信号来判断员工的家庭、朋友、职业、受教育程度、生活状态甚至宗教信仰、政治取向等。

（二）企业方面

1. 促进战略实现，改善经营绩效

员工是组织的基础，组织如果没有员工就无法实现经营管理，无法达到组织制定的目标，也无法实现组织的战略，而薪酬是引进、保留和激励员工的重要手段，因此，薪酬是促进组织战略实现的基础。另外，由于薪酬决定了现有员工受到激励的状况，影响他们的工作效率、缺勤率、对组织的归属感以及对组织的承诺度，从而直接影响企业的生产能力和生产效率。通过合理的薪酬设计，企业可以向员工传递企业期望的行为、态度和绩效，通过这种信号的引导，员工的工作行为和态度以及最终的绩效将会朝着企业期望的方向发展，从而改善企业的经营绩效。

2. 塑造和增强企业文化

薪酬影响员工的工作行为和工作态度。一项薪酬制度可能促进企业塑造良好的文化氛围，也可能与企业现有的价值观形成冲突。比如说，企业实行的是以个人绩效为基础的激励薪酬的方案，那么企业就容易强化个人主义的文化氛围；反之，企业实行的是以团队绩效为基础的激励薪酬方案，那么企业就会形成支持团队的文化氛围。薪酬的导向作用要求企业必须建立科学合理并具有激励性的薪酬制度，从而对企业文化的塑造起到积极的促进作用。

3. 成本控制功能

薪酬是企业的人力资源成本，尽管人力资源成本在不同行业和不同企业的总成本中所占的比重不同，但对于任何企业来说，薪酬都是不容忽视的成本支出，因此，有效地进行薪酬管理，控制薪酬成本对大多数企业的成功来说具有重大的意义。

4. 支持和推动企业变革

面临竞争激烈的经营环境，企业的变革已经成为企业经营过程中的一种常态，企业如果不变革将很快被淘汰，所以，企业为了适应这种状态，需要重新设计战略、流程再造、调整组织结构、变革文化、设计团队等。这一切都离不开薪酬，因为薪酬可以通过影响个人、工作团队和企业整体来创造出与变革相适应的内外部氛围，从而推动企业变革。

三、影响薪酬的因素

在市场经济条件下，薪酬管理活动受内外部许多因素的影响，为了保证薪酬管理的有效实施，必须对这些影响因素有所认识和了解。一般来说，影响企业薪酬管理的各项决策的因素主要有三类：一是企业外部因素；二是企业内部因素；三是员工个人因素。

（一）企业外部因素

1. 国家法律法规与政策

国家法律法规与政策对企业行为具有强制性的约束作用，因此企业在进行薪酬管理时应当首先考虑这一因素，在法律法规与政策规定的范围内进行薪酬管理。例如，政府的最低工资立法规定了企业支付薪酬的下限；社会保险法律规定了企业必须为员工缴纳一定数额的社会保险费。

2. 劳动力市场状况

按照经济学的解释，薪酬就是劳动力的价格，它取决于供给和需求的对比关系，在企业需求一定的情况下，当劳动力市场紧张，造成劳动力资源供给减少，劳动力资源供不应求的时候，劳动力价格就会上涨，此时企业要想获取必要的劳动力资源，就必须相应地提高薪酬水平；反之，企业可以维持甚至降低薪酬水平。

3. 物价水平

薪酬最基本的功能是保障员工的生活，因此对员工来说更有意义的是实际薪酬与物价水平的比率。当整个社会的物价水平上涨时，为了保证员工的实际生活水平不受或少受影响，支付给他们的薪酬相应也要调整。

4. 其他企业的薪酬状况

其他企业的薪酬状况对企业薪酬管理的影响是最为直接的，这是员工进行横向公平性比较时非常重要的一个参考因素。当其他企业，尤其是竞争对手的薪酬水平提高时，为了保证外部的公平性，企业也要相应地提高自己的薪酬水平，否则就会造成员工的不满意甚至流失。

（二）企业内部因素

1. 企业的经营战略

薪酬管理要服从和服务于企业的经营战略，不同的经营战略下，企业的薪酬管理也会不同。如表 7-1 所示。

表 7-1 不同经营战略下的薪酬管理

经营战略	经营重点	薪酬管理
成本领先战略	1. 一流的操作水平 2. 追求成本的有效性	1. 重点放在与竞争对手的成本比较和提高激励薪酬的比重上 2. 强调制度的控制性、具体的工作说明和生产率
创新战略	1. 产品领袖 2. 向创新性产品转移 缩短产品生命周期	1. 奖励在产品以及生产方法方面的创新 2. 以市场为基准的工资 弹性/宽泛性的工作描述
客户中心战略	1. 紧紧贴近客户 2. 为客户提供解决问题的办法 3. 加快营销速度	1. 以顾客满意作为奖励的基础 2. 以顾客进行工作评价或技能评价

2. 企业的经营战略

企业处于不同的发展阶段时，其经营重点和面临的外部环境是不同的，因此在不同的发展阶段，薪酬形式也是不同的，如表 7-2 所示。

3. 企业财务状况

薪酬是企业的一项重要开支，因此企业的财务状况也会对薪酬产生重要影响，良好的财务状况，可以保证薪酬水平的竞争力和薪酬支付的及时性。

表 7-2 企业不同发展阶段下的薪酬管理

企业发展阶段		开创	成长	成熟	稳定	衰退	再次创新
薪酬形式	基本薪酬	低	中	高	高	高	中
	激励薪酬	高	高	中	低	无	高
	福利	低	低	中	高	高	低

（三）员工个人因素

1. 员工所处的职位

在目前主流的薪酬管理理论中，这是决定员工个人基本薪酬以及企业薪酬结构的重要基础，也是内部公平性的重要体现，职位对员工薪酬的影响并不完全来自级别，而主要是职位所承担的工作职责以及对员工的任职资格要求。

2. 员工的绩效表现

员工的绩效表现是决定其激励薪酬的重要基础，在企业中，激励薪酬往往与员工的绩效联系在一起，它们具有正相关关系。总的来说，员工的绩效越好，其激励薪酬就会越高。此外，员工的绩效表现还会影响其绩效加薪，进而影响基本薪酬的变化。

3. 员工的工作年限

工作年限主要有工龄和司龄两种表现形式，工龄是指员工参加工作以来的整个工作时间，司龄是指员工在本企业中的工作时间。工作年限会对员工的薪酬水平产生一定的影响，一般来说，工龄和司龄越长的员工，薪酬的水平相对较高。

四、薪酬的基本决策

（一）薪酬体系决策

薪酬体系决策的主要任务是确定组织决定员工基本薪酬的基础是什么。当前，国际上通行的薪酬体系主要有三种，即职位薪酬体系、技能薪酬体系以及能力薪酬体系，其中职位薪酬体系的运用最为广泛。所谓职位薪酬体系、技能薪酬体系以及能力薪酬体系，顾名思义，就是指组织在确定员工的基本薪酬水平时所依据的分别是员工从事的工作自身的价值、员工自身的技能水平以及员工所具备的胜任能力。其中，职位薪酬体系是以工作和职位为基础的薪酬体系，而技能和能力薪酬体系则是以人为基础的薪酬体系。职位薪酬体系、技能薪酬体系和能力薪酬体系之间的区别如表 7-3 所示。

表 7-3　职位薪酬体系、技能薪酬体系和能力薪酬体系之间的区别

	职位薪酬体系	技能薪酬体系	能力薪酬体系
薪酬基础	以员工所在的职位为基础	以员工掌握的技能为基础	以员工的能力为基础
价值决定	职位价值的大小	技能的多少	能力的高低
设计程序	工作分析和工作评价	技能等级的分析与认定	能力要素分析与评价
工作变动	薪酬随着职位变动	薪酬保持不变	薪酬保持不变
培训作用	是工作需要而不是员工意愿	增加工作技能和报酬	增加工作能力和报酬
员工晋升	需要有空缺的职位	通过技能认证	通过能力测试
员工关注	追求职位的晋升以获得更高报酬	追求工作技能的积累	寻求能力的增多或提升
优点	按职位系列进行薪酬管理比较简单、稳定，节约成本	鼓励员工持续学习新技能，优秀专业人才能安心本职工作	员工有更多的发展机遇，鼓励员工自我发展
缺点	员工晋升无望时会消极怠工，不利于激励员工，不灵活	培训费用和薪酬增加，技能薪酬设计较复杂	能力不等于业绩，能力的界定与评价相当难

（二）薪酬水平决策

薪酬水平是指组织中各职位、各部门以及整个组织的平均薪酬水平，薪酬水平决定了组织薪酬的外部竞争性。企业的薪酬水平越高，其在劳动力市场上的竞争力就越强，但是相对来说成本也会越高。在传统的薪酬管理中，企业关注的是整体薪酬水平，目前企业关注整体薪酬水平的同时，也开始关心不同企业各职位薪酬水平的比较。企业在确定薪酬水平时，通常可以采用四种策略：领先型策略、匹配型策略、拖后型策略、混合型策略，如表 7-4 所示。

（三）薪酬构成决策

薪酬构成是指在员工和企业总体的薪酬中，不同类型薪酬的组合方式。对于企业而言，基本薪酬、激励薪酬（奖金）与间接薪酬（福利）都是经济性支出，但这三种薪酬的作用又不完全相同。基本薪酬在吸引、保留人员方面效果比较显著；激励薪酬在激励人员方面效果比较显著；间接薪酬在保留人员效果方面比较显著。根据这三者所占比例的不同，可以划分为三种模式：高弹性薪酬模式、高稳定薪酬模式和调和型薪酬模式。高弹性薪酬模式是一种激励性很强的薪酬模式，激励薪酬是高弹性薪酬的主要组成部分；高稳定

薪酬模式是一种稳定性很强的薪酬模式，基本薪酬占主导地位，激励薪酬占较少比重；调和型薪酬模式兼具激励性和稳定性，基本薪酬和激励薪酬所占比例基本相当。

表7-4 薪酬水平策略的类型

类型	特点
领先型策略	薪酬水平高于市场平均水平；企业的薪酬相对而言比较有竞争力，成本相对来说较高
匹配型策略	薪酬水平与市场平均水平保持一致；企业的薪酬相对而言竞争力中等，成本也是中等
拖后型策略	薪酬水平要明显低于市场平均水平；企业的薪酬竞争力弱，但成本比较低
混合型策略	针对企业内部的不同职位采用不同的策略，如对关键职位采用领先型策略，对辅助性职位采用匹配型策略，而对一线员工则采用拖后型策略

（四）薪酬结构决策

薪酬结构指企业内部的薪酬等级数量，每一等级的变动范围及不同薪酬等级之间的关系等。薪酬结构反映企业内部各个职位之间薪酬的区别，对于员工而言具有重要的价值。在薪酬管理中，会根据员工的职位（或者能力）确定员工的薪酬等级，这一等级确定后，员工的薪酬也就基本确定。薪酬结构的设计会直接影响员工的薪酬，以及今后员工薪酬变动的可能性与区间。因此，企业的薪酬结构设计得比较合理时，会对员工的吸引、保留与激励产生积极作用；反之则会带来负面影响。

第二节 薪酬设计

一、薪酬设计的原则

（一）公平性原则

根据公平理论，员工会进行两方面的比较：一是会将自己的付出与回报进行比较；二是会将自己的付出回报比与他人的付出回报比进行比较。如果员工觉得二者有不公平的现象，那么薪酬就不能起到激励员工的作用，还会因此影响员工的工作积极性，降低其工作效率，造成紧张的人际关系等。所以薪酬的设计要尽量公平，在现实中虽然不能做到完全公平，但至少在薪酬设计时应保证公平。薪酬设计的公平性可以从两个方面来考虑：一是外部公平性，指的是同一行业、同一地区、不同企业中类似的职位薪酬应基本一致；二是内部公平性，指的是在企业内部，员工所获得的薪酬应与其从事的工作岗位所要求的知识、技能、经验等相匹配。另外，不同职位如果没有多大差别，贡献或业绩相当，所获取的薪酬也应基本一致。

（二）激励原则

激励原则包含两个方面的含义：一是薪酬设计应该做到按劳分配，多劳多得，即按不同技能、不同知识水平、不同能力、不同业绩水平等定薪，奖勤罚懒和奖优罚劣，这样才能发挥薪酬的激励性；二是组织要根据不同员工的不同需求，真实地了解员工的需求，利用薪酬的多样化组合来满足员工，从而达到激励的目的。

（三）经济性原则

在薪酬设计的过程中固然要考虑薪酬水平的竞争性和激励性，但同时还要充分考虑企业自身发展的特点和承受能力。员工的报酬是企业生产成本的重要组成部分，过高的薪酬水平必然会导致人力成本的上升和企业利润的减少。所以，应该考虑人力资源成本的投入和产出比，把人力资源成本控制在经济合理的范围，使企业的薪酬既具有激励性又能确保企业的正常运作。

（四）合法性原则

企业薪酬分配制度必须符合国家的有关政策与法律。为了维持社会经济的持续稳定发展，维护劳动者应取得的合法劳动报酬和必须拥有的劳动权益，我国政府颁布了一系法律法规文件。如《中华人民共和国劳动法》《中华人民共和国劳动合同法》《最低工资规定》《工资支付暂行规定》等，这些法律法规对薪酬确定、薪酬水平、薪酬支付等进行了明确的规定。企业在设计薪酬过程中一定要遵守相关的法律法规，避免因薪酬问题引起劳动纠纷。

二、薪酬设计的流程

制定科学合理的薪酬体系是企业人力资源管理的一项重要工作，薪酬设计的要点在于对内具有公平性、对外具有竞争性。薪酬设计需要考虑的因素较多，一般来说，企业要建立的是一种既能让大多数员工满意，又能确保企业利益的互利双赢薪酬设计模式，其一般流程可大致分为以下几个步骤（如图7-1所示）。

图 7-1　薪酬设计的流程

（二）薪酬调查分析

企业要吸引和保留住员工，不但要保证企业薪酬的内部公平性，而且要保证企业薪酬的外部竞争力，因此要进行薪酬调查。薪酬调查，就是通过一系列标准、规范和专业的方法，对市场上各职位进行分类、汇总和统计分析，形成能够客观反映市场薪酬现状的调查报告，为企业提供薪酬设计方面的决策依据及参考。因为薪酬调查是将企业内部的薪酬状况和其他企业薪酬状况进行比较，所以组织首先要进行全面的企业内部薪酬满意度调查，以了解企业内部的薪酬现状及发展需求，做到发现问题，弄清原因，明确需要，确保薪酬体系设计的客观性与科学性。同时，还要对同类、同行企业的外部薪酬水平状况做深入细致的调查。

对企业外部薪酬调查分析的主要内容一般包括以下三个方面。①目标企业的薪酬政策。是控制成本还是激励或吸引员工；薪酬构成是高弹性、稳定性模式还是折中式模式；薪酬的其他政策，包括加班费计算、试用期薪酬标准等。②薪酬的结构信息。主要包括企业职位或岗位的组织结构体系设计、薪酬等级差、最高等级与最低等级差、薪酬的要素组合、基本薪酬与福利的比例、激励薪酬的设计等。③薪酬的纵向与横向水平信息。包括基本薪酬信息、激励薪酬信息及福利薪酬信息等。

由于这些调查对象一般都是竞争对手，且薪酬制度往往被其视为商业机密，它们一般不愿意提供实质性的调查资料。所以，薪酬市场调查分析一般会比较困难，需要企业从多方面、多渠道进行，直接或间接地收取调查资料。一般来说，薪酬的调查方法分四种：企业薪酬调查、商业性薪酬调查、专业性薪酬调查和政府薪酬调查，企业薪酬调查是企业之间互相调查；商业性薪酬调查一般由咨询公司完成；专业性薪酬调查是由专业协会针对薪酬状况所进行的调查；政府薪酬调查是指由国家劳动、人事、统计等部门进行的薪酬调查。例如美国劳工统计局（BLS）每年都要进行三类调查研究，包括地区性的薪酬调查，行业性的薪酬调查，针对专业人员、管理人员、技术人员和办事员的薪酬状况所做的调查。

（三）工作分析与评价

工作分析与评价的目的在于确定一种职位的相对价值，它是对各种职位进行正式的、系统的相互比较的过程。通过工作分析与评价，能够明确职位的工作性质、所承担责任的大小、劳动强度的轻重、工作环境的优劣、劳动者应具备的工作经验、知识技能、身体条件等方面的具体要求。同时，根据这些信息采取科学的方法，对企业所有的职位的相对价值做出客观的评价，并确定一种职位相对于其他职位的价值，从而最终依此来确定工资或薪资的等级结构。工作评价的基本原则是那些要求具备更高的任职资格条件、需要承担更多的责任以及需要履行更为复杂的职责的职位，应当比那些在这些方面的要求更低一些的职位价值更高一些。

对于企业的员工来说他们所感受到的公平合理，一方面来自外部市场上同类职位薪酬水平相比的结果；另一方面则来自内部同类、同级别职位人员的薪酬水平的比较。因此我们不仅要关注职位的绝对价值，还要关注职位的相对价值，而职位的相对价值则要通过工作评价来确定。工作评价是工作分析的必然结果，同时又以职位说明书为依据。即工作评价就是要评定职位的相对价值，制定职位的等级，以确定基本薪酬的计算标准。

（四）薪酬结构设计

通过工作分析与评价，可以表明每一个职位在企业中相对价值的顺序、等级。工作的完成难度越大，对企业的贡献越大，其重要性就越大，这也就意味着它的相对价值越大。通过薪酬调查以及对组织内、外部环境的分析，可以确定组织内各职位的薪酬水平，规划各个职位、岗位的薪酬幅度、起薪点和顶薪点等关键指标。要使工作的相对价值转换为实际薪酬，需要进行薪酬结构设计。

薪酬结构是指工作的相对价值与其对应的工资之间保持的一种关系。这种关系不是随意的，是以服从某种原则为依据的，具有一定的规律，通常这种关系用"薪酬政策线"来表示。从理论上讲，薪酬政策线可呈任意一种曲线形式，但实际上它们多呈直线或由若干直线段构成的一种折线形式。这是因为薪酬设计必须遵循的基本原则是公平性，组织内各职位的报酬与员工的付出应基本相等，各职位的相对价值就是员工付出的反映，因此，绘制薪酬政策线各点的斜率应该基本相等，薪酬政策线呈直线（如图7-2所示）。

一般来说，薪酬调查的结果或职位评价的结果，即外部公平性和内部公平性是一致的，也就是说，外部市场薪酬水平和评价点数或序列等级确定的薪酬点都分布在薪酬政策线的周围。但是，有时也会出现不一致的情况，这时薪酬点就会明显地偏离薪酬政策线。如图7-2中的A、B两点，这表明内部公平性和外部公平性之间出现了矛盾。例如，A点就表示该职位按照内部公平性确定的薪酬水平要高于市场平均的薪酬水平。当内部公平性和外部公平性不一致时，通常要按照外部公平性优先的原则来调整这些职位薪酬水平，否则，要么就是这些职位的薪酬水平过低，无法招聘到合适的人员；要么就是薪酬水平过高，企业承担了过高的成本。最后，企业还要根据自己的薪酬策略来对薪酬政策曲线做出调整。上面所讲的薪酬政策曲线是按照市场平均薪酬水平建立的，因此如果企业实行的是领先型或拖后型薪酬策略，就应当将薪酬政策曲线向上或向下平移，平移的幅度取决于领先或拖后的幅度，如果实行的是匹配型策略，薪酬政策曲线就可以保持不动。

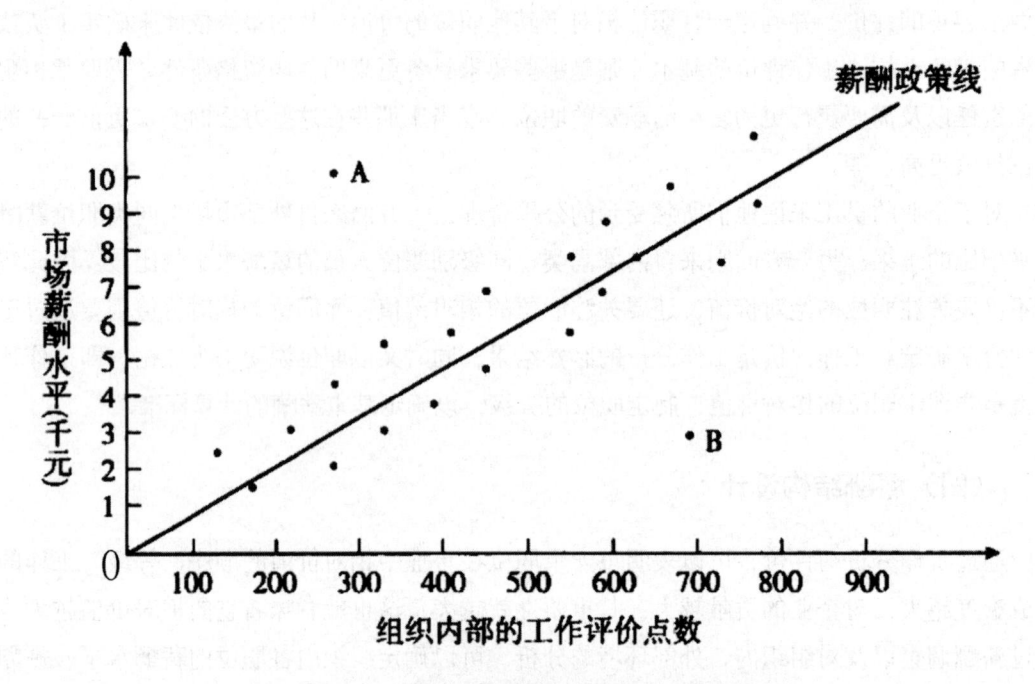

图 7-2 工作评价点数与市场薪酬水平合成的散点图

（五）薪酬分级与定薪

绘制好组织薪酬政策曲线以后，通过薪酬政策曲线就可以确定每个职位的基本薪酬水平。但是当企业的职位数量比较多时，如果针对每个职位设定一个薪酬标准，会大大提高企业的管理成本。因此，在实际操作中，还需要在薪酬的每一个标准内增设薪酬等级，即在众多类型工作职位的薪酬标准内再组合成若干等级，形成一个薪酬等级标准系列。通过职位工作评价点数的大小与薪酬标准对应，可以确定每一个职位工作的具体薪酬范围或标准，以确保职位薪酬水平的相对公平性，如图 7-3 所示。

不同薪酬等级之间的薪酬差异称为薪酬级差。薪酬级差可根据员工的职位、业绩、态度、能力等因素划分，要尽可能地体现公平。级差的大小应与薪酬等级相符，等级差异大，级差相应也大，等级差异小，则级差也小，如果两者关系不相符，容易引起不同等级员工的不满。等级差异过大，薪酬等级较低层的员工会认为有失公平，自己所得过少；等级差异过小，薪酬等级较高层的员工会认为自己的贡献价值没有得到认可，因而会挫伤其工作积极性。

图 7-3 薪酬分级示意图

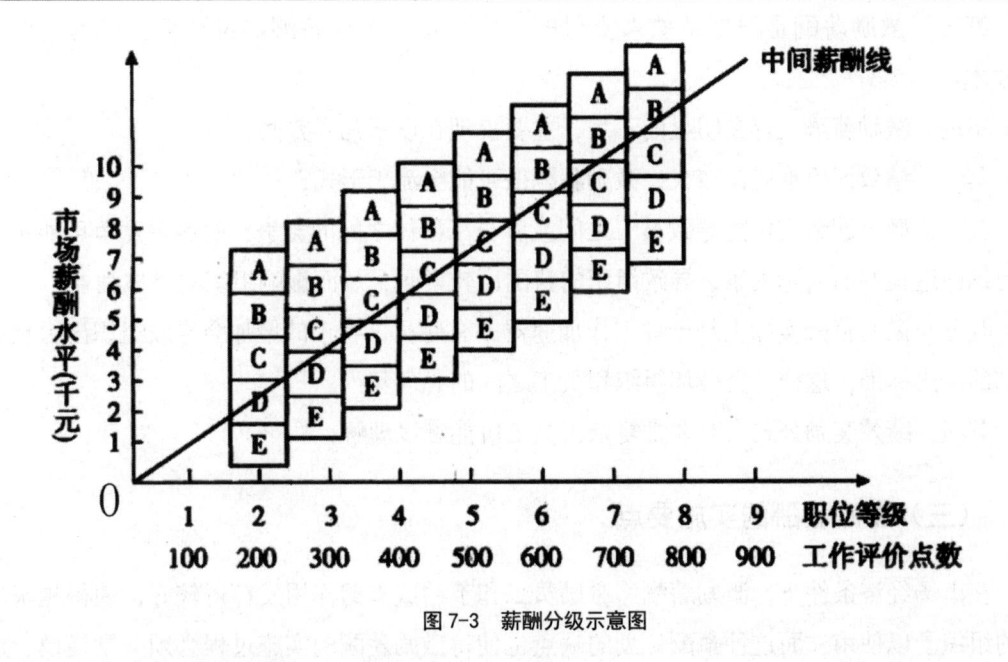

第三节 激励薪酬

一、激励薪酬概述

（一）激励薪酬的概念

激励薪酬，又称绩效薪酬、可变薪酬或奖金，它是指以员工个人、团队或者组织的绩效为依据支付给员工的薪酬。激励薪酬的目的在于，通过将员工的薪酬与绩效挂钩，鼓励员工为企业、部门或团队的绩效做出更大的贡献。激励薪酬有助于强化组织规范，激励员工调整自己的行为，并且有利于组织目标的实现。

（二）激励薪酬的优缺点

激励薪酬相对于基本薪酬来说，具有明显的优势，主要表现在以下几个方面：
第一，激励薪酬是和绩效联系在一起的，因此对员工的激励性也就更强；
第二，激励薪酬更能把员工的努力集中在组织、部门或团队认为重要的目标上，从而推动组织、部门或团队目标的实现；

第三，激励薪酬是根据绩效来支付的，可以增加企业薪酬的灵活性，帮助企业节约成本。

不过，激励薪酬也存在明显的不足，主要表现在以下几个方面：

其一，绩效评价难度比较大，激励薪酬很可能会流于形式；

其二，激励薪酬有可能导致员工之间或者员工群体之间的竞争，而这种竞争可能不利于组织创造良好的人际关系，导致组织的氛围比较紧张，从而影响组织的整体利益；

其三，激励薪酬实际上是一种工作加速器，有时员工收入的增加会导致组织出台更为苛刻的产出标准，这样就会破坏组织和员工之间的心理契约；

其四，绩效奖励公式有时非常复杂，员工可能难以理解。

（三）激励薪酬的实施要点

在市场经济条件下，激励薪酬将激励员工和节约成本的作用发挥得较好，使得越来越多的组织予以使用，而这种薪酬计划的缺点也使得激励薪酬的实施过程必须非常谨慎，这里着重指出以下几点：

第一，组织必须认识到，激励薪酬只是组织整体薪酬体系中的一个重要组成部分，它尽管对于激励员工的行为和绩效具有重要的作用，但是不能取代其他薪酬计划。

第二，激励薪酬必须对那些圆满完成组织绩效或行为与组织目标一致的员工给予回报，激励薪酬必须与组织的战略目标及其文化和价值观保持一致，并且与其他经营活动相协调。

第三，要想实施激励薪酬，组织必须首先建立有效的绩效管理体系。这是因为激励薪酬以员工个人、群体甚至组织整体的业绩作为奖励支付的基础，如果不能建立公平合理、准确完善的绩效评价系统，绩效奖励就成了无源之水、无本之木。

第四，有效的激励薪酬必须在绩效和奖励之间建立紧密的联系。这是因为无论组织的目标多么清晰，绩效评价多么准确，反馈多么富有成效，如果它与报酬之间不存在联系，绩效也不会达到最大化。

第五，激励薪酬必须获得有效沟通战略的支持。既然激励薪酬要求员工能够承担一定的风险，那就要求组织能够及时为员工提供正确地做出决策所需要的各种信息。

第六，激励薪酬需要保持一定的动态性，过去曾经取得成功的激励薪酬现在并不一定依然成功，而经常是要么需要重新设计新的激励薪酬，要么需要对原有的激励薪酬进行较大的修改和补充。

二、激励薪酬的种类

(一) 个人激励薪酬

1. 直接计件工资计划

直接计件工资计划是先确定在一定时间（比如1小时）内应当生产出的标准产出数量，然后根据标准产出数量确定单位时间工资率，最后根据实际产出水平计算出实际应得薪酬。显然，在这种计划下，产出水平高于平均水平者得到的薪酬也较高。这种奖励计划的优点是简单明了，容易被员工了解和接受。其主要缺点是确定标准存在困难。在生产领域需要进行时间研究，但是时间研究所得出的计件标准的准确性会受到观察的次数、选择的观察对象、对正常操作速度的界定等各方面因素的影响。标准过松对组织不公平，标准过严又对员工不公平。

2. 标准工时计划

所谓标准工时计划，是指首先确定正常技术水平的工人完成某种工作任务所需要的时间，然后确定完成这种工作任务的标准工资率。即使一个人因技术熟练以少于标准时间的时间完成了工作，他依然可以获得标准工资率。举例来说，对于一位达到平均技术水平的汽车修理工来说，为小汽车补一个轮胎平均需要花费的时间可能是1小时。但是如果某位修理工的工作效率较高，他可能在半小时内就完成工作了，但组织在支付工资的时候，仍然是根据1小时来支付报酬。对于周期很长、技能要求较高、非重复性的工作而言，标准工时计划十分有效。

3. 差额计件工资计划

这种工资制度是由科学管理运动的开创者泰勒最先提出的。其主要内容是使用两种不同的计件工资率：一种适用于那些产量低于或等于预定标准的员工；而另一种则适用于产量高于预定标准的员工。

(二) 群体激励薪酬

1. 利润分享计划

利润分享计划指对代表企业绩效的某种指标（通常是利润指标）进行衡量，并以衡量的结果为依据来对员工支付薪酬。利润分享计划有两个优势：一是将员工的薪酬和企业的绩效联系在一起，因此可以促使员工从企业的角度去思考问题，增强了员工的责任感；二是利润分享计划所支付的报酬不计入基本薪酬，这样有助于灵活地调整薪酬水平，在经营良好时支付较高的薪酬，在经营困难时支付较低的薪酬。利润分享计划一般有三种实现形式：一是现金现付制，就是以现金的形式即时兑现员工应得到的分享利润；二是递延滚存制，就是指利润中应发给员工的部分不立即发放，而是转入员工的账户、留待将来支付，这种形式通常是和企业的养老金计划结合在一起的，有些企业为了减少员工的流动率，还规定如果员工的服务期限没有达到规定的年限，将无权得到或全部得到这部分薪酬；三是混合制，就是前两种形式的结合使用。

2. 收益分享计划

收益分享计划是企业提供的一种与员工分享因生产率提高、成本节约和质量提高等而带来的收益的绩效奖励模式。通常情况下，员工按照一个事先设计好的收益分享公式，根据本人所属部门的总体绩效改善状况获得奖金，常见的收益分享计划有斯坎伦计划与拉克计划。斯坎伦计划的操作步骤如下：①确定收益增加的来源，通常包括生产率的提高、成本节约、次品率下降或客户投诉率下降等，将这些来源的收益增加额加总，得出收益增加总额；②提留和弥补上期亏空，收益增加总额一般不全部进行分配，如果上期存在透支，要弥补亏空，此外还要提留一定比例的储备，得出收益增加净值；③确定员工分享收益增加净值的比重，并根据这一比重计算出员工可以分配的总额；④用可以分配的总额除以工资总额，得出分配的单价。员工的工资乘以这一单价，就可以得出该员工分享的收益增加数额。拉克计划在原理上与斯坎伦计划类似，但是计算的方式要复杂许多，它的基本假设是员工的工资总额保持在一个固定的水平上，然后根据企业过去几年的记录，以其中工资总额占生产价值（或净产值）的比例作为标准比例，确定奖金的数额。

3. 成功分享计划

成功分享计划又称为目标分享计划，它的主要内容是运用平衡计分卡的思想，为某个部门或团队制定包括财务和非财务目标、过程和结果目标等在内的若干目标，然后对超越目标的情况进行衡量，并根据衡量结果对某个部门或团队提供绩效奖励。在成功分享计划中，每个绩效目标都是相互独立的，部门或团队每超越一个绩效目标，就会单独获得一份奖励，经营单位所获得的总奖励金额等于其在每个绩效目标上所获得的奖励总和。成功分享计划的目的就在于将某个部门或团队的所有员工与某些预定的绩效改善目标联系在一起。如果这些目标达到了，员工就会得到货币报酬或非货币报酬。

（三）短期激励薪酬

1. 一次性奖金

顾名思义，一次性奖金是一种一次性支付的绩效奖励。在很多情况下，员工可能会因为完成了销售额或产量，实现了节约成本，甚至提出了对企业的合理化建议等而得到这种一次性的绩效奖励。在一些兼并、重组的事件发生时，为了鼓励被收购的企业中的有价值的员工留任而支付一笔留任奖金。还有一些企业为了鼓励优秀人才下定决心与企业签约，也会向决定加入本公司的新员工提供一笔签约奖金。一次性奖金的优势是不仅能足够地激励员工，而且不至于出现薪酬大量超出企业支付的范围，所以一次性奖金比较灵活。

2. 月度／季度浮动薪酬

月度／季度浮动薪酬是指根据月度或季度绩效评价的结果，以月度绩效奖金或季度绩效奖金的形式对员工的业绩加以认可。这种月度或季度奖金一方面与员工的基本薪酬联系较为紧密，往往采用基本薪酬乘以一个系数或者百分比的方式来确定；另一方面，又具有类似一次性奖金的灵活性，不会对企业形成较大的成本压力，这是因为，企业月度或季度奖金投入的数量可根据企业的总体绩效状况灵活调整。比如，如果企业经营业绩好，则企业可能拿出相当于员工月度或季度基本薪酬120%的金额作为月度或季度绩效奖金发放；如果企业的经营业绩不佳，企业可能只拿出相当于员工月度或季度基本薪酬50%或更低比率的金额作为月度或季度绩效奖金发放。

3. 特殊绩效认可计划

特殊绩效认可计划具有非常高的灵活性，它可以对那些出人预料的单项高水平绩效表现（比如开发出新产品、开拓新的市场、销售额达到相当高的水平等）给予一次性的现金或者其他实物性奖励。特殊绩效认可或奖励计划提高了报酬系统的灵活性和自发性，为组织提供了一种让员工感觉到自己的重要性和价值的更多的机会。事实上，特殊绩效认可计划已经成为一种激励员工的很好的替代方法。这种计划不仅适用于为组织做出了特殊贡献的个人，而且适用于有特殊贡献的团队。比如，当一个工作团队的所有成员共同努力创造了显著的成果，或者完成了一项关键任务时，组织可以针对这个团队实施特殊绩效认可计划。

（四）长期激励薪酬

长期激励薪酬的支付周期通常为3～5年，长期激励薪酬强调长期规划和对组织的未来可能产生影响的那些决策。它能够创造一种所有者意识，有助于企业招募、保留和激励高绩效的员工，从而为企业的长期资本积累打下良好的基础。对于那些新兴的风险型高科技企业来说，长期激励薪酬的作用是非常明显的。此外，长期激励薪酬对员工也有好处，它不仅为员工提供了一种增加收入的机会，而且为员工提供了一种方便的投资工具。股票所有权计划是长期激励薪酬的一种主要形式，目前，常见的股票所有权计划主要有三类：现股计划、期股计划和期权计划。

1. 现股计划

现股计划就是指企业通过奖励的方式向员工直接赠予企业的股票或者参照股票当前市场价格向员工出售企业的股票，使员工立即获得现实的股权，这种计划一般规定员工在一定时间内不能出售所持有的股票，这样股票价格的变化就会影响员工的收益，通过这种方式，可以促使员工更加关心企业的整体绩效和长远发展。

2. 期股计划

期股计划则是指企业和员工约定在未来某一时期员工要以一定的价格购买一定数量的企业股票，购买价格一般参照股票的当前价格确定，这样如果未来股票的价格上涨，员工按照约定的价格买入股票，就可以获得收益；如果未来股票的价格下跌，那么员工就会有损失。

3. 期权计划

期权计划与期股计划比较类似，不同之处在于公司给予员工在未来某一时期以一定价格购买一定数量公司股票的权利，但是到期员工可以行使这项权利，也可以放弃这项权利，购股价格一般也要参照股票当前的价格确定。

第四节　员工福利

一、员工福利概述

（一）员工福利的概念

员工福利是企业基于雇佣关系，依据国家的强制性法令及相关规定，以企业自身的支付为依托，向员工所提供的用以改善其本人和家庭生活质量的各种以非货币工资的支付形式为主的补充性报酬与服务。

根据定义，我们可以从以下几方面来理解员工福利：

第一，员工福利的提供方是企业，接受方是员工及其家属；

第二，员工福利是整个薪酬系统中的重要组成部分，是除了基本薪酬和激励薪酬之外的那部分薪酬；

第三，员工福利可以采取多种形式发放，服务、实物和货币都可以是福利的支付形式；

第四，员工福利旨在提高员工的满意度和对企业的归属感。

（二）员工福利的特点

第一，实物或延期支付的形式。基本薪酬和激励薪酬往往采取货币支付和现期支付的方式，而福利多采取实物支付或延期支付的形式。

第二，固定性。基本薪酬和激励薪酬具备一定的可变性，与员工个人直接相连；而福利则比较固定，一般不会因为工作绩效的好坏而在福利的享受上存在差异。

第三，均等性。企业内部的福利对于员工而言具有一视同仁的特点，履行了劳动义务的企业员工，都有享有企业各种福利的平等权利，不会因为职位层级的高低而有所差别，但均等性是针对一般福利而言的，对一些高层次的福利，许多企业还是采取了差别对待的方式，例如对高层管理人员的专车配备等。

第四，集体性。福利主要是通过集体消费或使用公共物品等方式让员工享有，集体消费主要体现在通过集体购买和集体分发的方式为员工提供一些生活用品。

（三）员工福利的作用

1.员工福利对企业的作用

从表面上看，对于企业来说，支付福利费用是一种成本支出。但事实并非如此，科学合理的福利制度为企业带来的实际收益是远高出同等数量的基本薪酬所产生的收益的。员工福利对于现代企业的意义主要体现在以下几点：①大多数员工是属于规避风险型的，他们追求稳定，而与直接薪酬相比，福利的稳定性更强，因此福利更能够吸引和保留员工；②福利可以满足员工的心理需求并使其获得较高的工作满意度，具有较强的激励作用，能有效地提高员工绩效，实现组织的战略目标；③企业可以享受优惠税收政策，提高成本支出的有效性。

2.员工福利对员工的作用

许多员工在选择工作的时候比较重视企业所能提供的福利待遇，原因不仅仅在于福利待遇构成了总薪酬的一部分，更在于福利可以满足员工的多种需求。具体来说，福利对员工的作用可体现在以下方面：①增加员工的收入，在员工的总薪酬中，有的企业福利占到30%左右。另外，福利对于员工而言是一种保障性的收入，不会因为员工个人绩效不佳而减少；②保障员工家庭生活及退休后的生活质量。员工退休后的收入较在职时会有较大幅度的降低，国家法定的养老保险等福利待遇就能够保障员工退休后的生活维持在一定的水平；③满足员工的平等和归属需要。福利具有均等性，能让员工感受到公平和企业对他们的重视，从而获得归属感和尊重感；④集体购买让员工获得更多的优惠。集体购买产生规模效益，具有价格上的优惠；⑤满足员工多样化的需求。员工福利的形式多种多样，既可以是实物也可以是服务，多样化的福利形式能够满足员工多样化的需求。

二、员工福利的种类

（一）法定福利

这是由国家相关的法律和法规规定的福利内容，具有强制性，任何企业都必须执行。法定福利为员工提供了工作和生活的基本保障，当员工在遭遇失业、疾病、伤残等特殊困难时给予及时救助，提高了员工防范风险的能力。从我国目前的情况看，法定福利主要包括以下几项内容。

1.法定的社会保险

法定的社会保险包括基本养老保险、基本医疗保险、失业保险、工伤保险和生育保险。养老保险是国家为劳动者或全体社会成员依法建立的老年收入保障制度，当劳动者或社会成员达到法定退休年龄时，由国家或社会提供养老金，保障退休者的基本生活。医疗保险是由国家立法，按照强制性社会保险原则，由国家、用人单位和个人集资（缴保险费）建立的医疗保险基金，当个人因病接受医疗服务时，由社会医疗机构提供医疗费用补偿的社会保险制度。失业保险是国家以立法形式，集中建立失业保险基金，对因失业而暂时中断收入的劳动者在一定期间提供基本生活保障的社会保险制度。生育保险是国家通过立法，筹集保险基金，对生育子女期间暂时丧失劳动能力的职业妇女给予一定的经济补偿、医疗服务和生育休假的社会保险制度。工伤保险是国家立法建立的，对在经济活动中因工伤致残或因从事有损健康的工作患职业病而丧失劳动能力的劳动者，以及对职工因工作死亡后无生活来源的遗属提供物质帮助的社会保障制度。

2. 公休假日

公休假日指企业要在员工工作满一个工作周后让员工休息一定的时间，我国目前实行的是每周休息两天的制度。《劳动法》第三十八条规定用人单位应当保证劳动者每周至少休息一日。

3. 法定休假日

法定休假日就是员工在法定的节日要享受休假，我国目前的法定节日包括元旦、春节、国际劳动节、国庆节和法律法规规定的其他休假节日。《劳动法》规定，法定假日安排劳动者工作的，支付不低于300%的劳动报酬。

4. 带薪年休假

带薪年休假，又叫探亲假，是职工分居两地，又不能在公休日与配偶或父母团聚的带薪假期。

（二）企业福利

1. 企业补充养老保险

社会基本养老保险制度虽然覆盖面宽，但收入保障水平较低。随着我国人口老龄化加剧，国家基本养老保险负担过重的状况日趋严重，补充养老保险开始成为企业建立的旨在为其员工提供一定程度退休人员收入保障的养老保险计划。

2. 健康医疗保险

健康医疗保险是对职工基本医疗保险的补充，健康医疗保险的目的是减少当员工生病或遭受事故时本人及其家庭所遭受的损失。企业通常以两种方式提供这种福利：集体投保或者加入健康维护组织。

3. 集体人寿保险

人寿保险是市场经济体制国家的一些企业所提供给员工的一种最常见的福利，大多数企业是为其员工提供集体人寿保险。

4. 住房或购房计划

除了住房公积金之外，企业为更有效地激励和保留员工，还采取其他多项住房福利项目支持员工购房，如住房贷款利息给付计划、住房津贴等。

5. 员工服务福利

员工服务福利是企业根据自身的条件及需要，扩大了福利范畴，通过为员工提供各种服务来达到激励员工、稳定员工的目的。如给员工援助服务、给员工再教育补助、给员工提供健康服务等。

6. 其他补充福利

如交通补贴、饮食津贴、节日津贴、子女教育辅助计划、独生子女补助费等。

三、员工福利的发展趋势

（一）组织开始寻求与其战略目标、组织文化和员工类型相匹配的福利模式

随着福利种类的增多和福利覆盖范围的扩大，可供利用的福利计划的种类越来越多。但是，并非所有的福利计划都适合任何组织中的任何员工群体。从实际情况来看，有很多福利计划是和组织的目标、价值观乃至经营战略相违背的，因此，在制订组织的福利计划时，不仅要考虑现在市场上流行什么样的福利计划，更要对自己的组织进行深入的分析，知道组织的价值观是什么，组织的目标是什么，组织的员工队伍是如何构成的，未来组织要经历什么样的变革，等等。在回答这些问题的基础上，考虑所要设计的福利计划是否有助于实现这些组织目标，如果有助于组织目标的实现，公司是否具备实施这种福利计划的能力（包括成本承受能力和管理能力）。

比如，较为传统的组织希望员工能够在组织中长期工作，而员工也偏好稳定的工作和生活，他们可能会在一个组织中工作直到退休。与这样的组织特征相适应，退休福利计划就应该相对传统，以增强员工对组织的归属感。而在创新型组织中情况则不同，在这类组织中工作的人通常富有冒险精神，他们不愿意长期固定在一个组织中工作，很多人类似于或者就是自由职业者，因此，无论组织提供的退休保障计划多么完善，他们都不会感兴趣。因此，这种组织最好将现金存入员工的账户，而不是帮他们投资到组织自己的养老金计划之中。

（二）越来越多的企业开始重视和使用弹性福利

如今，企业的员工福利管理主要面临两个方面的挑战：企业成本急剧上升和难以适应员工需求变化，因而，很多企业采取了弹性福利。弹性福利是指员工在组织规定的时间和

金额范围内，可以按照自己的意愿构建自己的福利项目组合，根据自己的需要和生活方式的变化不断改变自己认为有价值的福利项目。弹性福利从本质上改变了传统的福利制度，从一种福利模式转变为一种真正的薪酬管理模式。

　　弹性福利计划的实施，具有以下显著的优点：首先，由于每个员工个人的情况是不同的，他们的需求可能也是不同的，而弹性福利充分考虑了员工个人的需求，使他们可以根据自己的需求来选择福利项目，这样就满足了员工不同的需求，从而提高了福利计划的适应性；其次，由员工自行选择所需要的福利项目，企业就可以不再提供那些员工不需要的福利，这有助于节约福利成本；最后，这种模式的实施通常会给出每个员工的福利限额和每项福利的金额，这样就会促使员工更加注意自己的选择，从而有助于进行福利成本控制，同时还会使员工真实地感觉到企业给自己提供了福利。弹性福利计划既有效控制了企业福利成本，又照顾到了员工对福利项目的个性化需求，也正是因此，弹性福利正在被越来越多的企业关注和采纳。

　　但是，弹性福利计划也存在一些问题：首先，它造成了管理的复杂，由于员工的需求是不同的，自由选择大大增加了企业具体实施福利的种类，从而增加了统计、核算和管理的工作量，这会增加福利的管理成本；其次，这种模式的实施可能存在"逆向选择"的倾向，员工可能为了享受的金额最大化而选择了自己并不是最需要的福利项目；再次，由员工自己选择可能还会出现非理性的情况，员工可能只照顾眼前利益或考虑不周，从而过早地用完了自己的限额，这样当其再需要其他的福利项目时，就可能无法购买或需要透支；最后，允许员工自由进行选择，可能会造成福利项目实施的不统一，这样就会减少统一性模式所具有的规模效应。

第八章　职业生涯开发与管理

第一节　职业生涯管理概述

一、职业及其特征

（一）职业的定义

要了解什么是职业生涯管理，我们首先需要了解什么是职业。职业这一词人们虽然耳熟能详，但却很少把它定义化。那到底什么是职业呢？从中文词义学的角度，"职业"一词中，"职"含有责任、工作中所承担的任务等意思；"业"含有行业、业务、事业、专业等意思。从社会学的角度，职业是社会分工体系中的一种社会位置。从经济学的角度，职业是社会分工体系中劳动者所获得的一种劳动角色。总而言之，职业（Occupation/Vocation）是人们为了谋生和发展而从事的相对稳定、有收入的、专门类别的社会劳动。

（二）职业的特征

1. 经济性

职业活动是以获得现金或实物等报酬为目的。

2. 社会性

职业是从业人员在特定社会生活环境中所从事的一种与其他社会成员相互关联、相互服务的社会活动。

3. 技术性

职业岗位有相应的职责要求与任职资格要求。

4. 稳定性

职业在一定的历史时期内形成，并具有较长的生命周期。

5. 规范性

职业活动必须符合国家法律和社会道德观。

6. 群体性

职业必须具有一定的从业人数。

二、职业生涯及特点

（一）职业生涯的定义

生涯是指一个人通过从事工作所创造的一种有目的、延续不断的生活模式。"延续不断"是指生涯不是作为某个事件或选择的结果而发生的事情，也不局限于某一个特定的工作或职业。生涯在本质上是一个持续一生的过程，它受个人内在和外在力量的影响。

生涯发展是指那些共同塑造我们生涯的经济、社会、心理、教育、生理以及机遇等因素的总和。它受到资金财务、团队关系、社会阶层、心理健康、个性、教育水平和经历、身体状况等因素的影响。这些内部和外部的因素结合起来影响人们职业生涯道路的发展，这些因素中任何一个因素都不能单独决定一个人的生涯，它们以复杂的方式影响和塑造人的生涯。

人们对职业生涯的理解大致有两种观点：一种观点是从组织的角度出发，将职业生涯看作某一类工作或一系列职位构成的总体；另一种是从个人的角度出发，将职业生涯看作一个人的一种功能。简单来说，职业生涯是指一个人一生中的所有与工作职业相联系的行为和活动，以及相关的态度、价值观、愿望等的连续性经历的过程。它不因一个人在某一组织中谋得一职务而始，离开该组织而终。它是一个人的一生中所占据的一连串不同职位而构成的一个连续的终身的过程，是一个人首次参加工作开始的依次从事的所有工作活动与经历，按年顺序串接组成的全过程。一般可以认为，职业生涯开始于任职前的职业学习和培训，终止于退休。我们选择什么职业作为我们的工作，这对于每个人的重要性都是不言而喻的。

（二）职业生涯的特点

1. 独特性

每个人都有自己的职业条件、职业理想、职业选择，有为实现自己的职业理想所做的种种努力，可以说，每个人也都有自己独特的职业生涯。

2. 发展性

职业生涯是伴随着个人的成长而发展的。每个人刚进入工作岗位、工作3年、工作10年和工作20年所经历的工作过程不一样，所在的岗位不一样，所做的工作内容也不一样，一般都处于不断发展中。

3. 阶段性

每个人的职业生涯发展过程，都有着不同的阶段，可以分为不同的时期。人在不同的职业生涯阶段有着不同的目标和任务，如一个阶段以学习专业知识为主，另一阶段以培养能力为主，等等。

4. 终身性

职业生涯作为一个动态发展的过程，会随着个人在不同阶段的追求而不断推进，直至职业生涯结束。"老骥伏枥，志在千里"正反映了人生晚期在职业生涯发展中的精神风貌。

5. 互动性

作为社会中的一分子，人的职业生涯是个人与他人、个人与环境、个人与社会互动的结果。

三、职业生涯管理

职业生涯管理是现代企业人力资源管理的重要内容之一，它是通过分析、评价员工的能力、兴趣、价值观等，确定双方都能够接受的职业生涯目标，并通过培训、工作轮换、丰富工作经验等一系列措施，逐步实现员工职业生涯目标的过程。职业生涯管理包含两方面：

一是组织职业生涯管理，是指由组织实施的、旨在开发员工的潜力、留住员工、使员工能自我实现的一系列管理方法。主要目的在于把员工与企业的需要统一起来，最大限度地调动员工积极性，提高员工归属感。承担组织职业生涯管理工作的主要是人力资源部门及各职能部门主管,具体包括对员工个人能力和潜力的正确评价,即通过对员工选聘、绩效评价资料的收集以及心理测试,对员工进行测评;向员工提供职业发展的信息,给予公平竞争的机会;为员工制订培训与发展计划,确定职业生涯发展路径;为员工制订知识更新方案;建立员工工作—家庭平衡计划;为员工提供职业指导和制订员工的退休计划等内容。

二是自我职业生涯管理,是指员工在职业生命周期(从进入劳动力市场到退出劳动力市场)的全程中,由职业发展计划、职业策略、职业进入、职业变动和职业位置的一系列变量构成。企业的员工都有从现在和未来的工作中得到成长、发展和获得满意成就的强烈愿望和要求。为了实现自己的愿望,需要有一个实现目标的途径,制订自己成长、发展和满意的职业计划。

实现个人与企业职业生涯管理的动态平衡对于员工个人和组织来说具有重要意义。个人与组织职业生涯管理的动态平衡模型如图8-1。

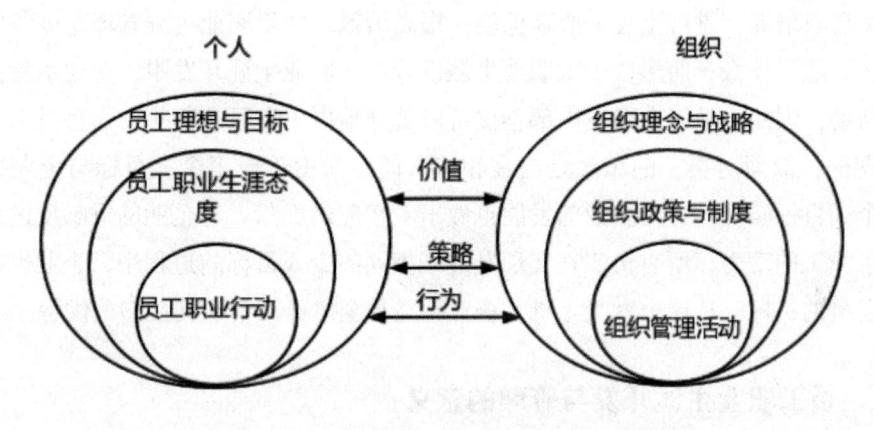

图8-1 个人与组织职业生涯管理的动态平衡模型

从图8-1可以看出,组织的价值观决定着组织的职业生涯管理模式和活动,员工的价值观、理想与目标决定着员工持有什么样的职业生涯态度。要实现员工个人与组织职业生涯管理的动态平衡,一方面要通过对员工的职业指导了解员工的价值观、理想、目标与职业生涯态度;另一方面要通过培训让员工了解组织的理念、发展战略以及职业生涯管理制度等信息。此外,企业内外部环境的变化需要企业与员工保持沟通,对个人和组织的职业生涯管理进行相应的调整。

四、职业生涯规划及开发

(一)职业生涯规划

职业生涯规划是指企业与员工共同制订、基于个人和企业组织方面需要的个人发展目标与发展道路的计划。职业生涯规划的主体是企业组织与员工个人。职业生涯规划的内容主要包括：职业选择、职业生涯目标（可分为人生目标、长期目标、短期目标）的确立、职业生涯路径的设计，还包括与人生目标及长期目标相配套的职业生涯发展战略，与短期目标相配套的职业生涯发展策略。员工的职业选择和职业生涯目标，既是个人的需要，也是企业的需要。因而，通过职业生涯规划把员工个人利益和企业组织利益有机地结合起来。

（二）职业生涯开发

职业生涯计划的实施即是员工职业生涯开发，职业生涯开发的本质是使员工个人得到全面的发展。职业生涯发展计划做好之后，员工要着手在企业内部或企业之间（跨越组织的职业生涯变动）实施职业生涯开发与设计。在实施职业生涯开发与设计的过程中，员工将沿着原来设计的发展通道，不断地从一个岗位转移到另一个岗位，从较低的层次上升到较高的层次，直至实现职业生涯目标。伴随着岗位和层次的变化，员工必须不断接受新岗位和更高层次的挑战，不断提高自身素质，改善素质结构。也就是说，员工要不断接受企业培训和自我培训，进行生理、心理保健，提高绩效。由于职业生涯管理充分考虑到员工需要什么、能干什么，而形成个人职业生涯设计。在职业生涯开发中，企业不断为员工成长提供帮助，因此，员工在企业内部不仅可以公开地提出自己的理想，而且员工的未来是可以预期的，故而对员工的激励是内在和持久的。又由于员工个人目标与企业目标相协调，当个人目标实现时，对企业的发展也做出了相应的贡献。对企业的贡献反过来又进一步强化了员工的动力，所有员工在实现其各不相同的个人目标的过程中，企业也在不断地实现其自身的目标，从这一意义上讲，企业利益是全体员工个人利益的最优解。

五、员工职业生涯开发与管理的意义

为了留住和激励员工，尤其是核心员工，企业需要建立一种能够确认以及满足员工职业开发需要的管理系统。员工职业开发对企业具有重要的意义。

（一）有利于企业对员工需求的把握

员工职业开发的主要任务就是企业对员工职业的需要、技能的了解，同时结合企业的经营目标与发展，从企业、员工双方需要出发，帮助员工克服困难，实现自我的目标，从而实现企业的目标。

（二）有利于企业有效地开发人力资源

企业进行员工职业开发必须分析企业中的不同职业及其职业道路、不同职业之间的相互作用，对企业各种人才的需要、能力及目标进行了解、评价，解决员工职业现实与需要间的矛盾；并采用激励措施，开发员工潜在职业需要，设计合理的组织结构、组织目标等，配置好人力资源，从而有效开发企业人力资源管理。

（三）有利于提高员工的环境适应能力

员工职业开发立足于员工，也是企业发展的主体因素；企业依靠员工，员工依靠企业是员工职业开发的基本点，员工要根据企业的需要与个人情况不断调整自己的计划；员工必须对自身优势与劣势有所了解，培养自己对工作环境的分析能力；同时员工要合理计划、有效分配精力与时间来完成工作任务，有目标地提高自己的技能，不断地增强自身的环境适应力与把握能力。

（四）为员工的全面发展提供有利条件

员工职业开发将员工视作全面的人，即员工不仅是工作的生产要素，还是在生活、消费、休闲、娱乐、学习等方面充当各种角色的全面的人。企业必须考虑与员工自我开发、职业开发和员工家庭开发相关的各种活动，分析其在员工的整个一生中是如何相互作用的。要关心员工的发展，在奖酬、激励机制等人事政策上为员工职业开发提供各种有利条件。

六、影响职业生涯的因素

员工个人的职业生涯发展是通过外部认可来实现的，所以员工需要把握不同的发展机会。这个过程一般要注意内外两个因素。职业生涯发展机会的分析是个人将内外部因素相结合的过程。一般来说，个人发展的可能性受个人对外部环境认知的影响，绝大部分的发展机会并未得到个人的重视。同样，由于个人受到自身历史思维定式的局限，在选择职业发展道路时，个人也往往会受到对自身认知的影响。

（一）组织环境

个人所处组织环境，是对个人职业发展影响最大的外部因素。绝大部分人初次就业时，由于受到个人认知不足的影响，都会存在一定的盲目性。但大部分人却习惯于在一个盲目性的就业选择中寻找发展的机会。组织设计的职业发展规划是为了适应组织发展的需要，而不是为了员工个人发展。

（二）行业环境

行业特点也是员工要考虑的因素。单从行业上来看，总有朝阳产业、夕阳产业之分，然而借助巴菲特的投资观，我们也许能有不同的认识。巴菲特的投资主体是传统行业，是人生活所必需的产品，如食品、药品。即使在 20 世纪互联网热潮席卷全球的情况下，其仍保持着谨慎的投资观。对个人发展也是一样的道理，夕阳产业未必不利于长期发展。在行业、公司、老板这三者间，选择老板比选择公司重要，选择公司比选择行业重要。

（三）政治环境

总体来说，政治稳定对个人长期职业生涯是有利的。而混乱的政治环境，却能够给予新人更多的机会。相对政治环境，个人所积累的财富、声望和地位都不值一提。但混乱的政治环境却能够促进激发个人潜力，创造更多的成长机会。对政治环境和个人成长的关系，可以借鉴 20 世纪 30 年代和 80 年代的中国。

（四）经济环境

国家全面取消了吸引外资的优惠政策，这也标志着在中国市场中，国民经济已经具有了足够的规模和竞争力。同样，很多优秀职业经理人的目光也从外资企业向国内企业转移。今后的一段时间内，对中国经济环境的分析中，两个因素不容忽视：一是城市化进程，中国还有几亿的农民将成为城市人口，城市化提供了市场，也提供了劳动竞争；二是经济模式的转型，中国各个产业都面临着创新和产业升级，换句话说，就是原来组装手机的，要能生产芯片；原来卖产品的，要学会卖品牌。这些因素，都是个人在制订未来职业规划时所要考虑的。

（五）自我认知

对外部发展机会的分析，本质上是个体突破自我认知的过程。如果把职业生涯规划看作是织梦，那么你每次最好不要做同样一个梦。如果工作是成就梦想，织梦就是在否定梦想。只有不断地否定、肯定，才有可能把梦做得更加圆满，才能一步步地接近梦想。所以，突破自我认知是个人职业生涯发展的重点。

七、有效职业生涯管理的要求

由于职业生涯管理是一个持续的、适应性的过程，仅靠单一的事件来判断一个员工的业绩、地位或升迁问题，并不能有效地对一个员工进行职业生涯管理。有效的职业生涯管理应满足以下四个条件。

（一）对自身和周围环境有一个深刻的认识

一些员工对自己和工作环境缺乏深入的认识和了解，当偶然遇上一个自己想干的职业，他的能力也能够得到发挥，这种情况是很幸运的。然而时间一长，人就不可能完全依靠运气了。人在职业生涯过程中需要做出许多决策，而对自身和环境的清醒认识能够使人正确地做出职业生涯决策。

（二）制定实事求是的职业目标

制定与个人价值观、兴趣、能力和所希望的生活方式相一致的目标。准确认识自身和环境，这只是职业生涯管理的必要条件，而不是充分条件。员工还需要把这种认识转变为追求某一具体目标的决策，也就是说，如果能够实现这一目标，人们就能合情合理地满足自己的那些需求。

（三）制定适当的职业生涯战略并保证该战略得到实施

制定一个有效的目标是一回事，而根据计划完成这一目标则是另一回事。有些人并没有制订明确的战略计划，偶尔凭借运气实现目标，但他不会总有这种运气，正是因为人们在长时期中要做出种种不同的决策，才要把制定并实施职业生涯战略的能力当作有效职业生涯管理的基本条件。

（四）根据环境变化做出调整

没有人能够完全掌握自身和环境的各种信息，尤其是因为人们和这个世界都处于不断变化的状态中。而且人们的职业生涯目标和战略也需要不断调整，甚至是大幅度调整。在动态变化的工作环境中，员工的职业生涯计划可能是不适宜的。然而导致无效职业生涯管理的原因并不是由于我们没有看到问题，也不是由于目标和战略不适宜，真正的问题在于人们无力认清这些困难，无法采取一些建设性的措施来解决他们。因此，有效的职业生涯管理是一个需要不断努力的过程。

第二节 职业生涯开发与管理的基本理论

职业生涯开发与管理的实践最初以职业指导形式出现，从关注个人成功出发，对个人的职业成功进行规划，而对于职业生涯的研究则开始于 20 世纪 50 年代。最初的理论大都建立在心理学的基础之上，随着职业生涯理论的形成和发展，社会学、管理学、经济学在职业生涯管理方面的作用越来越突显。

一、职业发展阶段理论

(一) 施恩的职业生涯周期理论

美国麻省理工学院斯隆管理学院 E.H. 施恩（Edgar H.Schein）教授将职业生涯周期分为成长阶段（0～21岁）、进入工作实践阶段（16岁以后）、基础培训阶段（16～25岁）、早期职业的正式成员资格阶段（17～30岁）、职业分析阶段（25岁以后）、职业中期危险阶段（35～45岁）、职业后期阶段（40岁～退休）、衰退与离职阶段、退休阶段共九个阶段（见表8-1）。[①]

表8-1　施恩职业生涯周期

阶段	角色	主要任务
成长、幻想、探索阶段（0～21岁）	学生、职业工作的候选人、申请者	发现和发展自己的需要、兴趣、能力，为进行实际的职业选择打好基础；学习职业方面的知识；做出合理的受教育决策；开发工作领域中所需要的知识和技能
进入工作（16岁以后）	应聘者、新学员	进入职业生涯；学会寻找并评估一项工作，做出现实有效的工作选择；个人和雇主之间达成正式可行的契约；个人正式成为一个组织的成员
基础培训（16～25岁）	实习生、新手	了解、熟悉组织，接受组织文化，克服不安全感；学会与人相处，融入工作群体；适应独立工作，成为一名有效的成员
成员资格（17～30岁）	取得组织正式成员资格	承担责任，成功地履行第一次工作任务；发展自己的专长，为提升或横向职业成长打基础；重新评估现有的职业，理智地进行新的职业决策；寻求良师和保护人
职业分析阶段（25岁以上）	正式成员、任职者、终生成员、主管、经理等	选定一项专业或进入管理部门；保持技术竞争力，力争成为一名专家或职业能手；承担较大责任，确定自己的地位；制订个人的长期职业计划；寻求家庭、自我和工作事务间的平衡
职业中期危险阶段（35～45岁）	正式成员、任职者、终生成员、主管、经理等	现实地评估自己的才干，进一步明确自己的职业抱负及个人前途；就接受现状或者争取看得见的前途做出具体选择；建立与他人的良师关系
职业后期（40岁到退休）	骨干成员、管理者、有效贡献者等	成为一名工作指导者，学会影响他人并承担责任；提高才干，以担负更重大的责任；选拔和培养接替人员；如果求安稳，就此停滞，则要接受和正视自己影响力和挑战能力的下降
衰退和离职阶段（45岁到退休）		学会接受权力、责任、地位的下降；基于竞争力和进取心下降，要学会接受和发展新的角色；并准备退休

---

① E.H.施恩：《职业锚理论》，载《管理科学》2003年第3期，第53-55页。

续表 8-1		
退休		适应角色、生活方式和生活标准的急剧变化，保持一种认同感；保持一种自我价值观，运用自己积累的经验和智慧，以各种资深角色，对他人进行传、帮、带

（二）舒伯的阶段发展理论

舒伯（E. Super）从人的终身发展的角度出发，根据自己"生涯发展形态"的研究成果，指出人们的职业意识和要求早在童年时就有了萌芽，随着年龄、资历和教育等因素的变化，人们职业选择的心理也会发生变化。①职业发展如同人的身体和心理发展一样，可以分为五个连续的不同阶段：成长阶段、探索阶段、确立阶段、维持阶段、衰退阶段。

1. 成长阶段（Growth Stage，0～14岁）

成长阶段属于认知阶段，经历对职业从好奇、幻想到兴趣，到有意识培养职业能力的逐步成长过程。最初的角色是孩童，随着年龄成长，休闲者、学生、帮工者的角色会占越来越大的比重。这个阶段发展的任务是：发展自我形象、发展对工作世界的正确态度并了解工作的意义。该阶段又细分为三个时期：幻想期（4～10岁），以需求为主，尝试各种经验；兴趣期（11～12岁），以喜好为主，形成自我观念；能力期（13～14岁），选择职业以能力为主，了解工作的意义。

2. 探索阶段（Exploration Stage，14～25岁）

该阶段学生角色是主要的，而公民和工作者角色正在增强。综合认识和考虑自己的兴趣、能力与职业社会价值、就业机会，开始进行择业尝试。初步进入劳动力市场，或者进行专门的职业培训。选定工作领域，开始从事某种职业。

该阶段的青少年，通过学校的活动、社团休闲活动、打零工等机会，对自我能力、角色和职业做了一番探索。这个阶段发展的任务是：认知并接受职业选择信息，同时获得有关资料；了解个人兴趣和能力及其与工作机会的关系；认清与能力和兴趣相一致的工作领域和阶层；接受训练以培养技能和便于就业，或从事能实现兴趣与能力的职业。该阶段也细分为三个时期：试探期（15～17岁），初步、简单的职业选择，多种职业的抉择；转变期（18～21岁），恐惧工作压力；尝试期（22～24岁），努力寻找合适工作，工作面对挫折。

3. 确立阶段（Establishment Stage，25～44岁）

该阶段工作者的角色占很大比重，同时配偶、家长的角色也会越来越明显。该阶段是

---

① 李青山：《舒伯"自我概念"发展理论下的高校辅导员职业生涯发展阶段研究》，载《科教导刊》2018年第15期，第88-89页。

大多数人工作生命周期的核心部分。由于经过了上一阶段的尝试，不合适者会谋求变迁或做其他探索，因此该阶段能确定在整个事业生涯中属于自己的职位，并在31～40岁开始考虑如何保住该职位并固定下来。这个阶段发展的任务是：婚姻的选择、养儿育女；从经验或训练中获得足够的工作能力；强化和改善职业地位，力求上进和升迁。

4. 维持阶段（Maintenance Stage，45～64岁）

维持阶段属于升迁和专精阶段。个体一般达到常言所说的"功成名就"情景，已不再考虑变换职业工作，只力求维持已取得的成就和社会地位。个体仍希望继续维持属于他的工作职位，同时会面对新的人员的挑战。这一阶段发展的任务是：通过在职进修或在职培训以保持技能，维持已有的成就与地位；准备退休计划。

5. 衰退阶段（Decline Stage，65岁以上）

衰退阶段属于退休阶段。由于生理及心理机能日渐衰退，个体不得不面对现实，从积极参与到隐退。这一阶段的主要任务是：适应退休生活；发展新角色。

舒伯是职业生涯发展理论的集大成者，其五阶段发展论是我们最常见的，也是应用得最广泛的职业规划理论。舒伯理论一改以往职业辅导理论关注焦点只在"职业选择"上的倾向，开始关注职业生涯发展的问题，对个体职业生涯探索和发展有重要的指导意义。

（三）格林豪斯的职业生涯理论

格林豪斯认为人在不同年龄处于不同的职业发展阶段，其不同任务发展过程理论将人的职业生涯分为职业准备（0～18岁）、进入组织（18～25岁）、职业生涯早期（25～40岁）、职业生涯中期（40～55岁）、职业生涯后期（55岁～退休）五个阶段。

1. 职业准备

典型年龄段为0～18岁。主要任务是发展职业想象力，对职业进行评估和选择，接受必需的职业教育。

2. 进入组织

18～25岁为进入组织阶段。主要任务是在一个理想的组织中获得一份工作，在获取足量信息的基础上，尽量选择一种合适的、较为满意的职业。

3. 职业生涯初期

处于此期的典型年龄段为25～40岁。学习职业技术，提高工作能力；了解和学习组织纪律和规范，逐步适应职业工作，适应和融入组织；为未来的职业成功做好准备，是该期的主要任务。

4. 职业生涯中期

40～55岁是职业生涯中期阶段。主要任务：需要对早期职业生涯重新评估，强化或改变自己的职业理想；选定职业，努力工作，有所成就。

5. 职业生涯后期

从55岁直至退休为职业生涯的后期。继续保持已有职业成就，维护尊严，准备引退，是这一阶段的主要任务。

二、职业锚理论

（一）职业锚的概念

"职业锚"(Career Anchor)是由美国著名职业指导专家E.H.施恩教授提出的。他认为，人的职业生涯发展是一个持续不断探索的过程，在这个过程中，每个人都会根据个人的能力、动机、天分、需要、态度和价值观等逐渐形成较为明显的与职业有关的自我概念和明显占主导地位的职业定位(职业锚)[①]。即职业锚是指人们通过实际的工作经验达到自我满足和补偿的一种长期的职业定位。职业锚的概念包括以下几层意思：职业锚以员工习得的工作经验为基础；职业锚不是预测，而是选择和确定的职业定位；人们选择和发展自己职业所围绕的中心是自我意向，职业锚是员工的动机、需要、价值观和能力相互作用和逐步整合的结果；员工个人及其职业锚不是固定不变的。

影响一个人职业锚的因素包括工作动机和需要、人生态度和价值观、天资和能力。天资是遗传基因在起作用，而其他各项因素虽然受先天因素的影响，但更加受后天努力和环境的影响，所以，职业锚是会变化的。个体的职业锚由自己认识到的才干和能力、自己认识到的自我动机和需要、自己认识到的自己的态度和价值观构成。

（二）职业锚的功能

职业锚能清楚反映个人的职业追求与抱负，可以帮助个人确定自己的职业成功标准和发展方向与途径；个人的职业发展方向与组织对人力资源的开发与管理有着十分密切的关系，个人职业锚的确定能有效促进员工预期心理契约的发展。同时，组织也可以根据个人发展意向有针对性地进行合理有效的职业发展途径，利于个人与组织稳固的相互接纳，从

---

① E.H.施恩：《职业锚理论》，载《中国人才》2002年第9期，第25-27页。

而加深个人的职业归属感和对组织的认同感;明确的职业成功标准和发展方向有助于组织成员积累职业技能和工作经验,为个人中后期职业发展奠定基础,为促进个人工作效率和组织生产率不断提高具有积极作用。

(三)职业锚的类型

表 8-2 职业锚的类型

类型	含义	特征
技术职能型	注重工作的实际技术和专业化	一是强调实际技术或某项职能业务;二是拒绝全面管理工作;三是追求在技术、职能领域的成长和提高;四是不看重职务提升,成功标准是专家的认可
管理型	有全面管理的强烈动机,自信具备更高职位的能力,追求更大责任和更高职位	一是倾心于全面管理,掌握更大权力,肩负更大责任;二是具有强有力的升迁动机和价值观;三是能将分析能力、人际沟通能力和情感能力强强组合;四是善于整合其他人的工作成果
创造型	追求冒险、创新和开拓	一是有强烈的创造需求和欲望;二是强烈要求标新立异、勇于冒险、意志坚定;三是同其他类型职业存在一定重叠,也要求有自主权和管理权力,但创造才是其主要动机和价值观
安全稳定型	把安全稳定作为择业的首要目标	一是追求安全、稳定、可预测的职业前途;二是对组织有较强的依赖性;三是缺乏职业发展的驱动力和主动性
自主独立型	不喜欢受组织约束,倾向于按个人意愿办事	一是希望能最大限度地摆脱组织约束;二是追求自身的自由,有较强的职业认同感;三是和其他类型的职业有明显的交叉,但对自主独立的需求更强烈
服务型	追求与人合作、为他人服务的职业价值观	一是通过工作能为他人提供支持和服务;二是适合以他人为中心的职业;三是具有与人合作服务他人的精神
挑战型	以克服困难障碍,解决难以解决的问题作为工作的目标	一是喜欢解决看上去无法解决的问题;二是成功欲望及自我激励意识比较强;三是跟其他的职业类型有交叉,但更强调追求新奇变化和困难
生活型	强调工作与生活相结合及平衡状态	一是灵活有弹性的工作时间;二是平衡个人的需要、家庭的需要和职业的需要;三是为了生活可以做出职业发展上的牺牲

三、职业性向理论

职业性向理论由美国著名人力资源管理职业咨询专家约翰·霍兰德(John Holland)提出。他认为,人格(包括价值观、动机和需要等)是决定一个人选择何种职业的另外一个重要因素。他把人格和职业均划分成几种不同的大的类型,当属于某一类型的人选择了相应类型的职业时，即达到匹配（见图 8-2）。[①]

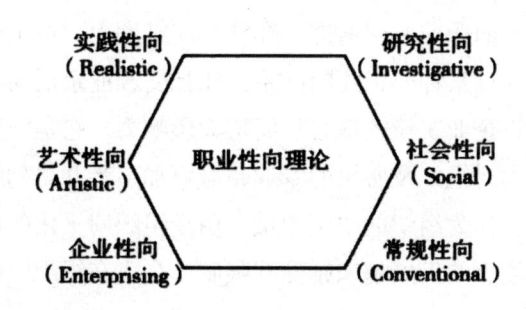

图 8-2 职业性向理论

霍兰德认为，每个人都是这六种类型的不同组合，只是占主导地位的类型不同。霍兰德还认为，每一种职业的工作环境也是由六种不同的工作条件所组成的，其中有一种占主导地位。一个人的职业是否成功，是否稳定，是否顺心如意，在很大程度上取决于其个性类型和工作条件之间的适应情况。

四、职业生涯三维向理论

美国心理学家施恩（Edger H.Schein）教授于 1971 年提出了职业圆锥三维模型，该模型将人在组织中的发展道路划分为纵向的组织等级维度、横向的组织职能或技术维度和水平的趋向组织轴心维度三个方面[②]（见图 8-3）。

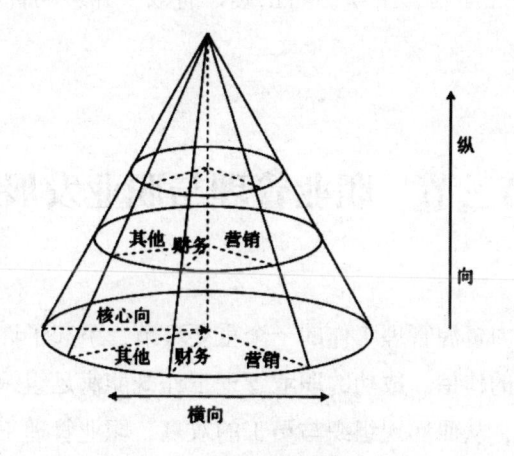

图 8-3 职业生涯三维向理论

[①] 黎小椿等：《约翰·霍兰德人格类型理论在职业指导中应用的研究》，载《鸭绿江》（下半月版）2014年第7期，第154页。
[②] 王彦文：《心理契约构建对企业管理员工的作用分析》，载《科研》2017年第7期，第73-74页。

个人在垂直方向上的运动代表升迁或降职,在组织中大多数员工的职业发展都是根据组织的等级向上或向下变化,这是一种阶梯式的职业发展。在水平方向上,个人可以沿着不同的职能部门或技术维度进行移动。横向维度的发展既可以增加个人的兴趣和工作的挑战性,又可以拓宽个人的职业发展通道。在核心向维度上,员工虽然未获正式授职晋升,处于较下层级,但却通过某种非正式的联系,如社交或业余活动中邂逅上级领导,接触后产生友谊等,容易接近企业决策的核心从而增大影响力,它是一种跨越核心圈内、外边界的运动。或者由于个人对组织及所属的专业领域更加熟悉并得到组织的信任,逐渐从组织边缘向组织核心靠近,作为组织的中坚力量。由于组织扁平化的趋势和职业发展天花板的存在,员工在垂直维度上的发展越来越受到限制,个人在组织中的职业发展路径应向横向和核心向转变。

五、帕金森的职业—人匹配理论

这是用于职业选择、职业指导的经典性理论,最早由美国波士顿大学教授帕金森提出。帕金森的理论内涵即是在清楚认识、了解个人的主观条件和社会职业岗位需求条件基础上,将主客观条件与社会职业岗位(对自己有一定可能性的)相对照、相匹配,最后选择一个职业与个人匹配相当的职业。职业—人匹配分为两种类型:

第一,因素匹配。例如:所需专门技术和专业知识的职业与掌握该种特殊技能和专业知识的择业者相匹配;或者脏、累、苦、劳动条件很差的职业,需要吃苦耐劳、体格健壮的劳动者与之匹配。

第二,特性匹配。例如:具有敏感、易动感情、不守常规、个性强、理想主义等人格特性的人,宜于从事审美性、自我情感表达的艺术创作类型的职业。帕金森的职业—人匹配理论这一经典性原则,至今仍然正确、有效,并影响着职业管理学、职业心理学的发展。

第三节 职业管理与职业发展路径

职业管理作为人力资源管理工作的一个重要环节,引起了许多公司的注意。职业管理在组织中发挥着重要的作用,成功的职业管理工作既能满足组织对人才的需求,又能满足员工自我实现的要求,从而实现组织与员工的双赢。职业管理工作包括若干方面,职业发展路径设计是其中一个重要方面。职业发展路径指明了组织内员工可能的发展方向及发展机会,组织内每一个员工可能沿着本组织的职业发展路径变换岗位。良好的职业路径设计一方面有利于组织吸收并留住最优秀的员工;另一方面能够激发员工的工作兴趣,挖掘员工的工作潜能。因此，职业路径的设计对组织来说十分重要。

一、职业发展路径的含义

职业发展路径是企业为内部员工设计的自我认知、成长、晋升和职业成功的管理方案，它为员工指明了可能的发展方向和发展机会，每一位员工都可以沿着企业设计的发展路径变换工作岗位。

（一）职业发展路径的宽窄

根据组织结构和工作需要的不同，员工职业发展路径有宽有窄。例如：要求员工在多个部门、多个工作环境中轮换工作的职业发展路径是宽职业发展路径，它对员工的综合管理能力提出了很高的要求；要求员工在有限的部门或岗位上工作的职业发展路径是窄职业发展路径，它只要求员工具有有限或专业的能力或技能。

（二）职业发展路径的速度

员工存在能力差异，可以根据员工能力和业绩的不同设置快速路径和慢速路径。对于高素质和高绩效的核心员工可破格提拔，对于能力绩效一般的员工可按正常的发展速度晋升。

（三）职业发展路径的长度

目前，许多组织的组织结构趋于扁平化，员工职业发展阶梯也相应地变短，这对员工的发展和潜力的发挥具有重要影响。

二、职业发展路径设计应考虑的问题

职业发展路径的设计没有统一的标准，需要从企业的实际情况出发，因势利导，应从四个方面去考虑：

第一，岗位的特点。在了解企业的岗位设置以及每个岗位的特点之后，根据经验和专业判断，给出初步的归类，这是职业发展路径设计的基础。

第二，岗位的重要程度。在对企业的岗位进行初步归类后，还需要考虑各类岗位对于企业的相对重要程度。一般而言，如果某类岗位是实现企业阶段战略目标的关键类别岗位，就应该单设一个通道。反之，如果某类岗位的重要程度不高，则可以与其他类似的岗位类别放在一起管理，以增强职业发展通道的针对性，降低管理成本。

第三，岗位数量的多少。在考虑上述两个方面并给出初步的归类之后，还需要比较一下各类岗位数量的多少，以判断是否足以设置一个通道。现实情况是某些岗位具有独特的工作特点,而且对企业的重要性也比较高,但有可能岗位数量非常少,在这种情况下,不宜单设一个通道。

第四,各通道间的岗位是否能够保持相对独立。如果设置不同的通道,通道间还应尽量避免岗位重合,避免某些岗位既可以归入 A 通道又可以归入 B 通道的情况,如果有这种情况出现,那么在通道设计的时候就要考虑是否放在一个通道,抑或对这些岗位的归属给出明确的界定。

三、职业发展路径类型

(一)传统职业发展路径

所谓传统的职业路径是一种基于过去组织内员工的实际发展道路而制定出的职业发展模式。即职业发展的纵向运动,员工沿着组织的等级层次跨越等级边界,获得职务的晋升。这种模式将员工的发展限制于一个职业部门内或一个组织单位中,通常是由员工在组织中工作的年限来决定员工的职业地位。

员工要实现纵向的职业发展,一般需要满足以下几个条件:

第一,任职资格是否达到上一层级的基本要求。

第二,员工的业绩表现。通常企业会通过绩效考核来反映员工的业绩表现,并不是所有符合上一层级任职资格要求的员工都有晋升的机会,而往往是从符合条件的员工中选取具有发展潜力的员工给予晋升。

第三,上一层级是否有职数 / 比例的限制,如有限制,那么在员工晋升时是否有职数 / 比例的空缺,也是决定员工是否能够晋升的重要条件。

(二)横向职业发展路径

横向职业发展是指跨越职能边界的调动,如员工由生产部门转到市场营销部门或后勤部门等,这种职业发展路径能够使工作具有多样性,使员工焕发新的活力、迎接新的挑战。虽然没有加薪或晋升,但员工可以增加自己对组织的价值,也使自己获得新生,这有利于员工扩大个人的专业知识与经历,对员工的职业生涯具有重要的作用(见图 8-4)。

员工要实现横向发展,一般需要满足以下几个条件:

第一,通道间岗位是否具有一定的相似性,体现在任职资格上即任职标准是否类似。一般来讲,横向发展主要是针对相关岗位的发展,如从纯技术人员转为技术管理人员,如果通道间任职资格标准差距过大,则表明通道间岗位特性差异较大,特别是对于一般员工,实现这样的横向发展比较困难。

第二,员工的业绩表现及个人意愿。与纵向发展类似,业绩表现也是决定员工是否能实现横向发展的重要条件,与纵向发展不同的是,横向发展可能还会涉及个人意愿问题,如在实际中会出现做技术的员工不愿意去做管理岗位的情况。

第三，其他通道岗位是否有职数/比例限制。与纵向发展类似，在限制许可的范围内，横向发展才有可能。

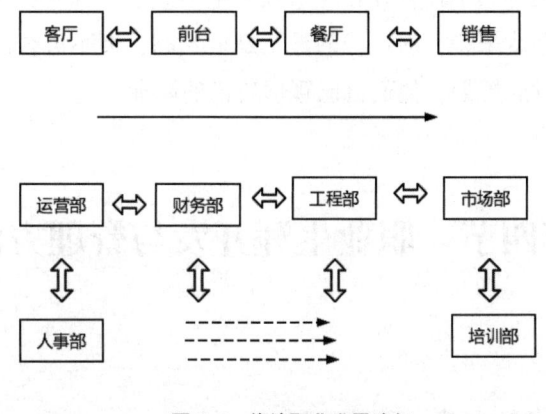

图 8-4　传统职业发展路径

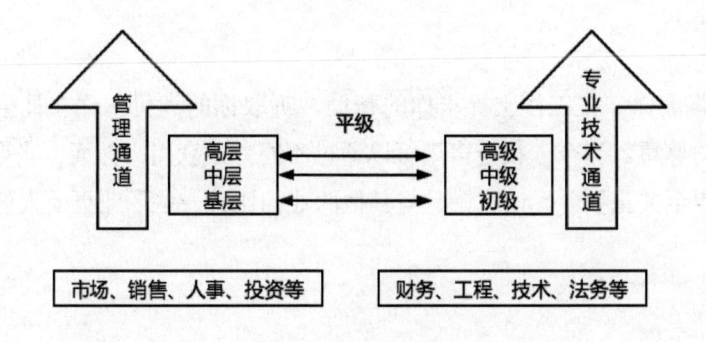

（三）双重职业发展路径

双重职业发展通道主要用来解决专业技术领域员工职业生涯发展受限的问题，包括管理职业发展通道和技术职业发展通道。双向职业发展通道并不是要将专业技术人员提升到管理岗位，而是与管理通道一样，为专业技术人员提供晋升空间。

双重职业发展路径是在为普通员工进行正常的职业路径设计的同时，为这类专才另外设计一条职业发展路径，从而在满足大部分员工的职业发展要求的同时，满足专业人员的职业发展需求。这类专业人员职业发展不体现在岗位的升迁，而是体现在报酬的变更。同一岗位上不同级别专业人员的报酬是可比的。双重职业路径的设计有利于鼓舞和激励在工程、技术、财务、市场等领域中的贡献者。这种路径设计使这些领域的人员能够增加他们的专业知识，为企业做出更大的贡献，同时得到报酬。实施双重职业发展路径能够保证组织既能聘请到具有高技能的管理者，又能雇用到高技能的专业技术人员（见图 8-5）。

图 8-5　双重职业发展路径

（四）非持续职业发展路径

这种职业发展路径提倡员工不要仅依赖于一家企业。非持续职业发展路径中的员工往往建立并保持着多项能力，使他们能在就业市场上快速转换。这样的员工在不同企业和岗位中进进出出以找到更好的工作，并在这个过程中形成了一种复合技能。虽然从人力资源的职业指导和规划的角度来说，对这样的员工是批判的，但不可否认，这种员工从来不依赖于雇主提供的职业发展规划，他们自己管理自己的职业。

第四节 职业生涯开发与管理方法

一、帮助员工了解自我

如果员工不充分了解自己的能力、价值观、兴趣和生活偏好，就很难设定合理和合适的职业生涯目标。组织可以通过提供职业生涯咨询和主办职业生涯规划活动等方式，帮助员工提高自我认知能力。同时，员工对自我的认识大部分来自在组织中的日常工作经历，绩效管理、教育培训、工作调动、工作范围的扩大都可以使员工获得经验。

（一）工作价值观

1. 高收入

最低收入对于每个人来说都是最重要的。人们对于什么是"高"收入有不同看法。所以，这里把"高收入"定义为某一特定的数额，即除生活所需外，还有可以自由支配的收入，可以消费奢侈品或者进行投资。

2. 社会声望

如果人们尊重你，在工作上寻求你的帮助、听取你的意见，你在社会上就有高的威望，得到人们的尊重。当今，社会声望可以通过不同方式获得。然而，当今社会，职业对于提高社会声望至关重要。无论对错，与其他职业相比，一些职业更受人们的尊重。

3. 独立性

与其他职业相比，某些职业能带来更多的自由决策，而无须在他人的监管和指导下工作。一个极端是有能力的自由艺术家、作家可以在完全没有监管的情况下工作。另一个极端是军队或有诸多控制的巨型商业机构，他们对个人决策有严格的限制。

4. 助人

许多人乐于帮助他人，通过工作以外的日常生活来体现。他们不辞辛苦地提供帮助、赠送礼物、捐款到慈善机构，诸如此类。这些都不包括在我们现在所谈的概念里，工作上的助人是你是否想要把"帮助他人"作为你职业的主要内容？在何种程度上，你愿意投入帮助人们改善健康、提高教育、增加福祉的工作中？

5. 稳定

在最稳定的职业中，你无须担心失业以及收入。你的工作有一定的任期——你不会轻易被解雇。即使遇到经济衰退，就业率仍然很高，没有季节性的高低起伏。你的收入总体来说非常稳定，不会因为经济低潮而消失。你的职业不会被自动化或其他技术改革所淘汰。

6. 多样性

最大限度拥有多样性的职业会包含许多不同类型的活动，要解决各种不同问题，工作地点常常变化，常常遇到新面孔。与多样性相对的是常规性、可预测性或者重复性。如果你非常看重多样性，那么你可能喜欢新鲜和惊喜，享受面对新问题、新事件、新地方和新的人。

7. 领导性

你喜欢领导他人、告诉他们怎样做并且为他们的表现负责吗？看重领导这一价值观的人通常希望拥有控制事件的权力。他们希望影响他人，让大家有效地一起工作。如果他们成熟，就会知道责任与权力相伴。当事情发展不顺利，他们要为此承担责任，即使他们本身并无过错。

8. 休闲

你的职业所允许的业余时间的数量多少有多重要？休闲包括工作时间短、假期长，或是有机会选择下班时间。

9. 兴趣

所从事的职业符合个人的兴趣特点。

10. 尽早工作

早日参加工作，积累工作经验和获得收入要比继续学习更有价值。

无论是舒伯还是凯茨的价值观分类，都是帮助个体理清自己职业价值观的优先次序。上述各种价值内容中，有些是相互冲突的，比如"高收入"和"稳定性"可能是不相融的；"领导性"和"休闲"可能是相互冲突的，要在一份工作中满足所有的价值观是不可能的。个体应当了解自己最为重视的价值内容，然后尝试在工作中满足它。

（二）兴趣

兴趣是与职业生涯决策和职业探索有关的最为重要的自我认识，它就像一个灯塔，为人们的职业发展指明方向。对于增进自我认识、改善生涯规划，了解兴趣和人格的不同分类和测量方法在其中起到了重要的作用。

1. 霍兰德兴趣理论

约翰·霍兰德（John Holland）是美国约翰·霍普金斯大学的心理学教授、美国著名的职业指导专家，他提出了一个具有广泛影响力的职业兴趣理论(职业性向理论)。[1] 这个理论有四个基本假设：

第一，人的个性大致可分为六种类型，即实际型、研究型、艺术型、社会型、企业型和常规型。

第二，所有职业均可划分为相应的六大基本类型，任何一种职业大体都可以归属于六种类型中的一种或几种类型的组合。

第三，人们一般都倾向于寻找与其个性类型相一致的职业类型，追求充分施展其能力与价值观，承担令人愉快的工作和角色，职业也充分寻求与其类型相一致的人。

第四，个人的行为取决于其个性与所处的职业类型，可以根据有关知识对人的行为进行预测，包括职业选择、工作转换、工作绩效以及教育和社会行为等。

从霍兰德的四个假设中我们可以看到，霍兰德的理论是将人分成不同的类型，这样的观点在心理学中非常常见。而且霍兰德认为，人格与兴趣比智力更重要，智力被包含在他所说的人格类型之中。[2] 实际上，我们每个人的兴趣类型是由这六种类型的不同组合所构成的，就像一个圆饼图，每一种类型在圆饼图中所占的比例不同，而每个人的圆饼图都是六种兴趣的独特组合，其中一种类型所占的份额多，而另外的类型所占的份额小，也有的人可能是各种类型所占的比例差别不大，还有些人只有某几种类型而缺少一些类型。大量研究表明，霍兰德的职业分类是一种非常有效的方法，而且根据这六种类型可以对兴趣进

---

[1] 黎小椿等：《约翰·霍兰德人格类型理论在职业指导中应用的研究》，载《鸭绿江》（下半月版）2014年第7期，第154页。
[2] 李丽虹：《以霍兰德理论分析档案职业主体性格对我国档案职业发展的影响》，载《黑龙江档案》2010年第3期，第33页。

行有效的测量（见图 8-6）。

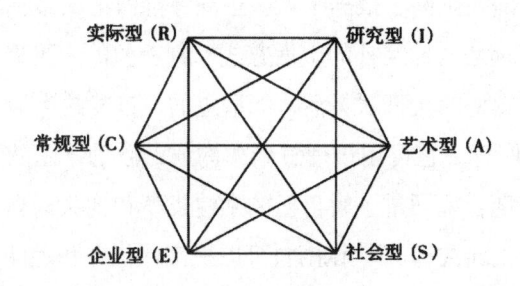

图 8-6 霍兰德兴趣理论

根据六边形模型来理解，最为理想的职业选择就是个体能找到与其个性类型重合的职业类型，即人职协调。这时，个人最可能充分发挥自己的才能并具有较高的工作满意度。如果个人不能获得与其个性相重合的职业，则寻找与其个性类型相近的职业。由于两种类型之间有较高的相关系数，个人经过努力和调整也能适应职业环境，达到人职次协调。最差的职业选择是个人在与其个性类型相斥的职业环境中工作。在这种情况下，个人很难适应工作，也不太能感到工作的乐趣，甚至无法胜任工作，是人职不协调的匹配方式。总之，个性类型与职业类型的相关程度越高，个人的职业适应性越好；相关程度越低，个体的职业适应性越差。因此，六边形模型有助于人们更好地理解和进行职业选择。

在理论中，霍兰德还制定了两种类型的测定工具，帮助择业者进行职业决策。一种测定工具是职业选择量表（VPI），该量表要求被试者在一系列职业中做出选择，然后根据测定结果确定个人的职业倾向领域；另一种测试是自我指导探索（SDS）。在测试感兴趣的活动、能力和喜欢的职业的基础上，进而查寻比较适合自身特性的职业。霍氏理论由于其较强的操作性，成为 20 世纪 60 年代后较为有影响力的职业设计理论。

2. 迈尔斯－布里格斯类型指标（MBTI）

MBTI 是使用最为广泛的人格量表之一，它是在心理学家卡尔·尤恩（Carl Jung）的研究基础上发展起来的，尤恩认为个人行为的差异是由决策能力、人际交往和信息收集偏好所决定的。该理论基础是人格的四个维度，每个维度有两个方向，共计八个方面。[①] 其中两两组合，可以组合成 16 种人格类型。

第一，内向与外向是对人世间生活的两种相辅相成的态度。对外向型人来讲，基本刺激来自外部环境——外部的人或其他事物；对内向型人来讲，基本刺激来自内因——自身的思索与反省。

第二，实感和直觉是获取信息的不同方式。凭感觉的人倾向于通过视觉、听觉、味

---

① 王维：《MBTI与职业选择》，载《新商务周刊》2019 年第 6 期，第 281 页。

觉、触觉和嗅觉五种方式获取信息；凭直觉的人倾向于通过"第六感"或预感获取信息。

第三，思维和情感是制定决策的两种不同方式。善于思考的人通过逻辑分析和客观考虑做出决策；重感情的人倾向于根据个人、主观评价做出决策。

第四，判断与知觉是两种互补的生活方式。判断型的人更喜欢决定性的、有计划、有组织的生活方式；知觉型的人喜欢灵活、能适应的、自发的生活方式。

MBTI用途十分广泛。它可用于理解诸如沟通、激励、团队合作、工作作风以及领导能力等不同类型的表现，如通过了解自己的个性类型和他人对自己的感觉，销售人员或行政人员才能有效进行人际沟通。利用MBTI可以把工作任务和团队成员的个人兴趣相匹配，帮助队员理解彼此间所存在的兴趣会怎样导致问题的有效解决，以此促进团队的发展。如可以把性质易变的工作分配给直觉型的人，评价的责任让感觉型的人承担。MBTI对于了解个人沟通和人际交往方式也是很有价值的。但是，MBTI并不能用于评价员工工作绩效和员工晋升潜力的测评。

（三）技能

除了兴趣和价值观以外，技能是自我认识中的第三个重要部分。技能是雇主特别感兴趣的部分，技能也是个人人格的重要组成部分。一些雇主、专业机构和某些组织开发出高度专业化的能力倾向测验用以测量某些特质，这些特质可以预测学习某些特定工作技能的能力。

1. 沟通能力

沟通技能包括阅读、书写、编辑、倾听、陈述和人际关系等方面的能力。这些技能在工作场所至关重要，因为它们涉及的是人们之间的信息传递。

2. 创造力

创造力包括许多不同领域的技能。例如：艺术、文学、机械和社会科学领域。

3. 批判性思维

批判性思维包括诸如在某种情境或组织中找出问题，全面思考问题，通过研究搜集证据，评估解决问题的各种方法，最终得出结论，找到解决办法。在寻找解决问题的各种方法时，你需要同时考虑它们的可能性和恰当性。在比较这些途径时，你需要一些类型的衡量标准，这些标准可能来源不同。

4. 领导能力

领导能力是指为团队制定目标并指明方向的能力。当你提出某种计划或方法来实现团队目标时，你已经是一个"正式"的领导者。这可能包括在某件事上"提出动议"以使团队采取行动，还包括给其他人委派任务或权力的能力，以及激励他人的能力。举例来说，作为解决某个特定问题的项目团队，为阐明项目团队目标提出问题或是向团队展示说明自己的提议都是领导力。

5. 生活管理

生活管理能力包括诸如时间管理这类能力，既指长期的项目、活动，也指日常生活的时间管理（例如：完成工作、每周有效地应对工作和领导要求等），具体包括准时、为行动做好准备。生活管理还包括适应变化的能力，个人生活管理还包含管理财务的能力（例如：做预算、评估收入与支出、保留详细的记录）。

6. 社会责任

社会责任方面的技能包括尊重个体和文化差异，发现他人身上令人钦佩的品质，尤其是那些外表、思想以及个人风格显得非常不同的人，这些都是具有社会责任技能的人的行为。社会责任与良好的公民身份相联系，具备这一领域技能的个体定期积极参与社区建设活动。

7. 团队合作

团队合作能力包括在团队中开创某种观点，或是促使团队成员互相合作、彼此协商。有效的团队合作行为是指承担与他人一起达到目标（合作）的责任，还包括认识自己和他人的优劣势，鼓励团队利用优势，最小化弱点。

8. 技术/科学

技术/科学技能与社会科学、生物学和物理科学等领域的经验有关。当前最为常见的技术/科学技能运用是计算机的应用。

9. 研究/项目开发

研究/项目开发技能包括为解决问题发现和使用信息的技能和决策技能。在对某个问题进行研究时，个体阅读并评估先前的工作报告，收集新数据并在书面或口头报告中进行总结，以提供新的信息。除研究问题，个体还为项目提出包含消除问题在内的一系列合理行动措施的计划，还包括关于项目方向以及项目协调配合的计划，以确保在预算内以讲求成本效益的途径达到目标。

二、建立评价中心

评价中心是由多位评价人员通过一系列的练习和测试题来评价员工表现的过程，它最早起源于德国心理学家建立的一套用于挑选军官的非常先进的多项评价过程。

评价中心技术是应用现代心理学、管理学、计算机科学等相关学科的研究成果，通过心理测验、能力、个性和情境测试对人员进行测量，并根据工作岗位要求及企业组织特性进行评价，从而实现对人个性、动机和能力等较为准确的把握，做到人—职匹配，确保人员达到最佳工作绩效。

评价中心常用的练习包括无领导小组讨论、面试、文件处理和角色扮演。研究表明，评价中心的测评结果与员工的工作绩效、薪酬水平和职业生涯发展有密切的关系；参与评价中心练习的员工通过测评所获得的有关个人的态度、能力及具有的优劣势等信息，也有利于评价中心进行员工开发。

三、工作扩大化与工作轮换

现代的对工作生活质量的兴趣，来自改变人们工作的范围以试图激励他们的努力。工作扩大化和工作轮换是扩大工作广度的两种方法。工作广度是个体所直接负责的不同任务的数量。变化幅度从十分狭窄（重复地执行一项任务）到十分宽泛（若干项工作）。只有狭窄工作广度的员工，有时会得到更多的职责，以减少他们工作中的单调乏味，这个过程称为工作扩大化。为了完成这些额外的职责，员工在每种职责上只能花费较少的时间。改变工作广度的另一种方法称为工作轮换，是定期给员工分配完全不同的一套工作活动。工作轮换可以满足员工成长需要，满足员工的职业选择倾向，满足职业生涯发展的需要。工作轮换是一项成本较低的组织内部调整和变动，既能给企业员工带来工作的新鲜感和挑战性，又不会带来太大的组织破坏，使组织重组后更具效率。工作轮换是培养员工多种技能的一种有效的方法，既使组织受益，又激发了员工更大的工作兴趣，创造了更多的职业前途选择。

四、工作丰富化

工作丰富化是扩大工作深度的一种方式，它是指通过在工作中加入额外的激励性因素以使工作带来更多回报。工作丰富化是赫茨伯格根据自己的研究形成的，研究表明激励员工最有效的方法，是重视他们的更高层次的需要。工作丰富化试图通过赋予员工执行工作中更多的控制权、责任和自由决定权，来加深工作的深度。扩大化与丰富化的区别在于，工作丰富化集中于满足员工更高层次的需要上，而工作扩大化集中于加入额外的任务，而使员工的工作更具多样化。甚至两种方法可以混合使用，在扩大工作数量的同时，加入更多的激励，从而在两方面尝试改善员工的工作和生活质量。

工作丰富化带来很多好处。它的一般结果是角色的丰富化促进了员工的成长和自我实现。工作的建立鼓励了内在动机。因为动机不断增强，绩效就会提高，从而提供了一种更人道的和更高效的工作。消极行为也往往会减少，如离职、缺勤、不满和怠工。这样，员工、企业和社会都有所受益。员工完成工作更加出色，感受到了更高的工作满意度，自我实现得更充分，从而能够更有效地参与生活中的各种角色。社会不仅有了更有效胜任角色的成员，而且也从更高的工作绩效中得到了好处。

当工作本身更具有挑战性时，当鼓励成就时，当有成长的机会时，当组织提供了责任、反馈和认可时，就会形成工作丰富化。但是，员工是判断什么使其工作丰富的最终裁判。管理者所能做的只是搜集信息，确定什么能丰富工作，在工作系统中尝试这些变革，然后确定员工是否感觉到工作的丰富化。

在努力创建激励因子的同时，管理者也会注意维护因子，当激励因子有所增强时，他们会设法使维护性因子保持稳定或更高。如果在工作丰富化方案中，允许维护性因子下降，则员工可能不太响应丰富化方案，因为不足的维护因子分散了他们的注意力。对工作丰富化系统方法的需要，能通过收益共享得到满足。

由于工作丰富化必须从每一员工个人的观点出发考虑，所以，如果员工拥有别的选择的话，并不是所有的员工都会选择丰富化了的工作。从不同的工作需要的角度来说，这其中存在着一种权变的关系，有些员工可能更喜欢常规化工作的简单与安全。

五、工作与生活融合

个人职业生涯与家庭生活之间有着非常密切的关系，员工每一个职业阶段都与家庭因素相关。

组织可以通过以下措施来实现员工工作与家庭的融合：

第一，向员工提供家庭问题和压力排解的咨询服务。

第二，举办文化娱乐活动，让员工家庭成员也参与进来。

第三，将对员工的福利计划扩展到家庭成员，把员工的家庭因素列入员工晋升或工作转化的考察条件之中。

第四，为员工提供日托援助，帮助员工照顾孩子和老人等。

从员工个人的角度来说，如果有幸去追求自己的事业，而不只是应付工作，那么就应该欣然接受工作与生活之间的不平衡。如果总是每天、每周、每月地算计自己的工作时间，很可能就是在应付工作而不是在追求事业。相反，工作与生活之间的界限越是模糊，越可能在工作上和生活中都取得成功。工作与生活之间的平衡这个问题，不在于不能将两者分开，而在于不能融合它们。其根源就在于，很少有人能够享受他们的工作。要真正成功平衡工作与生活，唯一的方法就是：遵从内心的喜好，找到自己的使命，学着去欣然接受工作与生活之间的不平衡。

第五节　员工职业生涯阶段管理

职业生涯管理是一个长期、动态的管理过程，它贯穿于员工职业生涯和企业发展的全部过程。员工职业生涯可分阶段进行管理，在不同的人生阶段，员工的心理素质、生理特质、智能水平、工作经历、社会家庭负担等均有不同，这就需要企业针对不同阶段的特征进行相应的管理。

一、成年人的发展阶段

对一个人的发展阶段进行划分是一件困难的事情，没有一个准确而清晰的划分，但是人的发展阶段大致是相同的。不同文化背景和社会的人，对成年有不同的理解。

（一）成年早期

成年早期一般从一个人进入成年期开始，一直到30岁左右，有的甚至延长至35岁。在这一时期，年轻人开始离开父母，在经济和情感上逐渐开始独立，开始寻求生理和安全方面的需要。他们探索和尝试着开始承认成年人的角色和责任。成年早期的男性不断地问自己"我到底想要什么"，女性由于受到很多事情的限制，在实现自我和职业定位上往往比较模糊。对于自己所选择的职业，成年早期的人进取心和事业心都很强，将自己的大部分精力和时间都放在了工作上，希望在事业上能有所成就，并开始家庭的组建。

（二）成年中期

这个时期的时间跨度一般是从35岁（或40岁）到50岁（或55岁），这个时期的个体面临着复杂的家庭和社会关系。该时期的成年人处于家庭结构的夹心层，来自家庭、子女教育、父母赡养方面的压力巨大。在工作上，不断评价自己的职业选择，对自己的梦想和目标不断修正。成年中期的人开始问"我的工作令人满意吗""我如何才能平衡工作与家庭之间的关系"等问题，开始寻求社交、成功、尊重方面的需要。这一时期的成年人也容易出现"职业倦怠"，对工作失去动力和兴趣。

（三）成年晚期

成年晚期一般在 50 岁或 55 岁以后，该时期的成年人认知和身体情况逐渐出现下滑趋势，个人自我意识上升，开始怀旧和注重友情，家庭出现空巢现象。个人对自我实现的需求越来越强烈，以此追求个人精神上的满足。在职业发展上，个体进入了职业发展的末期，精力、学习能力开始衰退，并开始制订退休计划。但是由于在成年早期和中期的实践和积累，具有处理各种人际关系的能力和经验，可以担当职业导师的角色，继续发挥作用。

在不同的年龄阶段，员工的需要和期望也在随个人发展发生着变化，处于职业生涯早期的员工更多地注重生理、安全和社交方面的需求，到了职业生涯中期则更多地关注成功和尊重的需要，职业生涯晚期则追求个人的自我实现，成年人的发展阶段与职业发展阶段的关系如图 8-7。

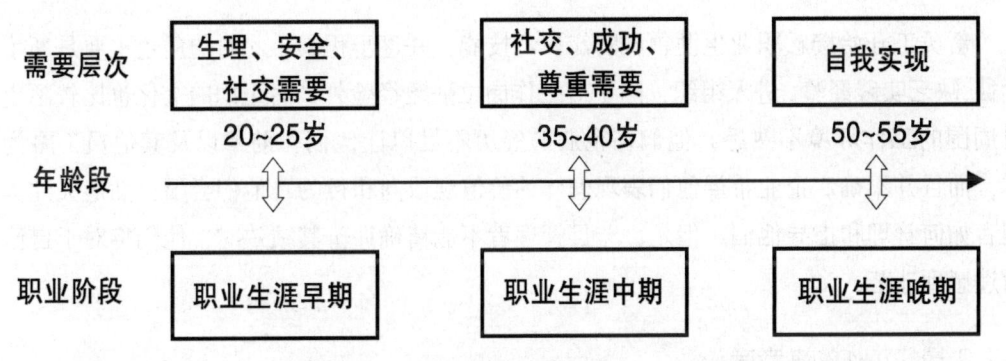

图 8-7　成年人发展阶段与职业发展阶段的关系

二、职业生涯早期管理

新员工是企业发展的新生力量，是企业可持续发展的重要资源，其能力、技能和知识将是企业未来核心竞争力的重要组成要素。然而，目前我国很多企业新员工的流失率很高，新员工的跳槽问题成为制约企业发展的问题。许多企业都处于"招聘—流失—再招聘"的循环中，不但造成招聘和培训中人、财、物的大量浪费，而且由于这些员工在企业停留的时间短，企业的人才缺乏问题尚未得到及时有效的解决，影响企业的正常发展。如何留住新员工，让他们在公司安心、稳定地工作，由新员工转变为老员工，成为企业亟待解决的问题。

当企业的发展目标与员工的职业生涯目标相一致时，员工就能最大限度地发挥工作积极性及创造性，为企业创造更多的财富，从企业获得更多的回报，从而实现企业与职工"双赢"的目标。同时，员工觉得在企业中大有可为，可以极大地提高其组织归属感。因此，对企业而言，实现留住新员工的最关键、最有效的措施是进行员工早期职业生涯管理。

（一）员工早期职业生涯发展的影响因素

1. 现实的冲击

初期入职后，新员工的高工作期望将会面临缺乏挑战性和枯燥乏味的工作现实，易使员工产生不同程度的沮丧。例如：一个大学生满怀希望地寻找自己第一份富有挑战性的工作，并期望在这份工作中能充分运用自己在学校学到的专业知识，发挥自身的优势，展示自己的能力以获得上司的认可。然而，在现实社会中，他们往往发现自己被安排在那种并不太重要的低风险工作岗位上，或是马上限于错综复杂的人事关系中而无法实现自己在工作中的抱负。

2. 最初工作的绩效评估

新员工开始接触职业生涯领域的知识、技能，并逐步积累，此时的角色主要是新手、学徒，缺乏实践经验。进入组织，除了对工作岗位缺乏经验外，对组织的文化也比较陌生，对周围的工作环境不熟悉。他们在企业的经历不足以让他们和前辈以及其他员工融为一体，而且并不确定企业希望他们表现怎样的价值观取向和行为。他们会很自然地关注其管理者如何管理和指导他们。但是，一旦管理者不能精确评价其绩效时，他们将对于自己的前途感到迷茫。

3. 最初工作的满意度

新员工对组织的想象和对工作的企盼与现实之间有一定的差距，甚至过于理想化。当他们发现自我评价不能被企业的其他人接受时，肯定会感到失望和不满。一般来说，不现实的渴望和最初工作的平庸导致很低的工作满意度，特别是对于成长和自我实现需要的满意度很低。

（二）新员工早期的职业生涯管理

为消除上述因素的负面影响，企业应采取以下措施，积极进行新员工的职业生涯管理。

1. 提供真实的工作预期

企业在招募新员工时应提供较为真实的工作预期，最大限度地降低现实冲击。如果在面试阶段，急于将自己优秀的一面表现给对方，就会在发出不真实信息的同时，接受到对方提供的不真实信息。其结果是，面试主考人员对求职者的职业目标可能难以形成较真实的印象，而求职者对企业也形成了一种较好的但也许是不现实的印象。通过现实的工作预展，新员工不仅能了解他们能够得到的利益，还能了解可能遇到的障碍。研究显示，接受现实工作预展的员工更有可能留在原岗位，而且与不接受现实工作预展的员工相比，他们的工作满意度更大。

2. 对新员工进行上岗引导

新员工上岗引导是指给新员工提供有关组织的基本情况，包括工资如何发放和增加，怎样获得工作证，工作时间为每周多少小时，将与谁一起工作，等等，这种信息对企业新员工做好本职工作十分重要。上岗引导是企业新员工组织化的一个重要组成部分，有助于减少新雇员上岗初期的紧张不安，以及可能感受的现实冲击。

3. 提供富有挑战性的在岗锻炼机会

企业发现，新员工在第一年中所承担的工作越富有挑战性，他们的工作也就显得越有效、越成功。霍尔根据自己的研究指出，提供富有挑战的起步性工作，是帮助新雇员取得职业发展的最有力然而却并不复杂的途径之一。

尝试各种具有挑战性的工作也是新员工进行自我测试以及使自己的职业锚更加具体化的一个最好办法。通过在不同的专业领域中进行工作轮换（比如，从财务分析到生产管理再到人力资源管理，等等），企业的新员工们获得了一个评价自己的良好机会。同时，企业也得到了一位对企业事务具有更宽的多功能事业的管理者。工作轮换的一种扩展情形被称为"职业生涯通道"，它是指认真地针对每一位雇员制订他们的后续工作安排计划，促进雇员的职业生涯发展。

4. 提供职业生涯管理帮助

新员工与其上级之间往往存在一种"皮格马利翁效应"。也就是说，上司的期望越高，对自己员工越信任、越支持，那么新员工干得就越好。企业应采取一些措施，加强新员工的职业生涯管理和开发。比如，开展一些活动使新员工学习职业生涯管理的基本知识，并有机会参与各种以明确自己的职业锚为目的的活动以及形成较为现实的职业目标等。同时，企业还可以举行一些职业咨询会议（有时作为工作绩效评价面谈会的一个组成部分）。在这种会上，主管人员（或是人力资源管理负责人）将根据每一位新员工的职业目标来分别评价他们的职业生涯发展与进步情况，同时确认他们还需要在哪些方面开展职业生涯开发活动。

5. 提供学习培训机会

企业积极为新员工提供各种学习和培训的机会，例如：提供职业辅导和各种语言、技能培训等；提供新员工在企业内部选择工作岗位的机会。在新员工轮岗过程中提供不同职位的学习机会，使新员工成为复合型人才，同时也帮助新员工更好地发现自己的优缺点，找到适合自己的职位和发展方向。与此同时，鼓励新员工在工作之余参加企业外的培训，报销培训费用或给予一定数额的培训补助，在培训期间照发工资。以物质奖励的方式来鼓励新员工在培训中投入时间和精力，及时为新员工将来的发展提供支持，同时也为企业储备人才。

三、职业生涯中期管理

职业生涯中期是一个时间长、变化多，既有事业成功，又可能引发职业危机的敏感时期。处于职业发展中期的人面临着职业转变和保持工作活力的两大任务，员工不得不与更有精力、更有雄心、受过更高教育的年轻人进行激烈竞争。该时期员工可能会出现职业高原和落伍感两方面的压力，这直接影响着员工的工作效率。面对以上两方面的压力，有的员工只是保持现状，有的员工却继续提高自己，不断学习发展。

职业生涯高原是职业生涯中再晋升的可能性非常小的那一时刻，员工晋升通道越来越狭窄，发展机会越来越少。落伍是员工缺乏完成工作所需的最新知识或技能。这时员工就会考虑职业变换，导致职业变换的原因可能是达到职业生涯高原、变得落伍、变得厌倦、觉得未被重用、被安排到不适合的职位上等外部原因，也可能是员工对自己不满意、高估自己的能力等内部原因。

（一）帮助员工正确理解职业生涯中期遇到的各种问题

企业各层领导，包括高层的管理人员，必须重视员工在职业生涯发展中期遇到的问题和困难。通过举办各种研讨会、学习班、培训班和互助小组等活动，为员工提供表达自己困惑的机会，帮助员工克服困难，使他们更坚强、更健康地进入职业发展中期。对于某些员工，可能还要借助外部的职业咨询师或专家来帮助员工度过职业困惑期。

（二）为员工提供更多的职位变动机会

在组织结构扁平化的趋势下，员工的晋升机会有限，用工作轮换和平级调动的方式可以有效刺激那些处于职业高原状态的员工。平级调动由于不用将员工调动到其他地方，对员工的吸引力较大。工作轮换可以充分利用员工的能力，在组织的不同部门为解决组织问题提供新的视角。无论是平级调动还是工作轮换，只有在能够给员工带来新的挑战和学习新的知识的情况下，对员工的激励作用才是有效的。

（三）改进员工的工作以挖掘工作潜力

许多员工在该时期晋升的机会很小，但他们对于职业成功和自我价值实现的愿望依然强烈，这就需要组织赋予员工具有多样性、挑战性的工作，赋予其更多的责任和权力。通过团队合作、任务小组等形式激发员工的活力使他们获得同事和公司的认可，这可以有效防止核心员工出现"暮气沉沉"的态度和低效率的工作行为。

（四）为员工提供持续的培训和教育

根据员工的发展需要和要求，让员工参与适当的教育课程，在为员工分派富有挑战性的工作任务的同时，计划周密、要求严格、持续的培训教育能给员工带来极大的工作动力。培训教育内容可以是高级的管理或技能学习课程，也可以是专项培训，如职业经理人的培训等。

（五）为员工提供更多的薪酬奖励

职业发展中期的员工依然看重薪酬的多少，在组织的薪酬制度中制定宽带薪酬，为服务质量高、工作能力强、业务绩效高的员工提供高于其岗位工资的薪资水平，将企业薪酬与员工的能力、绩效挂钩，而不是与员工的职位挂钩。

四、职业生涯晚期管理

员工进入职业生涯晚期意味着员工的职业生涯面临终结，员工在身体上和心理上都发生着重要变化。落伍和职业生涯高原这些问题虽然通常发生在职业生涯中期阶段，但到了职业生涯晚期，这些问题将日趋恶化。老员工在生产率、工作效率、在压力下的工作能力、雄心壮志、对于新观念的接收和适应能力以及发展新技巧的能力方面都处于低谷。但是相对于新员工，老员工的缺勤率、流动率、事故率都较低，并且具有较高的工作满意度和忠诚度。只要公司尊重他们，认识到他们的价值，他们可以成为其他员工学习的标杆和榜样。

（一）为老员工提供指导咨询职位

该时期员工具有丰富的行业管理经验和服务技能，为其指派指导员工，既可以使新员工获得帮助，又可以使老员工在被指导者的成长、发展和进步中得到最大的满足感。如在服务技能方面，为员工提供技术指导；在经营管理方面，为员工提供解决问题的新方法和思路。

（二）为员工制订退休计划

员工的退休计划包括何时退休、工作衔接、退休后的生活等，旨在使公司有计划地分批安排员工退休并做好交接工作，帮助退休员工顺利地度过从工作到退休的转变。一些员工在组织的资历和地位较高,离开工作岗位后会使其生活进入一种令人厌烦和难以忍受的状态,组织就要根据员工的需要,对员工返聘做一些咨询管理方面的工作。组织对员工的退休计划还应该解决员工健康和安全、住房、理财计划、社会保险等方面的问题,使员工的职业生涯晚期有必要的保障。

(三)为员工制定弹性工作制度

对于管理或业务能力强、适应性好,但又到达退休年龄和标准的员工,组织可以建立一套合适的弹性工作制度留住员工,使其在组织的经营管理过程中继续发挥余热。弹性工作计划包括让员工从事兼职工作或季节性的工作,安排职业咨询或专业咨询工作,缩短的工作时间以及工作调整等。

(四)制定绩效标准并反馈

对老年员工应该制定清楚的绩效评价标准并告知。当老年员工的生产率将要下降时,就应该用清楚的行为术语来表述绩效问题,并对持续无效绩效的后果进行确定,并指出如何改善绩效的方法。

(五)持续教育和工作调整

通过持续不断的学习,结合各种刺激手段,赋予责任明确的工作任务,进行持续的教育,这几方面结合起来,对于职业生涯晚期阶段的员工恢复士气能起到重大的作用。可以通过以下措施来防止老年员工落伍:一是对员工培训和发展的需要进行透彻评价;二是设计出一套发展其他能力的工作经历,比如为跟上技术、管理或者行政方面的发展所需要的技能进行培训;三是对这种标准方法的效用做出评价;四是确定未来再培训的需要并制订相应的长期计划。

第九章　跨文化人力资源管理

第一节　文化差异及人力资源管理的影响

一、文化与文化差异

（一）文化的界定

广义的文化是指人类所创造的一切物质财富和精神财富的总和；而狭义的文化是指人们的生活方式和认识世界的方式。文化是一代代传下来的，对于存在、价值和行动的共识，由特定的群体成员共同形成，是社会与人们共同生活的基础。

（二）文化差异

文化差异是指不同国家、民族间文化的差别，它主要体现在价值观、传统文化、语言和沟通障碍等方面。不同类型的文化具有明显差异，这种差异不仅可以从表面上通过地区、国家、宗教、组织等外在特征进行区分，还可以从多个维度、更深层次上进行认识与分析。文化差异主要体现在以下几个方面：

1. 价值观的差异

价值观是人们对客观事物的意义和重要性的总体评价。这种评价使个人行为带有稳定的倾向性，每一种文化都有其特定的价值观，支配着人们的行为，影响着人们对事物的看法。一个国家的人们所最注重的东西，可能对另一个国家的人来讲是无足轻重的。不同国家的人们在价值观上的差异往往会使跨国公司的管理人员感到困惑和不解。

2. 传统文化的差异

不同国家、不同民族的历史和文化传统是造成文化差异的重要因素。一般来说，具有悠久历史和传统的国家，人们在思想上会比较保守，在行动上害怕冒险，寻求稳定。这样性格特征的职员不愿意变换工作、改换新环境，他们寻求比较有安全感和稳定的职业；反之，则相反。

3. 种族优越感

由于各国经济发达程度的不同和各个民族历史上的差异，使得一些人认定一个种族优越于其他种族，认为自己民族的文化价值体系比其他民族的价值体系优越，这是形成跨文化差异的重要主观因素。

4. 语言和沟通障碍

语言及文字差异是不同文化差异最直观的表现。不同语言及其表达方式的不同，也同样是跨文化差异形成的原因。对对方语言的不了解造成沟通上的障碍，很容易引起误会。

二、跨文化差异与跨文化冲突

（一）跨文化差异

跨文化又叫交叉文化，是指具有两种不同文化背景的群体之间的交互作用和影响。当一种文化跨越了在价值观、宗教信仰、思维方式、语言、风俗习惯以及心理状态等方面与之不同的另一种文化时，我们就称之为跨文化。通常，跨文化企业是由来自不同文化背景的、存在跨文化差异的员工所组成的，并往往跨越了地域、民族、政体、国体的跨文化经营管理的经济实体。

当一个隶属于特定文化环境的组织进入一个新的社会文化背景或者两种及以上文化在同一个组织中交会时，不同文化之间的差异就会明显地表现出来，并对组织成员的行为及整个组织的绩效产生显著的影响。这种跨文化差异可以分为三个层次：

第一，跨文化企业所在国家（民族或地区）的文化背景差异。这是跨文化差异的宏观层面，此层面的研究通常是以国家为单位，因而具有典型性和分明性。这一层次的跨文化差异还应包括双方母地区、母城市的文化背景差异。

第二，跨文化企业自身特有的企业文化差异。这是跨文化差异的中观层次。跨文化企业是各种组织文化的聚集，例如，通过收购和合并，企业发展出多种多样的海外子企业，尽管企业总部的运作对其子企业的组织文化会产生重大影响，但是海外的分企业也向总部输入文化，影响着总部的文化。

第三，跨文化企业内部的个体文化差异。它是跨文化差异的微观层次。任何不同的两个个体身上都可能存在跨文化差异，这主要是由于不同的个体有着不同的年龄、性别、工作态度、教育背景、宗教信仰、工作方法、技巧和经验。如年长者和年轻者、男性和女性、上级和下级、不同部门的员工之间就存在着文化差异。

（二）跨文化冲突

跨文化冲突，是指不同形态的文化或者文化要素之间相互对立、相互排斥的过程，它既包含了跨国企业在他国经营时与东道国的文化观念不同而产生的冲突，又包含了在一个企业内部由于员工分属不同文化背景的国家而产生的冲突。

第一，从企业内部看，企业从事跨国经营活动时，往往为了实现其本土化的目标而招聘了来自东道国的人员进入企业，特别是一些全球性扩张的跨国企业，其内部成员往往来自多个国家和地区，这些人员由于各自所处的文化环境不同，从而导致了他们拥有各自不同的文化背景，这就必然在企业内部造成了文化冲突，这种文化冲突包括了企业成员之间的文化冲突和来自企业成员的文化与企业原先文化之间的冲突。冲突可能来自价值取向不同、风俗习惯的差异、语意翻译及表达上的误解等。

第二，从企业外部看，企业从事跨国经营活动进入东道国后，会受到来自东道国外在文化环境的影响，这种文化环境（包括有关政府机构、政府所颁布的有关法律和法规、中介组织、有关团体等）会在某些方面与企业原有的企业文化产生冲突。文化冲突的结果往往会导致跨国企业遭到来自企业内部和外部两方面的打击。

三、文化差异对人力资源管理的影响

不同的文化对成长于其中的组织或个体造成了长期而稳定的影响。在人力资源管理方面，这种影响尤为直接与突出。霍夫斯泰德根据自己多年的研究，对不同国家的文化特征及对人力资源管理的影响进行了系统的总结。

赵曙明和武博在分析和比较了美、日、德、韩四国历史差异及文化差异的基础上，发现由于人力资源管理发展与开发的历史背景不同，文化价值约束条件差异明显，深刻影响着上述四国人力资源管理的形成与架构。[①] 诸多研究成果都证明，各国的人力资源管理制度差异与其国家文化差异有着密切的关系。因此，进行跨文化经营的企业在人力资源管理活动中应当充分考虑文化差异因素。

---

① 赵曙明等：《美、日、德、韩人力资源管理发展与模式比较研究》，载《外国经济与管理》2002年第24期。

第二节 跨文化人力资源管理的基本模式

一、跨文化人力资源管理的含义

跨文化人力资源管理即跨文化企业的人力资源管理，而跨文化企业是指由来自不同文化背景的、存在跨文化差异的员工所组成的企业。

跨文化人力资源管理的基本模型包括三个维度：一是人力资源管理活动，包括人力资源的获取、分配和利用；二是与跨文化人力资源有关的三种国家类型，即东道国、母国和第三国；三是跨国公司的三种员工类型，即东道国员工、母国员工和第三国员工。所谓的跨文化人力资源管理就是在人力资源管理活动、员工类型和企业经营所在国类型三个维度之间的互动组合。①

文化差异对人力资源管理有着显著的影响。跨文化企业与单一文化背景下的企业具有不同的文化特征（见表9-1），人力资源管理活动也存在着明显的不同。

表 9-1 跨国企业与同一母国企业跨文化管理比较②

项目	跨国企业	同一母国企业（以中国为例）
种族差异性	多数为不同种族	相同种族
国籍差异性	多数为不同国度	同一国度
历史文化	拥有不同的历史和文化渊源	拥有相同的历史和文化渊源
价值观	大多数迥然相异	比较接近，略有区别
传统风俗	相异性大	相异性小
文化和传统的标志物	基本上无相同标志物	有相同的标志物
与家庭的亲密性	比较独立，重视自己	比较亲密，家庭观念强
管理模式	比较民主	比较集权
中、高层管理人员	由母国选派	由董事会确定
雇员关系	较难融合	较易融合
情、理、法关系	顺序多为：法、理、情	顺序多为：情、理、法

---

① 赵曙明：《国际企业：人力资源管理》，南京大学出版社2010年版。
② 廖泉文：《人力资源管理》，高等教育出版社2011年版。

首先，跨文化企业人力资源管理的范围更宽。除跨国企业总部所在的母国以外，有关的人力资源管理活动还需要在东道国或第三国实施，包括母公司外派人员的薪酬福利计划、招聘东道国或第三国员工等。

其次，对管理者的要求更高。相对于国内人力资源管理者，跨文化人力资源管理者的职能范围增加了许多额外的内容。比如，重新安置和职前引导那些来自他国或即将派往他国的员工；参与语言方面的翻译、培训服务；加强对东道国员工的培训以实现管理的本土化；关心外派员工的生活等。

最后，管理者必须具备更广阔的专业视野。为了更好地履行人力资源管理的各项职能，跨文化人力资源管理者必须具备更多的专业知识。比如，了解东道国的风土人情、工作习惯及该国在人力资源管理方面的实践和相关的法律知识等，同时，还必须了解母国和东道国之间的文化差异性，并评估这些差异性对外派人员的工作绩效可能带来的影响。

导致跨国经营失利的原因通常与人力资源的低效管理有关。如果对国外文化环境缺乏深入了解，那些在国内环境中曾被证明是成功的、特定的管理理念和技术，在国外环境中常常会遭到挫折，导致失败和低成就。

需要注意的是，不仅跨国企业或国际化企业需要注重文化差异对传统人力资源管理的影响，所有具有明显跨文化特征的组织都必须以跨文化管理的相关理论与方法为指导开展自身的人力资源管理活动。例如，同一国家不同区域的文化可能存在明显差异，甚至同一区域内部，不同企业的企业文化也可能显著不同，因此，在跨区域经营或合作经营过程中也会因文化差异产生文化冲突，面临着跨文化管理问题。为方便起见，本书仅以跨国企业为对象介绍跨文化人力资源管理问题。

二、跨文化人力资源管理的基本模式与影响因素

（一）跨文化人力资源管理基本模式

跨文化人力资源管理是跨文化管理的重要内容。在如何处理跨文化人力资源管理的问题上，可将跨国公司跨文化人力资源管理实践分成三类：

1. 民族中心模式

民族中心模式也被称为"母国中心模式"。母公司人员认为自己的科学技术最发达，管理方法最先进，管理经验最丰富，有将母国管理方式在国外照搬的趋向。其管理政策的核心是各子公司的中上层管理岗位均安排母国人员担任，东道国雇员只担任低层次或辅助性的岗位。在员工考核上，一般采用母公司的标准作为子公司员工评价和晋升的依据；在人员薪酬上，不执行东道国的薪酬标准，对外派人员支付额外的报酬和奖励。由于子公司经理与母公司人员不存在文化差异，因此子公司与母公司之间信息沟通顺畅。

坚持民族中心模式的跨国公司通过两种方式实施对子公司的管理：一是激进式，即通过母公司外派人员担任东道国子公司的高级管理岗位，把母公司的文化、习惯全盘移植到子公司中，让东道国的员工逐渐适应并接受外来文化，并按母公司文化背景下的工作模式来运行日常业务；二是渐进式，仍然由母公司外派人员担任东道国子公司的高级管理岗位，但并不试图在短时间内迫使东道国员工服从母国的人力资源管理模式，而是凭借母国强大的经济实力所形成的文化优势，进行逐步的文化渗透，使母国文化在不知不觉中深入人心，东道国员工逐渐适应，最终成为该文化的执行者和维持者。

采取民族中心模式的跨国公司具有"民族文化优越感"，即认为在本国文化环境中形成的管理模式比在东道国的更先进，在子公司完全照搬母公司的管理模式、规章制度，并以此来克服文化差异带来的文化冲突，解决跨文化管理问题。

2. 多元中心模式

多元中心模式的基本思路是承认文化有差别，认为本国的管理模式未必适合东道国，因此主张入乡随俗。该模式核心的人事政策是不以母公司的人事政策为标准，各海外子公司遵循东道国的人力资源管理习惯。在人事安排上，除少数高层管理职位和技术职位以外，其余岗位一般倾向于在东道国招聘和选拔合适的人选；在招聘和选拔的过程中，一般也遵循东道国当地人才的选拔标准，但是否具备利用母国公司国家语言成为一个必要条件；在员工考核上，子公司有自己的一套考核指标；在人员薪酬上，对外派人员按照母国公司的标准支付额外的报酬和奖励，对东道国员工按照当地薪酬标准支付工资。

采用多元中心人力资源管理模式，可以使跨国公司在生产、销售等方面更好地适应东道国市场的要求，也能减少母国和东道国之间的文化冲突，有效利用东道国的人力资源。

3. 全球中心模式

该模式认为最佳人力资源管理方式应该是没有国籍色彩的，主张在选择海外子公司管理模式时，应该因地制宜。在人事安排上，倾向于在世界范围内挑选优秀的雇员，只要能力出众，就有可能成为最高领导；在员工考核上，按对整个企业贡献大小的全球标准来衡量雇员的业绩，并决定其能否获得提升；在人员薪酬上，采用全球相似的标准，只是根据地域差别进行必要的调整。

全球中心虽然被认为是一种理想的管理模式，但在实践中，管理操作非常复杂，需要处理的信息量很大，成本较高。另外，由于一些国家的政策和法律规定跨国公司的管理人员必须本土化，使该模式的实施在政治上有一定的风险。

跨文化人力资源管理几种模式的划分并不是绝对的，跨国公司在选择跨文化人力资源管理模式时不能生搬硬套，在实践中具体选择哪种模式受多种因素影响。

（二）影响跨文化人力资源管理模式选择的因素

影响跨文化人力资源管理模式选择的因素是多方面的，跨国公司所处的环境、本身的特性以及母公司的特性等都会对选择产生影响。

1. 东道国的环境因素

东道国政策的影响。许多发展中国家的管理人才和专业技术人才严重缺乏，它们鼓励跨国公司到本国投资的一个重要目的就是发挥跨国公司培训本国人才的作用，因此，在政策上引导跨国企业大量招聘、培训和发展本国人力资源。在这种情况下，跨国公司就需要采取民族中心模式，并派出本国员工管理子公司并担任子公司的重要职务。[①]

东道国的管理、教育和技术发展水平。跨国公司可以在经济发达的地区和国家开展业务，也可以在经济比较落后的地区和国家开展业务。在经济发达国家和地区，存在着大量的素质良好的管理和技术人才，可以采用多元中心模式或是全球中心模式；而在经济落后的国家和地区，由于缺乏优秀的人才和技术，因此倾向于选择民族中心的模式。

文化差异的影响。在母国和东道国文化差异很大的情况下，跨国公司很难在所有业务单位中采取协调一致的人力资源管理政策。

2. 子公司的特性

国籍。国籍差异对跨国公司跨文化人力资源管理模式的选择有一定影响。有些国家更支持民族中心模式。设立的时间长短，指子公司在海外设立的时间。一般来说，设立时间越长，对东道国国情的了解就越清楚，越倾向于选择多元中心模式，反之就越倾向于选择民族中心模式。

子公司规模。一般而言，子公司规模越大，母公司越会采取授权的管理方式，其人力资源管理模式越倾向于多元中心模式。

子公司对母公司的影响程度。在母公司集团化发展过程中，每个子公司在母公司的战略发展地位是不同的，因而母公司为了保持其核心竞争力及扩大核心产业的市场优势，对下属子公司也相应采取不同的管理模式。一般而言，子公司对母公司的影响程度大，那么母公司对子公司将采用高度集权的管理模式，其人力资源管理模式就倾向于民族中心模式。反之，对于那些与母公司发展战略、核心能力、核心业务以及可预见的未来发展关系一般、影响不大的子公司，则采取分权式管理模式，也就倾向于采用多元中心模式。

控股程度。一般而言，母公司控股比例越高，就越有决策权和话语权，这时人力资源管理模式将由母公司根据自身情况决定，因此模式将呈现出多元化。例如，韩国化学、柯达公司、宝马中国都是母公司绝对控股的公司，但其人力资源管理模式分别为民族中心模式、多元中心模式和全球中心模式。反之，母公司控股比例越小，其决策权就越小，人力

---
① 宗蕴璋：《人力资源管理》，电子工业出版社2010年版。

资源管理模式就倾向于多元中心模式。

另外子公司的组织类型、组织与产品生命周期等都会对模式的选择产生影响。

3. 母公司的特性

母公司的战略定位。一般而言，如果母公司采用紧缩型战略类型，对子公司将采取高度集权制管理，那么其子公司的人力资源管理模式将倾向于民族中心模式；而采用扩张型战略，会积极鼓励子公司开拓外部市场，形成集团公司多个经济和利润增长点，这时子公司应采取多元中心模式或全球中心模式。

母公司经营战略，如母公司采用集中型战略，企业会将所有资源集中到特定细分市场上从事生产、服务与经营，而母公司及其子公司的所有业务活动均集中围绕单一细分市场来组织开展。与这种战略相适应的人力资源管理模式则倾向于民族中心模式。反之，母公司采用差异化战略时，在同一产业中根据企业自身能力，同时选择多个细分市场，为不同的细分市场提供差异化或独特的产品和服务，母公司的生产经营活动在各个细分市场同时铺开，以占领各自领域的市场份额。这种战略下，跨国公司更倾向于选择多元中心模式。

母公司的管理理念。有些母公司倾向于给子公司更多自主性，而有些母公司倾向于集权控制。倾向于给子公司更多自主性时，跨国公司的人力资源管理模式倾向于多元中心模式，反之则倾向于民族中心模式。

母公司的管理能力。随着企业规模的扩大，管理层次的不断增加，企业内部的交易成本更大，信息传递的时间更长，同时反应的速度也会更慢，因而在企业做大之后，必须进行适当的授权，才能提高企业的运行效率。如果母公司的管理能力相对较弱，那么倾向于选择多元中心模式，反之则倾向于选择民族中心模式。

三、跨文化人力资源管理的策略选择

为避免文化冲突，根据以上跨文化管理人力资源基本模式，针对跨文化企业在跨国经营过程中人力资源管理所遇到的不同文化差异，通常有以下七种不同的人力资源管理策略：

（一）本土化策略

跨国企业在海外进行投资时必须雇用相当数量的当地职员。一方面，为了保护当地劳工，增加就业机会，许多国家都以法律规定的形式对跨国企业雇用本土雇员的数量提出具体要求；另一方面，本土雇员熟悉当地的风俗习惯、市场动态以及政府颁布的各项法规，雇用他们无疑方便了跨国企业在当地拓展市场并站稳脚跟。挑选和培训当地管理人员并依靠他们经营国外子公司，是许多跨国公司人事管理的基本指导思想。"本土化"有利于跨国公司降低海外派遣人员和跨国经营的高昂费用，并能使企业融入当地文化，减少当地社会对外来资本的危机情绪，同时，也有利于保障东道国经济安全、增加就业机会、适应社会变革并顺利与国际接轨。"本土化"能衔接当事双方的利益，是跨国公司解决异国环境障碍的核心策略。

（二）文化移植策略

这是"民族中心模式"下的策略。这种策略的核心是，跨国公司在世界各地子公司的重要职位都由母国人员担任。母国企业通过指派的高级主管和管理人员，把母国的文化习惯全盘移植到开发国或东道国的子公司中，让子公司聘用的当地员工逐渐适应并接受这种外来文化，并按这种文化背景下的工作模式来运行公司的日常业务。由于子公司与母国公司不存在文化差异，便于经营活动中有效的信息沟通，这种模式适合于无差异策略，推广单一产品的特大型跨国公司的人力资源管理政策通常统一由母公司制定，在世界范围内的子公司必须严格执行这些已经标准化的管理政策。运用这种模式的跨国公司其经济实力必须是强劲的，在世界上的影响力必须是巨大的，其企业文化已被世界各国广泛认识并且能够被其他民族所接受。

（三）文化嫁植策略

这是"多元中心模式"下的策略。在确立母国文化成为子公司主体文化的基础上，"嫁接"开发国或东道国的文化，即人力资源政策以母公司制定的大政策框架为基础，海外子公司根据当地情况，制定具体的政策和措施。在人员配置上，母公司的高级管理人员由母国人担任，而子公司的高级管理人员大部分由母国人担任，少部分由当地人担任。其优势在于，采取了兼顾全球统一战略和东道国文化背景的灵活策略；劣势在于，两种文化能否"嫁接"成功，就如两种植物能否嫁接成功一样，会有很多具体条件的限制

（四）多向交叉文化策略

这是"全球中心模式"和"多元中心模式"共同作用下的策略组合，可细分为以下四个不同层次的文化差异及对应的交叉文化管理策略。

第一，母国总公司本身存在着文化差异。由于掌管公司所有权的股东们本身就是由不同国籍的精英或富豪构成，由他们所组成的董事会在挑选高级管理人员时，并不以某一国的业务经营为目标，而是考虑如何在全球范围内最合理地利用自然资源、资金、技术乃至人力资源。因此也就很自然地在全球范围内实行经理人员的最优化组合，这使得他们会在整个企业中选拔和任用最适当的人选来担任最重要的职位，而不考虑其国籍，使得公司最大限度地挖掘人才的潜力，充分发挥了管理人员的能力和各方面优势。由于母公司中对整个跨国公司的运作具有重要决策权力的高级管理人员由不同国籍的人所组成，他们之间及他们与母公司当地员工之间存在着文化差异。

第二，子公司存在着文化差异。这种现象存在的原因在于跨国企业在海外企业的中、高级主管的人员构成不同。执行总裁、财务主管、技术主管、业务计划及生产方面的主管多来自跨国公司母国，这些职位掌控子公司的核心业务，来自母国的管理人员了解母公司国际化经营战略、熟悉产品技术、与母公司管理人员具有相同价值观，因此可有效避免在协调及合作方面产生问题，而且有利于企业在经营过程中对技术和信息的保密；而销售、劳动关系、公共关系等职能部门的管理人员多来自当地，容易受当地文化的影响。

第三，母公司和子公司之间存在着文化差异。跨国公司在从事跨国经营时，将每一个国家和地区都视为独立的个体，并不把母公司的人事运行模式强加于各子公司之上，既不以母公司的人事管理政策为其建立政策的基础，也不刻意模仿母公司的人事管理模式，而是根据各子公司的相应情况制定适合所在国国情的人事管理政策。各个海外子公司可以选用完全不同于母公司的人力资源管理政策，公司政策完全参照当地企业模式制定，在管理人员任用上，并没有十分明确的国籍概念，既任用母国人员，也聘请了大量当地员工作为管理人员。这种分而治之、差别对待的人力管理政策十分适合那些国情和价值观完全不同于母国的东道国地区，尤其是那些宗教势力十分强大的伊斯兰国家。其优势在于能够最快、最好地适应当地复杂的企业环境；而劣势同样显而易见：未能形成母公司强硬、统一的人力资源管理政策，母公司和子公司之间存在着巨大的文化差异。

第四，个体之间存在着巨大的文化差异。其包括三个方面：母公司自身存在着文化差异；子公司自身存在着文化差异；母公司和子公司之间存在着文化差异。个体间文化差异存在的原因在于公司决策层以"任人唯贤"为其人力资源管理政策的基准。在任用管理人员方面，主要考虑的是该雇员的工作能力及与岗位的匹配度，选用最适合该岗位的职员，而对其国籍和文化背景并不重视，造成该跨国公司的整个集团系统中个体之间存在着巨大的文化差异。采用这种政策的企业主要是从事高科技产业的中小型跨国公司，松散的管理体系和宽松环境有利于充分发挥个体的潜力。但其缺点也是致命的，由于公司的各个成员都只重视自我的发展，没有统一而强健的人力资源管理体系，无法形成具有集体价值观的企业文化，使得企业对个体来说缺少长久的凝集力，职员更换工作频繁、管理困难。

随着国际商务活动的日益全球化，产品的快速创新和多样化，以及人类种族之间的空前交往和融合，"多向交叉文化"策略已经为越来越多的跨国公司所采用。

（五）文化相容策略

这种策略习惯上称为"文化互补"。就是在跨国公司的子公司中并不以母国或开发国的文化作为子公司的主体文化，母国文化和东道国文化之间虽然存在着巨大的文化差异，但并不互相排斥，反而互为补充，同时运行于公司的操作中，充分发挥出跨文化优势。

（六）文化规避策略

这是当母国文化与东道国文化之间存在着巨大的不同，母国文化虽然在整个子公司的运作中占了主体，可又无法忽视或冷落东道国文化存在的时候，由母公司派到子公司的管理人员须特别谨慎，避免因文化差异导致文化冲突。特别在宗教势力强大的国家更要特别注意尊重当地人的信仰，否则，即使无心冒犯也有可能造成严重的后果。

（七）文化渗透策略

这是需要长时间观察和培育的过程。跨国公司派往东道国工作的管理人员，基于母国文化和东道国文化的巨大不同，并不试图在短时间内迫使当地员工服从母国的人力资源管理模式，而是凭借母国的强大的经济实力所形成的文化优势，对子公司的当地员工进行逐步的文化渗透，使母国文化在不知不觉中深入人心，东道国员工逐渐适应了这种母国文化并慢慢地成为该文化的执行者和维持者。

第三节　跨文化人力资源管理活动

认识文化差异，注重文化沟通，加强文化协调，实现文化整合是跨文化人力资源管理的重要任务。跨文化因素影响到传统人力资源管理的各个环节，其中人员选聘、员工培训与薪酬管理是跨文化人力资源管理的核心内容。

一、人员选聘

（一）员工的来源

1. 母国人员

管理人员母国化是母国公司从本国利益出发，其分布在世界各地的子公司的重要职务都安排母国公民担任。优势：母国指派的高级管理人员熟悉母公司的基本情况、习惯做法以及人事状况等，特别是他们了解母公司的战略、目标、政策和经营观念，容易与母公司进行有效的沟通，有利于母公司对海外子公司进行控制；一般来说，海外企业的生产技术大多是由母公司发展起来的，母公司人员比东道国人员更了解母公司的核心技术，有利于新产品、新技术引入子公司；而当子公司利益与东道国利益发生冲突时，如果东道国公民担任子公司经理，可能会把自己的民族利益放在首位，而母国人员在同样情况下则倾向于母公司的利益；另外，管理人员母国化有利于母公司培养自己的国际经营管理人才，扩大自身国际经营管理人才队伍。然而，这种政策也有不利之处：若被派遣人员不懂东道国的语言、文化、政治、经济、法律等，就会遇到不少的障碍或感到极度不适应，难以对日常经营活动做出正确的判断和决策，难以和东道国政府及各行政部门，以及同公司上下级进行有效的沟通；可能将母公司的管理方式和管理风格不恰当地照搬到海外子公司去；母国人员的存在可能阻碍当地有才干的管理人员的提升，挫伤他们的积极性，不利于充分开发和利用当地人力资源；派遣费用大大高于雇用当地人员。

实践证明，在下列情况下，子公司的关键职位应当由母国人员担任：处于创始阶段；从其他来源得不到称职的管理人员；国外子公司的经营期限是短暂的；东道国是一个多民族或多信仰的国家，雇用一个属于某一民族或某一宗教的当地人员将会使企业蒙受政治和经济上的损失；子公司的经营与整个企业其他地方的经营活动密切相关。

从人员配置的层次上看，跨国公司更倾向于在高级管理职位上使用母国外派人员。一般说来，跨国公司在高级管理职位上总是大量地使用母国外派人员。

2. 东道国人员

由于管理人员母国化存在各种弊端，特别是海外企业业务的扩大和地区分散化，以及国际市场的复杂多变，许多跨国公司已有意识地实行管理人员当地化。雇用东道国人员可以避免因文化差异而导致经营管理方面出现问题，有利于子公司同当地顾客、雇员、政府机构、工会组织等建立良好的关系，从而使子公司在东道国树立良好的企业形象。东道国人员一般任期比较长，职业生涯发展有保障、有潜力，士气和工作热情相对较高，这在一定程度上可以保证子公司管理人员的相对稳定及经营政策的连续性。

然而，管理人员当地化也有潜在的不利之处：当地人员难以保障公司总部和子公司之间的信息顺畅沟通；往往不了解整个跨国公司的全球战略、产品及技术，从而在合作与协调方面会产生问题；减少了母国人员到国外任职机会，不利于母国人员取得跨国经营所必需的经验和知识。另外，一旦当地人员在子公司被提拔到最高职位时，就不能再提升了，这就是所谓的当地管理人员的"不可移动性"，这种情况往往会影响他们的士气，并且妨碍其下属的提拔。由于当地管理人员在子公司中被提升的可能性受到限制，海外企业就很难招聘和保留一些最有经营管理才能的外国人。

3. 第三国人员

自20世纪40年代以来，许多跨国企业从第三国选择合适的人才，这些人才精通外语，了解多国文化，从一个国家到另一个国家可以不受多少影响。在当今全球化的背景下，不少企业的无国界化趋势更加明显。许多跨国公司在招聘管理人员时，更多考虑的是人才的经营管理能力和创新精神，而非国籍。作为职业型的国际经理人员，他们按职业道德、准则和国际惯例办事，不具有民族主义倾向，因而能够被母国和东道国所接受。企业在全球范围合理地调配和使用人力资源，能克服企业内过分注重经理人员国籍的现象，避免近亲繁殖和高层管理人的狭隘，从而使公司更好地挖掘其跨国经营的潜能。但是这种选聘方法要花费大笔费用大量时间，并很可能受到当地法律的限制。

研究表明，跨国公司海外子公司员工类型的构成随着企业国际化阶段的不同而不同。在企业海外投资的初期，当地国家的雇用人员比例较低；随着业务的扩大，东道国雇员越来越多，甚至会占大多数。例如，外国公司在中国开设分公司，一般来讲，母公司在初期派出管理人员和技术人员，待生产经营稳定之后，再调回一部分母公司人员。随着跨国公司海外业务的扩大，其国际经理的需求进一步扩大，公司的海外职员越来越多，国籍问题的重要性下降，母公司对子公司的控制也进一步削弱。

（二）员工选聘的标准

1. 对母国外派人员的选聘标准

许多公司面临的最棘手的工作之一就是选择合适的外派人员。如果外派的管理人员对当地文化"水土不服"而遭到失败，会给公司带来巨大损失。

第一，专业技术能力：包括技术技能、行政技能和领导技能。

第二，交际能力：包括文化容忍力和接受力、沟通能力、对模棱两可的容忍度、适应新行为和态度的灵活性、对紧张的适应能力等。

第三，国际动力：包括外派职位与原职位的对比程度、对派遣区位的兴趣、对国际任务的责任感、与职业发展阶段的吻合程度等。

第四，家庭状况：包括配偶愿意到国外生活的程度、配偶的交际能力、配偶的职业目标、子女的教育要求等。

第五，语言能力：包括口头和非口头的语言交流技能。

对所有的外派任职而言，使外派成功的因素并非同等重要，每个成功因素的重要性取决于四个方面的任职条件。这些条件是任职的时间长短、文化的相似性、需要与东道国员工沟通的程度、工作复杂度和工作责任大小。不同任职条件下决定外派成功与否的因素的优先程度见表9-2。

2. 对东道国人员的选聘标准

在东道国员工录用过程中，跨国公司首先必须充分了解自己所处的人力资源环境。在当地选聘员工，除了要注意他们的能力、经验以外，还要注意各个国家不同的文化背景因素。

表 9-2　不同任职条件下决定外派成功与否的因素的优先程度

外派成功因素	任务时间	文化差异	与当地居民交往需求	工作复杂度和责任
专业技术能力	高	不确定	中	高
交际能力	中	高	高	中
国际动力	高	高	高	高
家庭情况	高	高	不确定	中
语言能力	中	高	高	不确定

3. 第三国员工的选聘标准

选聘第三国员工时，由于各国政府都希望本国人员得到就业机会，能否获得工作许可证是能否雇用第三国人员的关键条件。而个人因素，如专业能力、跨文化适应能力和家庭因素等的考量标准同选聘母国员工基本一致，但是，评估第三国员工的工作能力比评估母国员工更为困难。语言能力也是一个重要因素，因为第三国员工必须至少能够流利使用通用的工作语言。

选聘第三国人员的途径多种多样：一些美国跨国公司从多家美国商学院的留学生中招聘第三国员工；当前的趋势是招聘国外的本国人员，即出生在外国但和子公司的人员是同一国籍的人员。例如，一家英国跨国公司聘用了一个在加拿大出生的中国人管理其在中国的分公司，采用这一做法是为了减少跨文化沟通中的障碍，同时，这样也能部分解决当地缺乏合格经理的问题。

二、人员培训

（一）培训内容

跨国企业的人员培训按培训对象不同大体分为两种类型：一是针对母公司或第三国的外派人员的培训。通常是文化意识的培训，目的是使外派的管理人员了解他们将赴任国家的文化环境，增强对东道国工作和生活环境的适应能力；二是对东道国的员工所提供的培训。主要是关于管理方法、管理技术和公司文化的培训，目的是使东道国当地管理人员的管理水平尽快达到公司要求的标准。

1. 针对外派人员的培训

驻外人员不理解或不接受所在国的文化，在跨国任职时很可能会面临困境。接受跨文化培训是防止和解决文化冲突的有效途径。其中最主要的方法是针对外派人员的敏感性培训，包括两方面内容：一是系统培训有关母国文化背景、文化本质和有别于其他文化的主要特点，此为"知己"；二是培训外派管理人员对东道国文化特征的理性和感性分析能力，此为"知彼"。实践证明，比较完美的文化敏感性培训可在较大程度上代替实际的国外生活体验，使外派人员及其家属在心理上和应付不同文化冲击的手段上做好准备，减轻他们在东道国不同文化环境中不适应或痛苦的感觉。文化敏感性培训具体内容包括：文化教育，即请专家以授课的方式系统介绍东道国文化的内涵与特征；环境模拟，即通过各种手段从不同侧面模拟东道国的文化环境；文化研究，即通过学术研究和文化讨论的形式，组织学员探讨东道国文化的精髓及其对管理思维、管理风格和决策方式的影响；外语培训，不仅仅使学员掌握语言知识，还要使他们熟悉东道国文化中特有的表达和交流方式，如手势、符号、礼节和风俗等；组织各种社交活动，让学员与来自东道国的人员有更多接触和交流的机会。

2. 针对东道国人员的管理、技术培训

跨国公司对东道国人员的培训主要侧重于生产技术和管理技术的培训。生产技术方面的相关培训，一般侧重于从母公司或第三国转移到东道国的生产技术，培训对象多数是生产部门和质量控制部门的管理人员。管理技能的培训，通常按管理的职能进行分类。例如，对营销部门管理人员的培训侧重于各种营销、分销广告和市场调查的管理技能；对财会部门管理人员的培训侧重于母国和东道国会计准则的差异、会计电算化方法、财务报表分析和外汇风险分析等。在多数大型跨国公司中，培训与管理人员的晋升联系在一起，不同等级的管理人员接受不同类型的培训。所以，管理人员晋升到新的岗位时，往往要通过新的培训计划培养所需要的技能。此外，在培训东道国管理人员时须考虑到由于他们自小接受的教育、经历和文化熏陶，在管理活动中容易偏向民族利益，因此，必须加强忠诚度培训，力图使他们站在较公正的立场上考虑与决策公司事务，使公司能实现跨国经营活动整体利益最大化的目标。

在培训和开发领域，国际人力资源管理的重心由针对海外派出人员的预备性培训转向建立面向子公司全体管理人员的国际管理开发体系，其目的在于提高管理人员的业绩水平和全球视角。培训与开发涉及的活动十分广泛，包括：了解组织状况、具体工作职责和必需的工作技能，了解工作场所的社会、文化及法律环境，以及开发管理人员在特定社会文化背景下的人际技能等。研究表明，当培训与开发成为海外派出人员的特权时，企业文化的统一性、当地管理人员管理视角的拓展以及跨国公司的整体利益都将受到损害。因此，目前的趋势是将培训与开发拓展到整个管理层，以推动多文化、多国籍管理团队的形成。

（二）培训形式

1. 外部培训

外部培训计划不是由某个跨国公司制订的，而是由独立的培训机构针对跨国企业某一类管理人员而设计的，培训地点不在自己企业内，而是委托社会训练机构办理或选送职工到企业外接受培训。它不是为特定组织安排的，其目的是用来扩大经理的眼界，例如，工商管理学院开设的有关跨国公司转移价格的讲座、专业化培训公司提供的沟通技能和人际关系技能培训，在对外派人员的培训上，许多跨国公司喜欢把管理人员送到东道国去培训，这样做可以使管理人员在承受工作压力之前，已亲身经历了文化差异的影响。

通常，公司在雇员及其助手赴任前的几个星期中，安排为期两天的培训；其他培训安排在到任后的一个月到三个月内，内容包括文化课程和语言课程。有些公司提供远程学习，或到别的国家培训中心学习。在课程设计上，许多公司先是通过意向问卷调查或电话调查，对特定家庭在特定文化和海外生活方面的经验进行评价；然后，培训者根据该家庭的背景知识制定培训课程。课程内容主要包括：文化剖析，本国和东道国文化的比较；文化适应，文化冲击曲线理论，文化冲击的表现，以及怎样处理这些问题；商业和社会礼节，在这个国家生活的习惯信息；新的环境中，对管理人员工作条件和家庭角色的细致检验，预期可能出现的问题，并把新文化意识应用到这种情况中去。

2. 内部培训

在企业的人力资源部或其他部门的统一安排下，利用企业内专设的培训教室，或在工作时间外利用企业的生产设备仪器所进行的培训活动称为企业内部培训。

这些培训计划涉及专题座谈会、课程、语言培训、书籍、讨论、角色扮演以及模拟。人力资源部可以采取到其他地方的短期旅行、特殊课程、录像、见闻广博的小册子以及企业内部网络等方式，提供各种形式的培训。一些公司鼓励管理人员模拟与来自拥有另一种文化背景的客户不期而遇的情境，以预期可能出现的争议和误解。公司鼓励雇员通过对文化差异和工作方式的讨论，畅谈他们自己的文化，努力实现不同文化的相互融合。这种非正式的但可能非常有效的雇员培训雇员的战略，在全球性企业中拥有相当多的支持者。现在很多跨国公司在中国开设了自己的中国研究院或企业大学，便是最好的内部培训方式。

内部培训计划是跨国公司根据自己的需要而制订的。一般说来，内部培训的效果更为明显和直接，因为它可以将来自不同民族和文化背景的培训人员组织在一起，用同一种语言讲述同一个问题，由于参与培训的学员可对问题进行有针对性的讨论，在讨论过程中相互了解各自的观点，并最终达成共识，就有可能预防公司在工作上可能出现的问题。在内部培训中，通常学员都能积极参与，并抱有一定的责任感，因为培训的课题与他们的工作和组织内现实存在的问题有较大的联系。

3. 在职培训

通常是为了满足个别经理的要求为他们的特殊工作而设计的，其特点在于培训职工不离开工作岗位，以目前担任的工作为媒体接受训练。在职培训强调实践性，由更有经验的上级监督、指导受训练者在实际工作中的表现。由于在职培训可以在工作中进行，时间约束性小，对外派人员来说，更适合于文化差异的调节。

三、绩效评估

（一）绩效评估者的选择

1. 母国评估

很多情况下，国内的管理者无法理解海外归来者的经历，也就无法对他们做出评估，或者无法精确估量出他们对公司的价值。跨国公司的最高领导者通常要接受来自母国总部的直接绩效评估，这种评估通常是从总部的战略出发进行的总体性的评价，往往难以对细节进行具体分析。

2. 东道国评估

就日常工作业绩而言，国外工作人员的绩效，所在地的管理层最有发言权，经理拥有观察员工绩效的最佳位置。但是当地的文化会影响到对个人绩效的评价。例如，在不同文化背景下，积极参与决策这一行为可能受到正面和负面的两种评价。这样的偏好无法反映个人的真实绩效。另外，本地的管理层常常缺乏足够的眼光去看待这种绩效对整个公司的真实贡献。

3. 全方位评估

跨文化企业内部，由于员工来自不同的文化背景，看问题的角度不尽相同。为了保持考评的公正性，企业在进行评估时，尤其在对母公司外派人员考评时，必须从全方位进行，考评者不能单一化，应该包括东道国被评估者的直接上级、下级、同事或客户，以及来自母国的上级。

由上可以看出，准确的考评来自不同文化的员工难度较大，跨国公司通常采取以东道国当地评价为主、以公司总部的评价意见为辅的方法。如果公司总部负责确定最终的正式评价结果，也须征求一下曾在被评价对象正在工作的国家和地区工作过的员工的意见，这样可以减少评价的偏差。

（二）绩效评估指标

跨国公司的绩效评估标准通常由三部分组成（见表9-3）：硬目标是客观、可测量的目标，如投资的回报率、市场份额等；软目标倾向于以关系或特性为基础，比如领导风格或人际技巧，被考评人的跨文化人际交往能力、对外国的行为规范和价值观的理解力与敏感性，以及能否根据当地的文化环境调整企业策略等；情境目标就是将绩效发生时的环境作为情境变量，如不同的国家有各自的法律法规，不同的世界经济区域有各自的市场特点，在绩效评估中要充分考虑这些环境的影响。

表9-3 跨文化绩效评估指标示例

总目标	评价指标	评价内容
硬目标	财务指标	投资回报率、销售收入、市场份额等
	顾客指标	顾客满意度、顾客忠诚度等
	管理指标	管理成本高低、人员投诉率等
软目标	文化适应	人的文化敏感性、语言能力、跨文化沟通能力、跨文化团队的建设、企业内部文化冲突情况、与当地外部利益群体（政府、媒体、供应商、顾客等）的关系
	内部管理	总部战略的贯彻程度、企业文化的建设情况、下属员工的绩效等
	领导素质	沟通技能、领导技能、个人威信、上下级关系等
情境目标	环境因素	国际市场环境的影响、当地国家环境的影响等
	总部因素	是否获得了总部的有效支持、公司的战略等

四、薪酬管理

（一）外派人员的薪酬体系

1. 外派人员的基本工资

（1）原在国（母国）基准法

这是国际上通行的做法，即母公司派到国外工作的管理人员，其基本工资通常与他们在国内的工资一致。这样做的好处在于派往不同国家人员的工资始终与母公司保持一致，不仅便于他们返回母公司工作，而且可以避免在不同国家流动时频繁调整工资。但是当东道国工资水平更高时，这种做法就没有激励性，这时母公司为了让其安心工作，通常会把基本工资提高到东道国水平。采用原在国基准法最大的不足之处在于，它使得同一跨国企业内部来自不同国家的同一职位的人员工资水平不同，导致难以妥善处理由此引发的争端。

（2）所在国（东道国）基准法

即让外派员工的基本工资与东道国相同职位员工的基本工资相一致。这种方法的优缺点正好与原在国基准法相反。如果东道国工资水平更高，则对雇员是个很大的激励，同时也增加了跨国企业内部报酬的公平度；但是如果东道国工资水平更低，这种做法显然不能让他满意；而且工资水平没与母国保持一致，不利于其返回母公司工作。此外，在不同国家调动时，还得处理相应的工资变动问题。

鉴于以上两种方法都有各自的优缺点，跨国经营的企业可以采取一种折中的方式，即根据原在国工资的一定比例来确定一个基准额，再根据所在国工资的一定比例来确定提高的数额，二者相加，便是外派员工的基本报酬。这样做既集中了以上两种方法的优点，同时又使缺点减小化。

2. 外派人员的奖金

奖金指对外派人员及其家属到海外经历的不便和牺牲所给予的补偿，主要包括：

（1）流动工作奖金

发放流动工作奖金的目的是鼓励员工在各国、子公司之间流动，它通常占基本工资的10%～20%，在国外任职就可以得到这部分奖金。这种方法的弊端在于雇员没有感受到从一个国家到另一个国家的经济刺激，返回母国通常意味着实际收入的减少。对此可以采取以下两种办法补救：一种方法是"逐步减少奖金"，即×年后（通常是三年到五年）奖金在他们工资增长的情况下逐步减少；另一种方法是"单独支付流动奖金"，这种方法把奖金直接与人员的流动而不是与工作的分配相挂钩。在这两种情况下，雇员只有流动时才可得到奖金。

（2）满期工作奖金

目的是鼓励母公司外派人员整个合同期间都在海外工作，通常在合同期满时才发放。这种奖励适合于建筑业、石油业以及那些在特定时间或特定工程中需要员工始终坚持在国外工作的行业，还适合于那些在较艰苦地区工作的员工。

（3）探亲奖

此奖项主要用于支付外派人员及其家属中途返回母公司休假探亲的费用。发放此奖原因有二：一是跨国公司不希望派出人员及其家属与母国和母国文化长久隔绝；二是雇员回国休假时，至少要在总部待上几天，以重续与总部的人事联系，了解公司的新政策和管理形式。通行的做法是每年休假2～4个星期，支付额度是往返的全部交通费及其待在总部时的全部费用。

3. 外派人员的津贴

跨国企业为了维持报酬的内部公平性，在整个公司范围内执行统一的与工作性质相适应的基本工资，然后根据员工所在地的情况，补偿数额不等的津贴。这一方法的理论依据主要是来自国际经济中的购买力平等化理论，即派出员工的薪酬水平至少应能使他们在东道国保持与在本国时相同的住房条件、商品和服务消费水平以及储蓄水平，如果出现缺口则由公司来补。最常见的津贴包括：生活费津贴、房租津贴、子女教育津贴、艰苦条件津贴、迁居开支及调动津贴、税负调节津贴等。

（二）东道国员工的薪酬体系

跨国公司在为各国的子公司制定薪酬政策时，必须考虑到当地劳动力市场的工资行情、有关的劳动报酬方面的法律法规和当地的文化倾向。同时还要与母公司的整体经营战略相一致。总的说来，东道国员工的总体薪酬包括两部分：

1. 工资和奖金

跨国企业既可采取固定岗位工资制，也可采取计时、计件工资制，使工资额随劳动量的变化而变化。国际企业的工资水平通常高于国内企业，否则就无法吸引到优秀的人才。企业决定是否发放奖金及发放数额有多个依据，如个人表现、团体表现及整个企业的经营状况等，跨文化环境中这些依据又和跨文化企业的企业文化有关。

2. 福利和津贴

不同国家，对于员工的养老金、社会保障、医疗保险和其他各种福利的管理规定存在很大的差异，跨国企业应视情况而定。

（三）跨文化企业薪酬的支付手段

由于员工来自不同国家，因此跨国企业在制定薪酬时，必须考虑是支付母国货币、东道国货币还是某种币值坚挺的第三国货币。这主要是为了规避汇率波动以及减轻税负。因此，跨国企业应该对外派员工和东道国员工都采取综合性支付的方式，外派人员的薪酬分成两部分：一部分以东道国货币支付，其数额大致等于职员原来在母国国内用于消费的收入，以及海外生活费津贴、国外服务津贴和在东道国应缴纳的税款等；另一部分以母国货币支付，借记在指定账户上代为储存起来，这部分通常按基本工资的一定比例计算。对东道国员工则通常以当地货币为主要币种，辅以少量币值坚挺的外币作为奖励性薪酬的支付币种。具体比例视公司的政策而定。

参考文献

[1] 赵继新，魏秀丽，郑强国. 人力资源管理 [M]. 北京：北京交通大学出版社，2020.

[2] 王文军. 人力资源培训与开发 [M]. 长春：吉林科学技术出版社，2020.

[3] 温晶媛，李娟，周苑. 人力资源管理及企业创新研究 [M]. 长春：吉林人民出版社，2020.

[4] 巴杰. 软件可靠性分配与人力资源调度方法 [M]. 北京：中国宇航出版社，2020.

[5] 张景亮. 新时代背景下企业人力资源管理研究 [M]. 长春：吉林科学技术出版社，2020.

[6] 蔡黛沙，袁东兵，高胜寒. 人力资源管理 [M]. 北京：国家行政学院出版社，2019.

[7] 陈锡萍，梁建业，吴昭贤. 人力资源管理实务 [M]. 北京：中国商务出版社，2019.

[8] 祁雄，刘雪飞，肖东. 人力资源管理实务 [M]. 北京：北京理工大学出版社，2019.

[9] 刘燕，曹会勇. 人力资源管理 [M]. 北京：北京理工大学出版社，2019.

[10] 徐艳辉，全毅文，田芳. 商业环境与人力资源管理 [M]. 长春：吉林大学出版社，2019.

[11] 周颖. 战略视角下的人力资源管理研究 [M]. 长春：吉林大学出版社，2019.

[12] 李涛. 公共部门人力资源开发与管理 [M]. 北京：中央民族大学出版社，2019.

[13] 王晓艳，刘冰冰，郑园园. 企业人力资源管理理论与实践 [M]. 长春：吉林人民出版社，2019.

[14] 蒋俊凯，李景刚，张同乐. 现代高绩效人力资源管理研究 [M]. 北京：中国商务出版社，2019.

[15] 闫培林. 人力资源管理模式的发展与创新研究 [M]. 南昌：江西高校出版社，2019.

[16] 周艳丽，谢启，丁功慈. 企业管理与人力资源战略研究 [M]. 长春：吉林人民出版社，2019.

[17] 张文仙，王鹭. 新时代背景下企业人力资源管理研究 [M]. 长春：吉林大学出版社，2019.

[18] 吴玥. 知识经济时代下企业人力资源管理 [M]. 上海：同济大学出版社，2019.

[19] 欧阳远晃，王子涵，熊晶远. 现在人力资源管理 [M]. 长沙：湖南师范大学出版社，2018.

[20] 刘倬. 人力资源管理 [M]. 沈阳：辽宁大学出版社，2018.

[21] 张同全. 人力资源管理 [M]. 沈阳：东北财经大学出版社，2018.

[22] 刘娜欣.人力资源管理[M].北京：北京理工大学出版社，2018.

[23] 张健东，钱坤，谷力群.人力资源管理理论与实务[M].北京：中国纺织出版社，2018.

[24] 胡羚燕.跨文化人力资源管理[M].武汉：武汉大学出版社，2018.

[25] 白秦川，姜明君，章颖.人力资源应用心理学[M].西安：西安交通大学出版社，2018.

[26] 陈葆华.现代人力资源管理[M].北京：北京理工大学出版社，2017.

[27] 钟凯.人力资源管理实务[M].北京：北京理工大学出版社，2017.

[28] 郦巍铭.现代人力资源管理[M].杭州：浙江大学出版社，2017.

[29] 魏迎霞，李华.人力资源管理[M].开封：河南大学出版社，2017.

[30] 温晶.新时期人力资源战略管理[M].江苏凤凰美术出版社，2018.

[31] 赵志泉，王根芳.中国式思维视域下人力资源管理理论与案例研究[M].北京：中国纺织出版社，2018.

[32] 杨为勇.跨文化沟通与企业国际化[M].中国原子能出版社，2018.